拉美研究译丛·左翼领袖系列

智利女总统
巴切莱特
绽放的铿锵玫瑰

〔智利〕帕特里夏·波利策 著

芦思姮 李慧 韩晗 译

王阳 校译

中国社会科学出版社

图字:01-2017-1016

图书在版编目(CIP)数据

智利女总统巴切莱特:绽放的铿锵玫瑰/[智利]帕特里夏·波利策著,
芦思姮、李慧、韩晗译. —北京:中国社会科学出版社,2017.5
(拉美研究译丛)
书名原文:Bachelet en tierra de hombres
ISBN 978-7-5203-0119-0

Ⅰ.①智… Ⅱ.①帕…②芦…③李…④韩… Ⅲ.①米歇尔·巴切莱特
(Michelle Bachelet)—传记 Ⅳ.①K837.847=6

中国版本图书馆 CIP 数据核字(2017)第 067612 号

出 版 人	赵剑英
责任编辑	张 林
特约编辑	文一鸥
责任校对	张依婧
责任印制	戴 宽

出 版	中国社会科学出版社
社 址	北京鼓楼西大街甲 158 号
邮 编	100720
网 址	http://www.csspw.cn
发 行 部	010 - 84083685
门 市 部	010 - 84029450
经 销	新华书店及其他书店

印刷装订	北京君升印刷有限公司
版 次	2017 年 5 月第 1 版
印 次	2017 年 5 月第 1 次印刷

开 本	710×1000 1/16
印 张	17
插 页	2
字 数	213 千字
定 价	69.00 元

序　言

　　"拉美研究译丛·左翼领袖系列"为中国社会科学院拉丁美洲研究所主持的翻译项目，以逐批翻译和出版拉美左翼代表人物的传记、著作或言论集等形式，向中国读者展现带有拉丁美洲独特魅力的左翼领袖风采，生动而直观地了解和认识拉美当代社会主义思潮，并且顺应中拉关系迅速发展的实际需求，介绍拉美相关国家的政策导向与近期发展前景。这个翻译项目，是在中国社会科学院"马工程"的框架下完成的，同时，也是目前正在实施的创新工程的重要内容之一。

　　在世界范围内，拉丁美洲是马克思主义思想传播最早的地区之一，而拉美左翼则是世界社会主义运动的重要组成部分。20 世纪早期，拉美主要国家就出现了十分活跃的社会主义和共产主义思想和活动。第二次世界大战结束以后，拉美左翼力量更向世人呈现了丰富而多样的理论和实践，菲德尔·卡斯特罗领导的古巴革命、萨尔瓦多·阿连德领导的智利改革运动以及桑地诺民族解放阵线领导的尼加拉瓜革命成为这一时期拉美政治发展史上的重要里程碑，在整个地区，甚至世界范围内产生了深远的影响。

　　冷战结束以后，拉美一批中左翼力量积极把握时代机遇，开始打出"推动社会公平和公正"的政治口号，通过选举等民主政治方式来实现政治诉求，主张经济和社会政策向中低收入阶层民众倾斜。拉美左翼党派、运动和组织包括委内瑞拉第五共和国运动以及在此基础上组建的委内瑞拉统一社会主义党、玻利维亚争取社会主义运动、巴西劳工党、阿根廷胜利阵线、乌拉圭广泛阵线、厄瓜多尔祖国主权联盟运动、尼加拉瓜桑地诺民族解放阵线、萨尔瓦多法拉本多·马蒂民族解放阵线、巴拉圭变革爱国联盟、秘鲁民族主义党等等。拉美地区这一政治版图的变化趋势引起了全世界的广泛关注。

尤为值得一提的是，在崛起的拉美左派阵营中，一批极具传奇色彩的左翼领袖脱颖而出，他们多以选举中的绝对优势赢得执政地位，通过修改宪法或其他立法形式推动制度变革，提出了"二十一世纪社会主义""社群社会主义""劳工社会主义"等代表性思想，更是推出了资源国有化等新政策，深刻地塑造着当代拉美的政治、经济和社会生活，并对世界经济和政治发展产生着深远影响。这些代表人物表现出各具特色的执政理念、领导能力和个人风格，在其国内和世界舞台上均拥有众多的拥戴者和反对派，他们不仅是影响和决定国家发展方向的重要力量，也不仅是学术研究领域中常见常新的重要课题，而且成为大众文化和媒体传播中的一道亮丽风景。

我们相信，拉美所特设的"左翼领袖系列"翻译项目，将向国人提供一个了解上述动态的独特角度。

拉丁美洲研究所所长　昊白乙

2015 年 12 月 8 日

Prólogo

A invitación de la editorial que lo publica, es un privilegio escribir estas líneas para la edición en chino mandarín del libro de Patricia Politzer, *Bachelet en tierra de hombres*. El mismo provee una mirada singular acerca de la vida y obra de S. E. Michelle Bachelet, hoy Presidenta de Chile. Es una historia apasionante : la de una joven estudiante de Medicina, llena de vida y de alegría de vivir, comprometida con el cambio y el progreso social, a la cual de súbito le arrebatan a su padre, la encarcelan y torturan junto a su madre, y es exiliada en varios continentes, antes de volver a su patria, terminar sus estudios y recibirse de médico. Y el cómo, eventualmente, sin quererlo ni buscarlo, se ve lanzada a la primera línea de la política nacional—como miembro de la Comisión Política del Partido Socialista, como Ministra de Salud primero y de Defensa Nacional después, culminando en su elección a la Presidencia de la República en enero de 2006.

En su mandato presidencial (2006 – 2010) enfrentaría enormes desafíos, incluyendo protestas estudiantiles (la así llamada "revolución de los pingüinos"), la mayor crisis de la economía mundial desde la Gran

Depresión（la crisis financiera de 2008 - 2009），así como el quinto terremoto de mayor intensidad en la historia de la Humanidad（el 27 de febrero de 2010）. En todos ellos, demostraría la misma entereza, fuerza de voluntad y liderazgo que la llevaron a ser la primera mujer en asumir la presidencia de Chile, y la primera en América Latina en ser electa como primera mandataria sin contar con lazos familiares o de parentesco que la catapultasen a ello.

Después de la publicación de este libro en 2010, la historia ha seguido. En 2011, Michelle Bachelet asumió como Directora General fundadora de ONU Mujeres en Nueva York, una nueva entidad destinada a promover una mayor igualdad de género y mayores oportunidades para las mujeres en el mundo, una causa muy cercana a su corazón. Durante dos años, recorrió el planeta poniendo los derechos de la mujer en la primera línea de la agenda internacional. Y en 2013, ante la insistencia de sus numerosos seguidores, acepta ser nuevamente candidata a la presidencia, siendo electa por segunda vez a la primera magistratura, algo inédito en ochenta años de historia republicana de Chile. Como es obvio, la historia de este segundo cuatrienio（2014 - 2018）, todavía en curso, aguarda aún a sus cronistas.

En el intertanto, sin embargo, Patricia Politzer, una de las periodistas más destacadas de nuestro país, con una amplia lista de libros a su haber, nos ha entregado una muy animada y rica aproximación biográfica a la vida y obra de Michelle Bachelet hasta 2010. Basada en numerosas entrevistas a personalidades de la política chilena（aunque no a Michelle Bachelet misma—esta no es una "historia oficial"）, así como en la prensa de la época, pinta un cuadro matizado y multicolor de una de las grandes protagonistas de la consolidación democrática en Chile, hoy por hoy el país más desarrollado y con mayor ingreso per cápita en América Latina.

Como dice su título, el libro está escrito desde una cierta perspectiva: el de cómo una mujer logró abrir brecha en un territorio, como lo es la política chilena, tradicionalmente dominado por hombres y en el cual campea el machismo. Fue en ese difícil terreno que Michelle Bachelet tomó medidas tan osadas como nombrar el primer Gabinete paritario de la historia de Chile, e incorporar consideraciones sobre el impacto de políticas públicas en la igualdad de género en forma transversal en todos los ministerios de su gobierno.

Más allá de ello, sin embargo, el libro nos revela el sello más distintivo del primer gobierno de Michelle Bachelet. En una época de gobiernos de izquierda en América Latina, en que el péndulo oscilaba entre variantes populistas y otras de corte socialdemócrata, su prioridad en materia de políticas públicas en un país con una creciente clase media como Chile fue muy clara : el crear una mayor y mejor red de protección social para los chilenos. Desde el retorno a la democracia, éstos habían visto enormes avances gracias a las altas tasas de crecimiento económico (que promediaron un 5 % anual entre 1990 y 2006) y una drástica caída de la pobreza (que bajó de un 39 % en 1989 a un 13% en 2006), pero aún había muchos chilenos que vivían a un paso de volver a esa condición.

Por medio de un abanico de programas (cuya estrella fue la Reforma Previsional, que condujo a un drástico aumento de las pensiones mínimas, llegando a cuadruplicar ese ingreso para numerosas de las familias más necesitadas), incluyendo el establecimiento de miles de salas cuna y centros de cuidado infantil a lo largo y lo ancho de Chile, redefinición de la ficha CAS con que se mide la pobreza, y programas focalizados como Chile Crece Contigo, el primer gobierno de la Presidenta Bachelet fortaleció una red de protección social que hasta entonces tenía numerosos forados. Esto no significa que los haya eliminado del todo, pero sí que se lograron avances sustantivos en ello. Si hay una lección que deja el exitoso desarrollo de Chile en este último cuarto de siglo es que la mejor manera de reducir la pobreza es a partir del círculo virtuoso que crea el crecimiento económico cuando va de la mano de una amplia red de programas sociales focalizados en los más necesitados.

En momentos en que China acomete una ofensiva final para erradicar la pobreza de todo el país, la publicación de este libro en chino mandarín es muy atingente. Y la Presidenta Bachelet tiene una relación privilegiada con China. Desde 2005, ha visitado este país en media docena de ocasiones, en el desempeño de sus distintas funciones—ministeriales, presidenciales o como funcionaria internacional. Y en estos últimos años la Presidenta Bachelet ha desarrollado una relación especialmente cercana con el Presidente Xi Jinping, con quien ha intercambiado sendas visitas bilaterales y con quien ha dialogado en numerosos foros internacionales sobre temas de interés común como el rumbo que ha tomado la globalización, el futuro del libre comercio en el Asia Pacífico y la trascendencia del multilateralismo en el nuevo siglo que despunta.

Finalmente, quisiera agradecer la iniciativa de la Academia China de Ciencias Sociales, principal centro de pensamiento en este país, de auspiciar la traducción y publicación de *Bachelet en tierra de hombres*. Ello pone

a disposición del público lector chino material sobre un importante período

de la historia del Chile contemporáneo y del papel clave jugado en él por

una figura, como lo es la Presidenta Michelle Bachelet, que ha marcado

una época.

Jorge Heine

Embajador de Chile en China

Beijing, abril de 2017

智利大使序言

受中国社会科学出版社邀请，能够为帕特里夏·波利策所撰写的巴切莱特传记中文版《智利女总统巴切莱特：绽放的铿锵玫瑰》作序，我感到万分荣幸。这本传记以其独特的视角对智利现任总统米歇尔·巴切莱特阁下的生活与思想进行了刻画。那是一段刻骨铭心的故事：一位医学院的青年学生，富有朝气，对生活充满热情，对变革与社会进步满怀信心，然而，变故突然降临，夺走了她的父亲，她自己同母亲遭受牢狱之灾，受尽折磨，并被流放国外。在回归祖国前，她完成了学业，成为一名医生。而最终，尽管并非其所愿，她投身于国家政坛的第一线——作为社会党政治委员会成员，先后作为卫生部长与国防部长，并于 2006 年 1 月赢得大选成为智利共和国总统。

在其总统任期中（2006—2010 年），她面临严峻的挑战，包括学生运动（史称"企鹅革命"），"大萧条"以来最大的世界经济危机（2008—2009 年的金融危机），以及人类历史上震级强度位列五位的大地震（发生在 2010 年 2 月 27 日）。尽管如此，她展现了坚强、意志力，以及领导才能，正是这些品质助其成为登上智利总统之位的第一位女性，同时亦是拉丁美洲首位并非由于家族血统关联而获得胜选的女总统。

在 2010 年这本书发布以后，她的故事仍在延续着。2011 年，米歇尔·巴切莱特在纽约就任联合国妇女署执行主任。在这个新环境中，她致力于推动性别平等，为全世界的女性群体提供更多的机会，这是一项与其初心极为契合的事业。在那两年间，她在全球范围内奔走，始终将女性权益置于其工作议事日程的优先位置。2013 年，在众多支持者的呼声下，她再一次接下了作为总统候选人的担子，并第二次被选为智利元首，这一现象在智利共和国 80 年的历史上鲜少发生。众所周知，她第二任期的故事仍在继续（2014—2018 年），依然等待着它的历史见证者。

在她两个任期之间，帕特里夏·波利策，作为我国最为著名、拥有数量可观作品的媒体人之一，通过生动而鲜活的方式让我们接近 2010 年以前米歇尔·巴切莱特的生活与思想。基于对智利政坛人物的众多访谈（尽管其中不包括米歇尔·巴切莱特本人，因此并不能称为一段"官方历史"），以及那一时期媒体的有关报道，她用绚烂的笔墨描绘了今日作为拉丁美洲最为发达、人均收入最高的国家——智利民主化历史上的一位伟大人物。

正如题目所表述的那样，这本书从某个特定的视角切入：巴切莱特，作为一位女性，如何在像智利这样传统上由男性主导的政坛，以及男权主义文化笼罩的国家中赢得一席之地。正是在这样艰难的环境下，米歇尔·巴切莱特采取了一系列果敢的决策，如组建了国家历史上第一个男女平等的内阁，并将公共政策对性别平等产生的影响广泛地深入政府的各个部门。

除此之外，这本书还为我们展现了米歇尔·巴切莱特在其首个任期中最浓墨重彩的一笔。那是一个拉丁美洲左翼政权繁荣的时期，她处于民众主义思想与社会民主阵营之间，在当时智利国内中产阶层迅速崛起的背景下，其政府公共政策的优先目标十分明确：为智利民众建立更为广泛、更加优质的社会保障系统。自民主回归以来，受益于经济领域的高增长率（1990—2006 年期间，智利年均增速达 5%）和贫困率的显著下降（从 1989 年的 39% 减至 2006 年的 13%），这些目标已经取得了大幅进展，然而仍然有大量的智利民众面临返贫的困境。

伴随着一系列项目的开展（最为典型的有养老金改革，该项目显著提升了最低养老金水平，并将众多脆弱家庭群体的收入翻了四番），包括上千幼儿园和早教中心的设立，重新界定社会救助系统中贫困线标准，以及一些精准扶贫项目，如"智利与你成长"，巴切莱特总统的第一届政府切实推进了社会保障体系。尽管这并不意味着智利已经实现全部脱贫，但的确取得了实质性的进展。如果要在过去的这 20 余年间，总结出智利在其成功发展中留下的经验，那应是最好的减贫方式是通过经济增长创造的良性循环，将致力于扶贫的社会项目的覆盖广度与精准度结合，并切实服务于最需要的群体。

当前，中国在全国范围内正打响根除贫困的最终战，而这本书中文版的出版对这一目标的实现具有相当的助益。巴切莱特总统始终与中国保持密切的关系。自 2005 年起，在多种场合对中国进行了访问，以不同的身份——部长、总统或联合国官员。近些年来，巴切莱特总统同习近平主席保持了十分密切的关系，多次实现高层互访，在众多国际论坛上就两国的共同关切进行对话，如全球化方向、亚洲太平洋地区自由贸易的前景以及多边主义的跨时代发展。

最后，谨对中国社会科学院拉丁美洲研究所表示感谢。作为中国主要的思想库，该机构组织协调了这部巴切莱特传记中文版的翻译和出版工作。这有助于中国的读者更加了解智利现代历史上的一段重要时期，以及像米歇尔·巴切莱特总统这样的划时代人物在这段历史进程中所发挥的作用。

智利驻华使馆大使　贺乔治

2017 年 4 月，北京

原作者序

　　书写新近的历史并非易事。为了对一段特定时期形成更为清晰的认知，时间的沉淀无疑是不可或缺的，需要让事物继续发展才能最大限度地分析真相、追踪事件的始末以及感知那些被尘封的热忱。

　　而更为复杂的是：当所面临的挑战是见证第一届由一位女性领导，并于近期刚刚结束任期的政府；当纵然米歇尔·巴切莱特以创历史新高的民意支持率光荣离任，但其所在的政党联盟候选人却在新一轮总统竞选中失利；当这个国家的政治局势变得扑朔迷离；当一切是是非非时过境迁；当泾渭不再分明，未来变得难以预测的时候，形势变得更为复杂。

　　因为当时我身处国外，所以并没能亲身经历巴切莱特执政的最初数月。但是在2006年年底，在我回国后不久，撰写这本书的念头就一直萦绕在脑海里。或许正是因为那段时期的缺席，使我立刻意识到正身处于前所未有的政治现象中。除了女性当权以外，在这届政府中还存在其他特殊性，尤其是那些参与公民问题的政治、经济、宗教领域的精英们感到十分茫然。

　　正如很多书中所讲的那样，三年后，我无法抑制地再次陷入了应深入探究这一主题的强烈情绪中。我试图理解米歇尔·巴切莱特执政方式的成因与内涵。

这是一个比我想象中更加漫长而困难的过程。我认为向读者讲述的关键是拥有开放而可求证的信息渠道。然而，在调查中，实现这一条件几乎是不可能的。出于复杂性和微妙性，想要接近事实的真相，我的采访需要匿名。不仅如此，为了形成这些文字，我必须绞尽脑汁，将不同人的数据、观点、细节，以及媒体报道和随口的评论组合在一起来重塑过往。

我阅读过大量的档案、书籍、媒体报道。采访过将近四十人，对其中一些人的采访次数不止一次。大部分受访人都授权我录音，这让我能够以尽可能可靠的方式构筑这段历史。

在这部书中记录的对话和场景来源于两种方式。一种是一些亲历者根据记忆提供的证词。另一种是根据来自政府内外不同的当事人开展的无数对话进行的自由重构，这些交流使我足以想象当时那些谈话的内容，并通过公众认知或者直接来自那些事件亲历者的感受，来选择组织最恰当的语言。这种方式同样适用于对某一特定人物的思想或情感进行揣摩的时候。

在这种背景下，我觉得有必要澄清米歇尔·巴切莱特未曾为此书的撰写接受过采访。我曾在很多场合发出请求，但均无果而终。尽管严格意义上来讲，我从未得到过拒绝的答复，但也终未能落实这一采访。

我仅在 2008 年 11 月，代表杂志《时事》（*Qué Pasa*）的身份采访过她。但在其任内，我从未收到过参加某次视察或者官方晚宴的邀请，仅仅与其他人一同参与了一些旨在探讨政治时局问题的私人会议。

　　我不知道巴切莱特不希望接受采访的理由是什么。但是在序言的最后，我深信这本书拥有的特别价值，正在于它是没有来自她任何干涉的情况下书写的。

　　可以确信的是，在未来，将会有更加广泛地针对米歇尔·巴切莱特总统政府的分析与著作。此潮方兴未艾，本书也是初探之举。

　　写于瓦尔帕莱索（Valparaíso），2010 年 7 月

目　　录

前　言

"我们不知道米歇尔的目的地将会是哪里。"

——阿尔贝托·巴切莱特将军

1973 年 10 月 19 日①

　　"谁曾想过，20 年前、10 年前、5 年前，谁曾想过智利会选出一位女性作为总统？"米歇尔·巴切莱特在 2006 年 1 月 15 日星期日的胜选演讲中，以这句话开头，像是回应她父亲曾经的担忧。作为第一位女总统，她在历史上赢得了一席之地。这是拉美第一位不是借由特殊的政治环境，借助丈夫、父亲抑或他人的政治权势而被选举出的女性总统。人民投票给她正是因为她自身的品质。但是对她来说这并不足够，她一直寻求更多。

　　在那个炎热的胜利之夜，全国大街小巷满溢着欢笑。随着 3 月

---

　　①　出自 1973 年 9 月 11 日军事政变发生后，米歇尔之父巴切莱特将军被捕入狱后的第一封信。这封信是寄给他远在澳大利亚的儿子阿尔贝托·贝庭哥及其家庭的。参见《巴切莱特将军的信》（*Las cartas del General Bachelet*），作者玛利亚·路易莎·克拉罗和玛利亚·艾连娜·伍德（María Luisa Claro y María Elena Wood），圣地亚哥，诺尔玛出版社（Editorial Norma），2006 年。

11 日的临近，热情不断高涨——尤其是在女性群体当中，在这个日子里，她将身着优雅的毛泽东式白色套装，披上总统绶带。几千名不同年龄、不同身份的女性决定在同一天胸前佩戴三色绶带以表示对她的拥戴。我们所有人都要当总统了！甚至很多之前没有为她投票的女性也这么想着。因为米歇尔代表她们所有人，尽管她们可能并不是社会党人，尽管她们对执政联盟并不一定支持，尽管一些人还担心女性并不懂得执政，尽管或许有人会从背后进行权力操纵⋯⋯在卡芙列拉·米斯特拉尔获得诺贝尔文学奖的 7 年后，即 1952 年智利女性才第一次获得总统大选的投票权利。而在竞选初期，甚至同属执政联盟的前总统爱德华多·弗雷都坚持认为盛行的大男子主义使人民很难选择一位女性执政。

而她寻求更多。即使所有智利女性、拉美女性或者全世界的女性都对她的获胜感同身受，也不能令她满足。正如那天晚上，在圣弗朗西斯科凯宾斯基酒店她当着 50 万人所宣布的那样，她希望这个国家开启一个崭新的阶段。她迈入拉莫内达宫并决心发动一场深刻的文化观念变革，其中包括对待贫穷的援助态度应发生革命性的转变，将其变为一种保障这片土地上每位子民基本权利的义务。"这是我毕生的追求"，她的宣布并非是虚张声势，她在这一理想下重申了其作为社会党人的身份以及与前总统萨尔瓦多·阿连德政府的政治渊源。在那届政府，她付出了惨重的代价——父亲的生命，以及她与母亲的受难、入狱和流放。

想要理解她的胜选意义以及政治历程，仅仅从性别因素分析是不够的。女性身份对其载入史册纵然关键，但是这对于解释其结束任期时所获得的高达 84% 的支持率来说，仅是一个微不足道且表面化的变量。甚至在其政党联盟总统候选人在新一届大选中失利，以及那场在政权交接前 12 天爆发的——国家独立 200 年以来最为惨烈的——对智利方圆 800 公里人口最密集地区造成毁灭性打击的地震，也未能使民众对她的一致认可产生任何动摇。

米歇尔·巴切莱特似乎有能力无往不胜，自然灾害、政治、经济和人文社会危机都不能打倒她。一些人在无法弥补的打击中一蹶不振，而像她这样代表着坚忍不拔——正是得益于这种特质——的人，不仅能够重新站起来，而且能够以包容而乐观的心态继续前行。

为期四年的政府困难重重、危机遍布，而她却从未失去镇定与笑容，仍旧乘风破浪勇往直前。

第一部分　飓风突降

一　喂？我是米歇尔

米歇尔·巴切莱特从未想要成为总统。但是命运却自有安排。

2006 年 1 月最后一个周末，那些避暑的人来到通肯，在这片距离圣地亚哥仅数百公里的海岸边寻找一份与世隔绝的安逸。对于那些不喜欢传统温泉疗养地的喧嚣，但又讲究小众美学生活的人们来说，这里是一个理想的去处。没有电，亦没有饮用水，几间木质房子——由著名建筑师佩德罗·萨拉斯、尼古拉斯·穆格力或阿尔贝特·泰迪建造而成——零星分布在山丘上，不仅保护隐私，还可以享受海景。很少人能够想象在其中一间小木屋里，或许是那里最朴素的一间，米歇尔·巴切莱特正在思考她所面临的新局势，并决定谁将成为内阁人选。

当她还是卫生部长的时候，就买下了这座 90 平方米的房子，自那时起，这里便成为她的休憩之所。她同女儿索菲亚，带着爱犬一起散步，并在每年圣周做些义工，街坊四邻组织起来清扫海滩，结束后共同享用肉包和红酒。但是现在，她是智利的新总统。

那位穿着嬉皮风格装束、戴着厚重眼镜学习医学的金色直发女青年，与萨尔瓦多·阿连德政府时期大搞革命的女青年有可能是同一个人吗？很难将她的新头衔与 1975 年 1 月同母亲一起被几名军人逮捕的那个被蒙住眼睛不知会被带到哪里的女孩联系在一起。她曾在德意志民主共和国生活过，并且从未放弃社会主义信念。20 世纪 80 年代回到智利后，她克服恐惧从事反独裁的地下工作。作为儿科大夫，为因父母失踪或被捕而遭受营养不良、脱发以及其他健康问题的孩子看病。除了在紧急状态受迫害儿童保护基金会（PIDEE）建立的专门机构①中照顾孩子以外，她还把孩子们带到监狱去探望各自的母亲。这些都是同一个人……而如今这个人已经成为智利的新总统。

没有不追求执政的政治家——无论所处的位置是否边缘——这是一条规律。此外，通过合法途径登上总统之位以践行执政理念，这就是政治。但是，尽管很难相信，但对于总统之位，米歇尔·巴切莱特既没有想过也没有要求过。她是忠诚的党员，不知疲倦地工作并且从未向往登上什么头版头条。对所有事物奉行现实主义，主张男女平等，深知性别歧视的社会现实，明晰智利的传统思想——保守而大男子主义——因此她明白对于一位女性而言，雄心壮志是多么疯狂。

然而，不受她的意志所左右，且由于无法预料的政治社会现实驱动，她在 54 岁时赢得了总统大选并成为入主拉莫内达宫的第一位女性。民众的振臂高呼和满溢的喜悦并未使她迷失，迈入总统宫没有让她自大或者懈怠，她清醒地意识到所面临的挑战将是巨大的，未来四年不会让她有喘息的时间。

那一年的 1 月下旬，对于那些争取民主联盟各党派的领导人来说

---

① 1979 年创建。80 年代，米歇尔·巴切莱特以儿科医生身份在此工作。

是一段难以忘怀的经历。当时政府内阁提名迫在眉睫，而与前任总统们——帕特里西奥·艾尔文、爱德华多·弗雷和里卡多·拉戈斯——选举后所不同的是，没有人敢肯定谁将是各部部长的人选。

电话声不停歇地响起，都是在询问是否谁已经得到了消息。那些自认为是部长不二人选——如马里奥·马塞尔、希梅娜·林孔或是里卡多·索拉里——的亲密伙伴们，在新消息来临之前相互安慰着。等待变得日益沉重而压抑。但是希望仍旧存在着。

远离所有事物，面朝通肯的大海，巴切莱特对其团队成员名单进行着最后的调整。此前数天，她已经与各联盟党派的领导人进行了广泛的沟通，但始终明白这是一个巩固其自主权的时刻。甚至她那些最亲密的伙伴也未优先得到秘密消息。

那些在官方公告公布数天之前接到总统电话的人对此守口如瓶。巴切莱特明确地表示希望他们每一个人都对此事严格保密，而这正是她之前的总统们都没能做到的。当时很少人能猜到这份忠诚将是维系与这位女总统关系的关键因素。

据一位在竞选时陪伴她的高官推测，6 年前，前总统拉戈斯由于消息走漏不得不提前公布他第一任内阁人选，"或许是因为我们所有人都知道他组成的政治集团中会有我们中的一员，因此，都明白这种与政党沟通的行为才是游戏规则"。但巴切莱特不同，显然她是从外面来的，并不属于精英集团的一分子，也不理会精英集团的人际关系和行事办法。在竞选过程中都是绝对保密的，这位高官回忆道，"她一个人全权决策，只有她自己"。就连她的亲信如里卡多·索拉里或是巴勃罗·哈尔彭都不能对这位女总统候选人的所思所想完全确定。那些不知分寸想通过递纸条或者名单干涉她的人最终不得不远离了新政府。而其他人也渐渐明白了她对于改变政治风格的承诺并非仅仅是一句选举口号。

第一批收到众人期盼的总统召唤的人有亚历杭德罗·福克斯莱和保利娜·贝洛索。

1月最后一个星期五，一位女律师正准备和家人一起前往麦腾希略度假。她收拾完准备关上办公室门的时候，电话铃响了。

"是保利娜吗？我是巴切莱特。我想知道你是否真的不愿意在政府任职。"

"是的，确实是这样。"

"为什么呢?"

尽管这位女律师早在14岁时就加入了社会党，并在艰难的独裁岁月里担任学生领袖，但她是为数不多的明确表示拒绝成为部长人选的党员。在巴切莱特赢得最终胜利的数日后，保利娜的好友希梅娜·萨瓦拉打来电话告诉她，女性们正在制作一份党首成员名单，并想将她的名字列入其中。议员亚历杭德罗·纳瓦罗也表达了同样的愿望，他曾与保利娜在80年代共同领导过康赛普西翁大学学生联合会。对此，保利娜感谢两人提出的邀请，但是她表示对政治职务并不感兴趣。尽管她仍是社会党成员，但长年专注于她的工作岗位，连总统的竞选活动都没有参加。

她在这通出人意料的电话中，深信并重复着自己的理由。她想要继续当律师，对于作为国防理事会成员的身份已感到很满足。她们的谈话很亲切，也很真诚。两个人都知道在男人主宰的政治环境中作为女性的艰辛，重要的是既保持独立性又能够将政治和个人生活区分开。但是巴切莱特也是意志坚定的。

"我想要你当政府总秘书部部长，这是一个非常重要的关键职位。我不希望你只与国会联系，也想要你和公共政策领域产生关联。"

"实际上，总统阁下，我完全愿意在您需要的时候帮助您，但是这样一个重要的职位需要稳固的政治联系。我虽然没有政敌，但在圣地亚哥我是一个局外人，既没有良好的关系，也没有强有力的政治支持。"

"这个你不用担心，政治后盾我会给你。对我来说，重要的是在拉莫内达宫里安排一位女性，从这里开始，我再继续组建我的团队。我请求你对此绝对保密。"

她不记得是否明确表示了接受或者不接受这个职位。但是当到了麦腾希略度假时，她没有和任何人提及此事。

周末有人给她打来电话告诉她就职手续将要启动，为了让她有时间脱手国防理事会的事务，从而开始新的工作。周一上午，手机再次响起。

"我是米歇尔，把你的税号给我。"

"总统阁下，如果您需要，我会给您的秘书打电话，并给她所有信息。"

"不，直接给我，因为我不想任何信息遭到泄露，今天晚上我会公之于众。"

当巴切莱特被争取民主联盟正式任命时，亚历杭德罗·福克斯莱成为政府计划部门的协调员。如果足够敏锐，能够察觉到他其实足以同其他经济领域的重量级人物竞争财政部长的职位。他不仅是基督教民主党人——这对于一个社会党总统来说可能是一个优势——而且也拥有经验，因为在第一任民主政府中担任过这一职务，而这一职务所辖的领域正是当时最为棘手的领域之一。

那时，他深刻感知到伴随着选举将近，几位同僚之间的紧张气氛与日俱增，福克斯莱邀请他的朋友们马里奥·马塞尔、豪尔赫·马歇尔和安德烈斯·韦拉斯科共进晚餐，向他们解释道，他不会谋求经济领域的任何一个重要职位，巴切莱特已经宣布"不会有重样儿的菜"，他也从未认为应该回到这一类岗位上。在他的朋友们感到些许放松的时候，他利用这个机会告诉他们，他正热衷于与巴西前总统费尔南多·恩里克·卡多佐制订一项国际计划。

保险起见，某些对担任财政部长这一职位感兴趣的人想方设法让巴切莱特得知了这一消息。

28 日星期六晚上将近 9 点的时候，亚历杭德罗家里的电话响了起来。

"你好，亚历杭德罗，我是米歇尔。你怎么样？"

"挺好的，总统阁下。"

"我想请你在政府中跟随我。"

"当然，总统阁下。"

"你现在在做什么？"

"我正埋头于国际问题研究。"

"那么，我希望你担任外交部长。"

这正是他想要的，因此感到很满意，此时，他并没有料到这个角色将会比预期的令人不舒服而且缺乏重要性。

尚未失去收到当选总统电话希望的人是劳拉·阿尔伯诺斯，一名基督教民主党青年，此前当索莱达·阿尔韦亚尔面对巴切莱特呈现绝对差距而放弃初期选举时，她从众议员海梅·穆莱特手里接过领导权。

穆莱特是她所在党派主席阿道弗·萨尔迪瓦的左膀右臂，他们两人都是索莱达·阿尔韦亚尔强有力的反对者。

如以往一样，律师劳拉·阿尔伯诺斯是第一个到达位于德坎托将军大街办公室的人。不一会儿，总统候选人就到了，然后是里卡多·索拉里。巴切莱特认为她是一位热情而能保守秘密的女性，而且特别善于观察。她在处理女性关系的特殊之处给巴切莱特留下了深刻印象，传统政治家对待女性常常使用一些亲切或调侃的话语，却鲜少关注她们的观点，而她的方式却不同。

因为穆莱特也曾经是众议员候选人，因此阿尔伯诺斯在很大程度上承担了很多行政事务，不断与争取民主联盟的不同领导人进行沟通交流。但是这并不能使她在同僚面前提高威望。在一次与党内各领导人的会议中，阿道弗·萨尔迪瓦提出候选人需要一些律师，这是为了在各地投票中担任选举代理人。

"好的律师啊，有优秀背景的，"萨尔迪瓦强调道，"劳拉，你能问问帕特里西奥·雷诺索是否取得了律师证书吗？"

雷诺索也在领导层工作，但是却没有获得证书。她当时什么也没说，只是在脑中回顾了自己的个人履历。除了是律师，她还是民法博士，专业背景深厚。她不知道是否有人能将她列在名单中，但几天后，当她经过走廊时，感到有人叫她。

"劳拉，"总统候选人巴切莱特说道，"我任命你当我选举的代理人。"

她在政治生涯中从未感到如此被认可。她14岁的时候就在故乡康赛普西翁加入了基督教民主党，但是爱德华多·弗雷在其政府中并没有考虑过她。里卡多·拉戈斯亦没有，尽管在其任内，她已经取得了博士学位。对于她来说，成为选举代理人是因为巴切莱特以其独特的眼光对她的认可，是因为巴切莱特能够重视其他人所忽视的那些人，不受外界影响，越过众多载入政坛史册的人物，或是大众媒体的宠儿，独具慧眼地选中她。

被她的兄弟破产监督局局长罗德里格鼓舞，她深信米歇尔·巴切莱特与传统的政治家不同，她为成为这位女总统的内阁成员而孤注一掷。

在第一轮和第二轮投票中，她请求与其党派领导人萨尔迪瓦会面。准时到达他维塔库拉的家中，坐在客厅里，直入主题：她希望他可以提议她成为部长。

"凭什么？"萨尔迪瓦问道，试图掩饰他的惊讶。

"凭你会认为这是最合适的。"阿尔伯诺斯回答道，并递上她的简历。

"或许可以……"萨尔迪瓦一边看着简历一边自言自语。

阿尔伯诺斯对她的直属领导海梅·穆莱特做了同样的事，这是一位更加难以说服的人。他认为她缺少经验，作为一位好的服务机构领导，37岁仍旧很年轻。但是阿尔伯诺斯并不退让，坚持捍卫其女性地位，认为她的提名不会攻击到任何内部集团，并指出内阁需要新的提名……他们在竞选团队附近的一家餐馆共进午餐，行将结束之时，穆莱特终于承认她说得有理，她确实名副其实。

阿尔伯诺斯从不知道自己是否会出现在名单里，但是将近中午的时候，她的手机响了，一个陌生号码。是她！

"劳拉，我知道你很勤勉，也很聪明，我想要你担任全国妇女服务部（Sernam）部长。"

"如您所讲，总统阁下，但是……竟然是妇女部！"不由自主地感叹道，流露出明显的沮丧。因为她曾在这一机构待了数年，认为应该是超越的时候了。

"你应该明白妇女部对我来说它的特殊重要性吧。"

"我明白，总统阁下，如您所愿，非常感谢。"

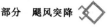

"小劳拉啊，拜托，我请求你不要和任何人说这件事，无论是阿道弗还是海梅，我知道他们是你的好朋友。你能向我保证吗?"

"当然，如您所愿。"

阿尔伯诺斯知道妇女部对巴切莱特政府来说是一个重要的部门。

1 月 30 日星期一下午，被选中的人收到了最终的确认。没有一个人将秘密泄露。所有人都彻底明白了既不经过秘书也不经过内阁领导的直接来电的意义。

在竞选团队驻地，玛利亚·安赫丽卡·阿尔瓦雷斯（通常被大家叫作"胡比"）、玛尔塔·汉森和胡安·卡瓦哈尔等一些记者正在布置现场，为了使媒体，特别是电视能够以最佳方式报道新内阁成员的出炉。当然，他们也尚未得到信息。

将近傍晚 7 点，未来的外交部长亚历杭德罗·福克斯莱抵达并快速步入总统办公室，没几分钟又走出来，面色严肃，紧锁眉头。手里攥着一张有些褶皱的纸，上面是总统亲笔写下的各个未来部长的名字和电话。他走到巴切莱特最亲近的人之一——胡比跟前，请她帮忙安排各党派领导人的位置。

所有人都很认真地听着并表示感谢。但是，这份如此爆冷的内阁成员名单却让人不知所措。几乎没有一名在各党派提交的备选名单中处于前五位的优先候选人被提名，甚至一些内阁成员都没有出现在备选名单里。

在会见记者前，米歇尔·巴切莱特给她的朋友马里奥·马塞尔打电话，告知他任命安德烈斯·韦拉斯科为财政部长的决定。这是那几天她经过深思所做出的最重要的决定。

马塞尔在接电话之前就害怕会出现这样的情况。尽管这种恐惧已经折磨了他好久，但他所遭受的伤痛仍旧是不可避免的。他曾卧薪尝胆数载，满心期待能够承担那份掌管各部门公共财政的挑战，而所有部门也都肯定他担任那一职位确是实至名归。他亲自完成了将近40%的政府计划，对这些计划烂熟于心；也曾积极参与竞选活动，即使作为预算部门主任的工作已经十分繁重。毋庸置疑，这是他的一次机会；甚至他曾设想过就任后需要着手的优先领域。但是米歇尔·巴切莱特，他的社会党同事，却告之他所做的计划将会落空，而正统的自由主义将迎来春天。

几天后，总统给他打电话想给他智利国家铜矿公司董事长的职位，但这最终并没能落实。尽管他指出不接受这一职务是因为会引起利益之争——他的家族也经营了一家小型铜矿公司，但实际原因是在处理与财政部长关系方面，这一职位会让他感到不舒服。他更想领导保障改革理事会，因为这是巴切莱特政府的执政基础。但这是一个短暂的任务，仅持续几个月的时间，马里奥·马塞尔已经明白在这段时期内不会有大的作为了。

或许马塞尔是唯一一个享受总统亲自通知不会就任内阁成员待遇的人。继最初胜选后的欣喜若狂，接踵而至的是，米歇尔感到了权力的角逐，依稀感到那些落选人的愤怒、不安，特别是那些被边缘者的沮丧与萎靡。

竞选团队中很少人能够像里卡多·索拉里那样亲近她。两人都曾任里卡多·拉戈斯总统的部长，但是实际上在很久以前两人就已相识。在人民团结阵线（Unidad Popular）时期，两人都参加了以社会党领袖卡洛斯·洛尔卡①为中心的青年组织的重要活动，这位领导人

---

① 卡洛斯·洛尔卡，精神科医生，1973年被选举为众议员。军事政变以后转入地下，是社会党政治委员会和中央委员会成员。当他试图重建社会党时，在两位以前的地下党领袖被逮捕后，1975年6月25日，他也被军政府情报局逮捕，送往格里马尔迪宅邸刑讯中心，那是他最后一次为世人所见。

物被捕后失踪。此外，七八十年代，在人权领域工作时，索拉里与巴切莱特的母亲安赫拉·赫里亚建立了紧密的联系。他们一起帮助处于危险的人们逃离国内，数年后，又共同帮助这些人重返祖国。

索拉里是最初主张将巴切莱特送上总统之位这一疯狂想法的关键一环。作为竞选团队的协调员，对候选人提名、团队组建，以及大选获胜具有决定性影响。那年1月星期一，晚9点，从电视上，他确认了自己将不会在内阁任职。

尽管他并没有感到很意外，但是心里却格外苦涩。巴切莱特曾强调过在她政府里会出现几张新面孔，而且不会给谁特权或者让谁的影响力过度膨胀。此外，在第一轮和第二轮选举中，随着投票结果低于预期①以及争取民主党的塞尔希奥·比塔尔和基督教民主党参议员安德烈斯·萨尔迪瓦加入到竞选指挥部中，媒体都认为他理所应当会被取代，从而对这位强硬派巴切莱特主义者的"落马"众说纷纭。然而，正如所有经验丰富的政治家所知，比赛直到最后一刻才会见真章。索拉里并不在乎谁占据了什么职位，而是继续埋头处理棘手问题直到最后一刻：通过媒体战术和谈判赢得了共产党选票的支持。

面对胜利，收获的喜悦超过了一直以来秉持的理性。他从最开始便对这一伟业有所贡献！他很想成为这一届政府的幕僚成员，因此而今不可避免地深感受挫。

他没有接受智利国家银行董事长的职务，但是与总统的关系依旧亲密如常。两人都觉得没有必要谈及这个话题。

在索拉里最后期望破灭之时，20位未来的部长——10位男性和

---

① 2005年12月11日，在第一轮大选投票中，米歇尔·巴切莱特得到了45.9%的选票，低于两位右翼候选人得票的总和。塞巴斯蒂安·皮涅拉获得25.4%，而华金·拉文得到23.2%。左翼候选人托马斯·赫斯得票率为5.4%。

10 位女性——他们对这一消息欢欣雀跃。在拥抱与欢笑间打开香槟庆贺第一项竞选承诺的圆满达成：内阁成员性别比例实现均衡。这在拉丁美洲是独一无二的。

新闻报道尚未结束，电话铃又响起来了。这次不是总统而是胡安·卡瓦哈尔——未来的宣传部门主任，通知第二天中午，20 位部长要在媒体面前正式亮相，并接受包含各自工作任务的文件卷宗。

一些部长以前从未一起共事过。他们根据各自职位涉及的主题聚集在一起。那些从未接近过总统的人吃惊于总统对各领域知识的博学。他们听说总统十分勤勉并属于行动派。卡瓦哈尔请他们在各部没有协调好工作之前，不要在公众面前过多谈论各自的部委。公共工程部长爱德华多·比特朗，是为数不多同记者深入接触的人。两年后他离开内阁，他任职内的那些评论一直受到关注且饱受争议，特别是对于他放弃查考运河建桥项目一事，这是里卡多·拉戈斯总统时期最具代表性的工程之一①。这位前总统是不会原谅比特朗的这个放弃决定的。

对提名感到最为意外的人之一是住房和城市化部长帕特里夏·波布莱特。她没有参加竞选活动；虽然是基督教民主党成员，但并没有受到党主席阿道弗·萨尔迪瓦特别的重视。事实上，她的提名是因前总统里卡多·拉戈斯及夫人路易莎·杜兰的举荐，夫妻二人对其作为社会融入基金会主任期间的杰出表现予以高度赞誉。

她的文件卷宗包含了具体的挑战：制定一项旨在改善质量的住房政策。"应该改变着眼点，"总统对她说，"城市弱势群体、拥挤现象、不能使人体面生活的建筑物，这都是让人所不齿的。而我们应该

---

① 这座桥长达 2.6 公里，连接奇洛埃的格兰德岛和拉戈斯大区，是里卡多·拉戈斯在 2010 年纪念独立 200 周年时进行的一项重点大工程。

拥有长远的目光构建宜居而友好的城市，整修超过 200 年的老旧街区，将其改头换面。"显然，巴切莱特并不满意在漫长的竞选过程中所视察到的智利城市面貌。甚至谈到了住在"粑粑房里的小孩"，那些小孩居住的房中，厕所下水管漏水淹了餐厅，臭气满盈！

部长们在权力交接前有六周的时间准备。

2006 年 3 月 11 日，来自争取民主联盟四位总统中的三位站在国会前面，争取民主联盟曾用选票击败了独裁者奥古斯托·皮诺切特的政党联盟。自那次历史性的全民公投起，已经历经 18 个年头，而现在智利人民再次见证一段无与伦比的时刻的到来。

中午 12 点 14 分，米歇尔·巴切莱特宣誓："是，我承诺"，成为共和国总统。超过千人受邀参加这一仪式，当爱德华多·弗雷，作为参议院议长为她戴上三色绶带，而里卡多·拉戈斯——这位杰出的总统——为其佩戴作为智利独立后权力象征的奥希金斯徽章时，观众掌声雷动。

成为总统后，她第一个拥抱了拉戈斯。没有人听到他们说了什么，但是从这漫长的 12 秒中（拥抱一般持续 2—3 秒）可以反映出一种克制的情绪，向跨越了 30 年的历史表达敬意。

萨尔瓦多·阿连德及其正义公平思想，以及熊熊大火中的拉莫内达宫，这些存在于很多人的记忆中；独裁带来的伤痛，伴随着阿尔贝托·巴切莱特将军[①]因为在社会主义政府效力遭受折磨致死的形象；反镇压斗争、地下活动、失踪和被暗杀的朋友们、还政于民，以及最终，这两位社会党总统的拥抱。

---

① 阿尔贝托·巴切莱特将军，女总统的父亲，1973 年 9 月 11 日被捕，此前受命于萨尔瓦多·阿连德总统，曾领导国家供给和商贸委员会。被释放后被监禁在家，直到再次被捕送往公共监狱，在那里饱受折磨，最终于 1974 年 3 月 12 日因没有得到医疗救治而死于心脏病。

庄重的仪式、噙满泪水的双眼、哽咽的喉咙，这些都被走廊里的突然高呼"米歇尔，我爱你!"所打破，顿时会场充满了笑声。显然总统这个职位并不会改变她的本性："应该向他要个电话号码"，她在麦克风前这样打趣道，这一举动使她不仅在智利，而且在那些国际大腕儿的圈子里声名鹊起。

那一天，赞美声、欢呼声此起彼伏，女人们在街上翩翩起舞，庆祝内阁男女比例第一次实现了平等。"这对于全世界女性来说都是伟大的一天"，美国国务卿康多莉扎·赖斯这样评价道。

巴切莱特开始践行她的计划，彰显她的人格魅力。性别平等理念扩展至 15 位副部长和 6 位大区长的选择上。那些惯于在背后捣鬼的人开始变得无所适从。在争取民主联盟各党派中，存在不同的声音，认为这位女总统履行了政治均衡，但使中央决策机构边缘化①。而反对党对这位再次将其挡在拉莫内达宫外的女总统表示出十分困惑，因为两年前他们还坚信这一次胜利是属于他们的。

到达这里的道路是艰辛的。但更为紧迫的是行将发生的事情。

二 不可能的任务

当巴切莱特被提名为卫生部长时，鲜少人听说过她，这一职务在

①　第一届内阁由 7 名基督教民主党人组成：安德烈斯·萨尔迪瓦、亚历杭德罗·福克斯莱、马丁·斯力克、塞尔希奥·埃斯佩霍、帕特里夏·波布莱特、阿尔瓦罗·罗哈斯和劳拉·阿尔伯诺斯；5 名争取民主党人：薇薇安·布兰罗特、里卡多·拉戈斯·韦伯、英格丽·安托尼杰威克、爱德华多·比特兰和罗密·施密特；4 名社会党人：保利娜·维罗索、克拉丽莎·哈迪、奥斯瓦尔多·安德拉德和玛利亚·索莱达·巴里亚；1 名激进党人：伊斯德罗·索利斯，以及 3 名无党派：安德烈斯·韦拉斯科、卡兰·珀妮雅奇客和保利娜·乌璐提亚。

智利国家历史上未曾由一名女性担任。新千年到来，里卡多·拉戈斯，作为推倒萨尔瓦多·阿连德政府军事政变后第一位社会党总统，希望智利政坛进行一次实质性的跨越。民主回归后唯一的一次，争取民主联盟没能在第一轮投票中胜出，在第二轮表决中，拉戈斯以微弱优势击败了右翼反对联盟华金·拉文。自民主回归之后已经过了10年，他的计划是雄心勃勃的。

对于巴切莱特的提名没有感到意外的是儿科医生阿曼多·迪亚斯。1996年，他是为数不多的作为全国最富市区之一——公爵区的居民①，在市政选举中投票给巴切莱特的人。

"你要投给一名社会党人？"他的儿子不可置信地问道，因为他一直是一名中间派的男人，从未投票给左派。

"因为我认识她，她是我的学生，我觉得她的未来不可限量。在与我在罗伯托德里奥医院共事的三年间，病人、护士、医生所有人都喜爱她。"

迪亚斯医生绝对想象不到几年后他的儿子弗朗西斯科·哈维尔会成为这位女总统身边最亲近的助手。

即使是里卡多·拉戈斯也并不详细了解这位儿科医生——饱受牢狱折磨终因心脏病死于囹圄的空军少将阿尔贝托·巴切莱特的女儿。几年前，当他作为公共工程部长，以及执政联盟内部主要的左翼领导人时，巴切莱特曾向他表露过对国防事务的兴趣，这让他很吃惊。她因这一志向在左翼圈子里不被理解、饱受指责而忧心忡忡，但是他却真诚地鼓励她攻读国家政治与战略研究院的相关学位。"很少有社会党人对这些问题感兴趣！"他这样对她说道。

---

① 1996年市政选举的第一轮投票中，米歇尔·巴切莱特得到了2622张选票，占2.35%。

巴切莱特的亲信确认说举荐她进入内阁的是参议员卡洛斯·奥米纳米，这是一个在竞选时与拉戈斯关系十分密切的人物。他曾对刚刚上任的拉戈斯说，"但愿在社会党中能有 20 个像她那样高效的成员"。

的确当时拉戈斯几乎对米歇尔没有认知。曾有一次他在智利 21 世纪基金会组织的卫生委员会中对她有所耳闻，并且在拉戈斯总统竞选期间，她很有效率地组织了被称为"公民广角"的活动。但是这就是他对她的所有认知了。最终拉戈斯赢得了大选，而巴切莱特的名字出现在"三位女性候选人"名单中，被递交到社会党主席里卡多·努涅斯手中，与这位党首的关系要亲近得多的是另外两名女性候选人：心理学家克拉丽莎·哈迪和律师玛利亚·艾斯特尔·费雷斯。

为什么选她？理由很简单，只是因为在拉戈斯总统组建政府时，她的入选可以起到平衡政治势力的作用并且内阁成员的提名三分之一为女性构成也能出其不意。巴切莱特的身份能够解决这一连串的棘手问题：女性、社会党人和医生。她的提名对于卫生部长人选来说是完美的。当时拉戈斯甚至不知晓她与卡米洛·埃斯卡洛纳领导的社会党内部极左派的联系，对于埃斯卡洛纳，拉戈斯曾把他弃置在拉莫内达宫一间无关紧要的地下办公室里。

2000 年 3 月 11 日，里卡多·拉戈斯开始执政，如同他的大选活动未曾结束一般。他的团队每天必须尽忠职守，发布必要的信息，以期民众理解他们的所作所为。几天后，拉戈斯意识到卫生问题是人们的主要关切，因此，他视察了巴罗斯卢科医院，并勒令部长巴切莱特在三个月内解决令人牢骚满腹的排队问题。秉承强硬而严厉的行事风格，他发出警告：如果没有完成就让她辞职。

这对于一项完全不可能办到的任务来说是多么苛责。如果想要继续留在这个职位上，这是米歇尔·巴切莱特必须跨越的第二道深渊。对于第一道深渊，没有那么为人所知，但是其意义更加深远。

那时，一方面，拉戈斯任命她为卫生部长；另一方面，与她领导卫生部门进行重大改革的计划不同的是，拉戈斯希望将这一内容作为政府执政的关键工程之一。为此，拉戈斯总统建立特设委员会，并由其最好的朋友之———埃尔南·桑多瓦尔医生主管，这是一位颇具名气的留法医学专家。

从最初起，巴切莱特就很清楚自己不想做一个没有实权的摆设部长。她不是一个会放弃其最重要职责的部长。而她向桑多瓦尔和总统本人也是这么证明的。总统曾试图向她说明她负责部里日常工作，与此同时，另一团队从事战略层面研究，将会产生多么积极的结果，但是这位女部长始终保持着微笑，明确重申她不接受权力的分化。

对于卫生问题的复杂性，她比任何人都清楚。作为西方卫生服务中心的流行病学专家，90年代初，她甚至主张通过控制飞机航行，来避免智利受到当时在南美大部分国家迅速蔓延的霍乱的侵袭①。在全国艾滋病委员会工作期间，她所负责的这种疾病，在那一时期尚未摆脱死亡和偏见的标签。在爱德华多·弗雷政府时期，作为卫生部副部长费尔南多·穆尼奥斯顾问团队的一员，她承担了一项棘手的任务，这项工作是对其管理能力、谈判能力，以及政策灵活性的考验。

1996年底，由共产党领袖温贝托·卡布雷拉领导的全国卫生劳动者联盟在各地诊所医院开展了民主回归以来最大规模的一次全国性罢工。一时紧张气氛升级，政府担心局势失控。为了迫使政府与之交

---

① 根据泛美卫生组织的数据，1991—1994年，巴西的霍乱病例达到151339例；玻利维亚，35310例；秘鲁，628733例；智利，147例。

涉，一些领导人如卡米洛·埃斯卡洛纳的非正式讲话甚至没能使卡夫雷拉中止哪怕仅数小时的罢工。相反的是，在如此规模的罢工形势下，卡夫雷拉的立场变得更加强硬，甚至号召那些急诊部门的医生参与其中。紧张局势不断激化。

与此同时，秉承谨慎的态度，巴切莱特医生收到了整顿医疗部门对抗这场激烈危机的命令。她的任务是不惜一切代价避免由医护条件缺失而引起的社会失序，这意味着由卡米洛·埃斯卡洛纳领导的最强硬的社会党党翼与卫生部门劳动者的诉求划清了界限。此外，独裁时期结束以来，面对文人与军人之间的紧张关系尚未得到缓解，她却必须与武装力量建立信任关系，使那些军队医院能够成为应对紧急状态的保障。据那些日子里陪伴她工作的人回忆，当时她没日没夜地投身于工作，高效而富有决心，尤其是在区分政治斗争和国家义务之间的运筹帷幄。

命运将充满吃惊与嘲弄的道路铺到了米歇尔的脚下。就在此时，一位共产党领导人再次将她拉回到了军人的世界。

毋庸置疑，那些从医经验对巴切莱特应对卫生部的挑战十分有益。首要任务是尽可能地缓解排队问题，但是这个紧急问题并没有使其忘记最根本的东西：改革。如果有人认为实质性的变革能够越过部委层面向前推进，那就错了。

以前从未出现过一位卫生部长能够如此具体而坚定地担任这一职务。大众媒体持续地报道她，细数离解决排队问题的最后期限还剩多少天。甚至那些最单纯的人都看出来这是一项无法完成的任务。一些分析家强调拉戈斯一直想要提名埃尔南·桑多瓦尔为卫生部长。但是，出乎总统的预料，人们并未对这位正在从事一项不可能任务的负责人表示反对，恰恰相反的是，请求总统不要辞退她的呼声与日俱增。有人在医院和诊所的出口等他，悄悄对他说："她已经尽全力了"，"您要体谅她，在这么短时间里不可能再苛求更多"，"请不要辞退她"。

6月12日——那个不祥的最后期限，反对联盟探访了医院，准备见证这一场任务失败，但拉戈斯和巴切莱特已经提前一个星期进行了任务述职。当时在众多的受邀宾客面前，包括卫生工会领导人，经过一系列拉莫内达宫的仪式程序，这位女部长承认只将排队人数减少至原来的82%，因此递交了辞呈。然而，总统不仅让她继续留在这一岗位上，而且肯定她是"领导卫生部门改革最有能力的人选"。

新政府执政100天后，《时事》杂志（Qué Pasa）公布了由反馈公司（Feedback）进行的一项调查问卷，其中显示总统支持率大幅提升，超过了68%，而卫生部长以39%的支持率从无人知晓变成评价最高的部长①。

米歇尔知道已经打赢了一场战争，但是更重要的是，她感到对实现其长远的重大改革目标更具信心了。她不仅要在桑多瓦尔委员会中将改革予以落实，而且同样需要部委间委员会的支持，因为尽管她是指挥，但必须聚集一系列机构来支撑这一改革计划的开展②。无疑，这是一项技术上和政策上兼具复杂性的任务。

从最初开始，巴切莱特和桑多瓦尔之间的紧张关系就能够从卫生部，乃至整个政府层面中感受到。要么支持她，要么就得反对她。突然在部委间委员会会议上冒出的不知名草案，以及泄露给媒体的内部

---

① 参见《时事》杂志，2000年6月17日报道。问题："在现政府最初的数月内哪三个部长表现得最为优异?"答案依次是：米歇尔·巴切莱特39.4%，索莱达·阿尔维亚尔14.8%，何塞·米格尔·因苏尔萨13.9%。

② 米歇尔·巴切莱特领导的部委间委员会由各部部长组成：财政部长，尼古拉斯·埃萨吉雷；总统府部长，阿尔瓦罗·加西亚；劳动部长，里卡多·索拉里；预算部门主任，马里奥·马塞尔；以及若干副部长和部委间协调员，冈萨罗·马特内尔。

档案，惹火了她。但是，她对此从未表现出过激反应或恼怒情绪，而是保持克制镇定，这能够使她冷静思考——有时甚至权衡良久——每一个所做出的决定。经过独裁时期的洗礼，忠诚的价值在她的内心深处留下了深深的烙印。她可以原谅错误或低效率，但是绝不容忍欺瞒或背叛。

参与争论的人之间从未能调和的根本分歧，实际上体现了实施改革的权力之间的博弈。桑多瓦尔不会妥协。他有学识、风度翩翩、颇具名望，很快摘得了"王子"的称号。别人能够明显感到他与总统的亲近，他们不仅是老朋友，而且无论在首都圣地亚哥还是在作为拉戈斯—杜兰家族庄园休养地——卡莱乌，他们都是邻居。但巴切莱特从不理睬通过第三方传达过来的总统的请求或愿景，也不打算让他们无视她的存在。

当这位时刻关注民众呼声的女医生持续在不同方面大放异彩时，在部委间委员会中，她的同事们感到了压力。他们明白他们的任务就是在这场改革辩论中与巴切莱特同仇敌忾，而桑多瓦尔的角色代表了国家行政权的异己势力，但他们无法帮助她在这一愈演愈烈的分歧斗争中给予她强有力的支持。局势最终陷入僵持。

国家元首应该在 2001 年 5 月 21 日于国会全体面前就政府执政第一年来的情况进行述职，但是已经临近这一日期之时，国家元首的宣传部却无法给出完整的总统述职信息：恰好缺少关于其所承诺的卫生改革进展情况这一部分。

但是，在 19 日星期六，拉戈斯最终得以完成了他的述职稿。因为那天上午巴切莱特部长到访他位于路易斯阿蒙森街的家中，拿出了一份令总统满意的提案，其内容与前些天甚嚣尘上的媒体走漏的消息毫无关系。两天后，总统宣布"智利将会出台一项医疗卫生保障计划，其范围将既涵盖国家医疗基金（Fonasa），也包括智利医疗保险企业协会（Isapres）"①；与此同时，宣布从那一年起，所有属于Fonasa体系的65岁以上老年人将会获得免费就医的权利。

一个月后，巴切莱特将一份关于病人权利和义务的法律草案呈交国会。这一份草案旨在实现所有智利人无论是公共部门还是私人机构，都能以自由平等的方式就医，从而获得一个体面、及时且保障病人知情权的医疗保障。

这位女医生不畏困难，制订了第一份具有里程碑意义的医疗改革计划②，但这一方案却没能最终得以落实。不少人认为巴切莱特的继任者奥斯瓦尔多·阿塔萨在就任卫生部长15天后呈交的那份为人称道的全民医疗保障项目（AUGE）改革计划③实际上在巴切莱特离任前就已经完成了。当然，也有一些人坚持认为巴切莱特没有能力解决和消除争论，因为不同立场的声音已经变得过于极端和分散了。然而，抛开这些相关者的情绪不谈，具体来说，这份最终实施的改革方案与埃尔南·桑多瓦尔医生的最初方案相去甚远。作为一名医学专家，他的提案内容强调急救和家庭疾病预防，但是这与改革目的背道而驰。这一改革应旨在（无差别地）为所有智利人在一个疾病种类覆盖面日益扩大的医疗体系中提供一个高效的就医保障④。

---

　　①　译者注：Fonasa，被称为"国家医疗基金"，系智利国家公立医疗机构，而Isapres，被称为"智利医疗保险企业协会"，系智利私营医疗机构。智利公私医疗机构联合向国民提供医疗保健服务。

　　②　这份关于病人权利和义务的法律草案于2001年6月21日交国会审议，但至今仍未通过。

　　③　2004年9月3日，19.966号法案颁布，通称"AUGE计划"，这一计划旨在建立面向所有市民，针对不同疾病种类的专项医疗服务的普及保障体系。

　　④　AUGE计划启动于2005年7月1日，最初仅涵盖25种疾病，后至2007年4月，逐渐增加到56种。2009年12月，AUGE计划咨询委员会批准纳入10种新病种，其中包括多发性硬化、面向孕妇的牙科就诊、帕金森症、成人癫痫、乙型肝炎和丙型肝炎，这些病种将于2010年7月起正式纳入该体系。

当总统的私人秘书安赫莉卡·阿尔萨莫拉打电话将她召回总统宫时，她知道自己的卫生部长任期要结束了。但从未想过她将会收获一个更大的奖赏。

拉戈斯还能清晰地回忆起两年前，在他位于首都普罗维登西亚区维拉和平塔多大街的办公室里，当他任命巴切莱特为卫生部长时，她那张失望的面孔，当时他对这一反应感到意外，问她怎么回事。

"哎呀！"她实事求是地答道，"我以为您会给我个国防部副部长当呢！"

拉戈斯当时微笑着对她说部长层面尚在调整中。而现在，这个时刻终于到来了，却不是副部长而是再次被委任为部长。她又创造了智利历史上的一个"第一"——第一位女国防部长。

总统面临的难题犹如芒刺在背。恢复人们对共和国制度体制的尊重，并明确文人权力高于军人权力的结构构建，这些对他来说都是核心问题。然而，时不常就有人跟他讲关于皮诺切特的事情，什么虽然他年纪大了，身体也不好，但是仍旧掌控军权之类的。因此在国防部任命一位女性，还是社会党人，并且是军政府时期死于牢狱的一位将军的女儿，都是为了堵住那些人的嘴巴。"看谁还说是皮诺切特的天下！"总统对自己的亲信们说。使武装军队坦然接受这样一位身份的女部长无疑是后独裁时期恢复常规秩序的信号。

但与其他很多人的预计相悖的是，这一任命并不是单纯出于给予言论打击而做出的无理性行为：巴切莱特比很多前任的男性部长都要了解这一领域。不仅在政治与战略研究院研修过课程，而且取得过第一名的成绩，超过她的同学，其中大部分是武装军队的成员。最终，她获得了共和国总统奖学金，前往华盛顿美洲防务大学深造。

拉戈斯相信武装军队会抱有敬意地接纳这位新部长。尽管奥斯卡·维尔德认为"保持自然的姿态最困难",但是在政治与战略研究院时期,她的毫无伪装与天然去雕饰使她在各方面都十分引人注目。在军事学院的毕业典礼上,她要求恢复他父亲的名誉,讲述了应该愈合伤痛和给予认可的必要性,这是她童年和青年时代的独特记忆,当时这些行为对周围产生了很大的触动。

里卡多·拉戈斯看问题并不浅薄。他也十分清楚由这位女性检阅军队将会引起怎样的轰动。或许米歇尔·巴切莱特最终作为智利共和国总统的宿命注定从这一刻开启了。其实如果当时将她逐出内阁,或者把她外放到哪个使馆补缺,那么就能使其形象逐渐淡出人们的视线。特别是能够缓解很多政治领导人紧绷的神经,尤其需要指出的是索莱达·阿尔韦亚尔,这位基督教民主党女律师,很多人将其视为下届总统大选候选人的热门人选。

然而,拉戈斯选择了继续利用巴切莱特医生为他的政府带来的这份人气资产。尽管尚未有人预测到巴切莱特会最终成为大势所趋之人,如同"巴切莱特现象"持续发酵那样,但是他清醒地决定让整个事态顺其自然。

三　阿尔韦亚尔拓开道路

1999年12月,在拉戈斯因第一轮选举投票没有胜出而遭受沉重打击之时,索莱达·阿尔韦亚尔以救世主的形象开始领导里卡多·拉戈斯的竞选活动。当时右翼联盟候选人华金·拉文得票数仅比拉戈斯少 31140 张①。这样的形势属民主回归后的首例，显然争取民主联盟在政治和道德上不再像过去十年那样享有获得权力的绝对优势。

候选人的战略方针认为，不仅需要攻占政治中间派，而且还必须大胆地夺取华金·拉文高举的变革大旗，因为这面旗帜已经在投票人之中产生了深入影响。阿尔韦亚尔并不仅仅是一名新时代女性领袖的代表人物，而是自身就有能够"办事情"的声望。为了"拯救"拉戈斯，她在落实跨世纪的社会大改革，彻底改变司法体系，建立高效透明的对证制度后，光荣地辞去了司法部长的职务。

索莱达·阿尔韦亚尔同她亲信团队坐镇于位于首都普罗维登西亚区的指挥办公室里。她的朋友、前内阁部长玛丽恒·霍恩科尔实际上成为接近她，或是和她约谈的门户。不久后，一直陪伴拉戈斯左右的参议员卡洛斯·奥米纳米，以及其他官员直到那时才明白阿尔韦亚尔的到来并不只具有象征意义。

尽管有选举分析家明确断言阿尔韦亚尔对 2000 年 1 月 16 日以微弱优势获胜的贡献不大或者微不足道②，因为增加的得票数来自共产党，但是胜利的晚上，她笑容灿烂，表现得比当选总统本人还要满意。她的政治生涯已经完成了一次崭新的飞跃。她可以选择任何她所愿意的职位，前途不可限量。根据她的主要顾问之一，前部长艾尔文，以及民主过渡时期的重要人物恩里克·科雷亚所暗示的那样，她今后甚至有可能能够圆梦拉莫内达宫。

---

① 1999 年 12 月 12 日，里卡多·拉戈斯在 7055128 张有效选票中得到 47.96%。华金·拉文得到 47.52%；共产党候选人格拉迪斯·马丁得到 3.19%；人文主义党候选人托马斯·赫希获得 0.51%，萨拉·拉腊因获得 0.44%；独立候选人阿尔图罗·弗雷获得 0.38%。

② 里卡多·拉戈斯于 2000 年 1 月 16 日以 51.3% 的有效选票赢得总统大选，击败了华金·拉文。拉戈斯的选票比拉文多 187589 张，而在第一轮投票中共产党的得票总数为 225224 张。

当执政联盟大部分领导人都毫不遮掩地认为这可能是争取民主联盟最后一任政府时，科雷亚的这一断言得到了阿尔韦亚尔的另一位顾问、社会学家欧亨尼奥·蒂罗尼，以及由埃内斯托·奥托内领导的被称作"第二阶层"的新总统亲信圈子的支持。

整个团队认为这一预测会直指 2006 年。如果行动睿智且及时，就可以改变未来。但是他们的算盘打得并没有那么复杂：一位社会党总统候选人之后，左翼联盟只需要再推出一位基督教民主党候选人；有必要通过一些新鲜的方式吸引选民，对此，没有什么比一位女性候选人更好的选择。而索莱达·阿尔韦亚尔同时符合这两点要求。此外，她拥有政治经验和管理能力，领导了刑法程序改革①，以及当前就任外交部长后②，她拥有三年的时间来捍卫其守护国家的形象。

尽管总统常常保持缄默，以其特有的"呃……"来回应这些过早的未来预测，但奥托内每周会花几个小时与这位女外交部长会面。对于时政问题，这位女外长拥有专业的团队，这对于形成一个全局性政治视角，以及战略决策同样需要的对环境的全面判读是一个前提条件。

2000—2002 年，调查问卷显示索莱达·阿尔韦亚尔是继华金·拉文之后最有前途的政治人物。③

但阿尔韦亚尔的平静并没有持续多长时间。不仅是因为在内阁中出现了另一位女性，从其出现的第一天起就饱受关注，而且也因为在其党派内部不同派别之间分化愈演愈烈，不久就演变为她与阿道弗·萨尔迪瓦分别领导的两派间不可调和的内部战争。

---

①　刑法程序改革由司法部长索莱达·阿尔韦亚尔领导的庞大技术团队制定。自 2000 年 12 月 16 日起，在科金博和阿劳卡尼亚大区开始实施。

②　里卡多·拉戈斯总统让索莱达·阿尔韦亚尔选择一个她有意向的职位。2006 年 3 月 11 日，她宣誓就任外交部长。

③　参见 CERC 调查问卷 2000—2002。

基督教民主党势力在 2004 年的市政选举中得到了巩固，这使得萨尔迪瓦对总统大选的雄心不断壮大。索莱达·阿尔韦亚尔像女勇士一样为成为女性总统候选人而战。最终获得了一场令人扼腕的胜利，因为这一胜利的意义仅仅在于加剧了党内分裂，从而使其平坦的政治生涯变得阻碍重重。

　　尽管她针对米歇尔·巴切莱特不断地采取进攻，但调查问卷的结果变得日益无情。2005 年 5 月 24 日，她中途退出了初期选举，从而失去了成为总统的可能性。

　　索莱达·阿尔韦亚尔在她忙碌的职业生涯中，一次又一次地表现出了多重品质和专业能力，从而能够攻克党内的各种职务，以及为国家政府的各个岗位效力，但这同样也为其最危险的对手铺平了道路。她的领导权逐渐得到巩固、她为争取总统候选人席位进行着激烈而果敢的斗争，这些都在智利人的心中逐渐树立了女性在成为共和国总统方面，无论从智力还是体力上，都不构成阻碍。这种革命是可能的，甚至在像智利这样一个没有离婚法的保守国家里也一样。

　　然而，在这扇门开启后，市民们很快发现她不是唯一的一位女性领袖，在公共辩论时，已经出现了另外一位能够与其竞争，并且更富有理想的女性。如果说阿尔韦亚尔是智利传统政治精英的象征，那么巴切莱特就是人民候选人的代表。

　　埃内斯托·奥托内在这位女外长任期内定期召开会议，但是不久后，"第二阶层"的顾问们开始对阿尔韦亚尔的实际可能性抱有疑问。无论是卡洛斯·贝尔加拉，或是吉列尔莫·坎佩罗，抑或是公共评论家哈维尔·马丁内斯都开始质疑她。他们认为她有一个不可逾越的自身障碍。她的丈夫——基督教民主党领袖古滕贝格·马丁内斯也曾拥有成为总统的野心，他秉承以传统精英权力的行使方式，通过操纵奖赏、职位和惩戒来逐渐壮大势力。但作为资深的政治操控者，马丁内斯树敌众多，最终不幸落马。但索莱达·阿尔韦亚尔却在这些饱受诟病的行为面前得以幸存，还成为了超越她丈夫的杰出领袖。然而，不可避免的是，对每一次政局前景的分析，古滕贝格·马丁内斯都会成为一个不祥的阴影。此外，尽管他们承认她的研究和管理能力，但也感到阿尔韦亚尔对待挑战的视野未达到相当的高度。吉列尔莫·坎佩罗和哈维尔·马丁内斯曾多次强调这是一个必输之赌。

事实上，与其他领导人一样，他们对巴切莱特医生的执政能力同样不看好。实际上，在"第二阶层"管理中，这位女卫生部长在为应对与埃尔南·桑多瓦尔的斗争，以及推行医疗改革而寻求支持时，多少得到了一些同情。"巴切莱特坐在那里哭诉，没有表现出任何执政能力"，有人曾这样评价道。那时候当这位女卫生部长离开办公室时，政治不相信眼泪，他们这样总结道，并没有过多在意。

没有一位顾问会认为财政部长尼古拉斯·埃萨吉雷也会做同样的事。当那届政府在最初几年陷入经济危机时，他暴怒着控诉自己的孤立无援，以及一些议员和党派领导人的恶劣行径。埃萨吉雷出言不逊、举止粗鲁；而巴切莱特啜泣哭诉。前者就是为了成为国家元首所必须达到的水准，而后者就被视为没有表现出任何执政能力。"长远来看，二者或许是一样的，只是在那些大男子主义的人眼里存在表面上的不同"，8 年后，一位国家战略家曾这样反思道，"但却没有人这么想过"。

然而，"第二阶层"的男人们立刻察觉到作为国防部长的米歇尔·巴切莱特的到来对未来的女总统席位造成了不小的冲击。

巴切莱特不仅停止了怨言，而且与那些强大的顾问团的定期会议也不再在拉莫内达宫举行了，而是换成了自己的地盘。这位女国防部长每星期都邀请他们共进午餐；这是一位掌控全局的女主人之姿，她知道这是必要的，为了实现目标，她必须寻求合作。甚至连奥托内与军队指挥官胡安·埃米利奥·谢雷保持密切关系都没能让她焦虑。

总统不仅对这些变化有所察觉，而且明确地让他的顾问们定期与她会面。他明白如果在卫生部，他对这位女部长尚有绝对的控制权，但在国防部，这种管控已经开始丧失了。

四　修复关系的坦克

2002年3月10日星期日，安赫拉·赫里亚很紧张。在军事学院里，那个夏季美丽的傍晚，总统里卡多·拉戈斯和米歇尔·巴切莱特——两个月前被任命为国防部长的赫里亚的女儿，共同领导里卡多·伊苏列塔和胡安·埃米利奥·谢雷将军之间军队指挥权的交接。这一场超过2500人参加的交接仪式备受瞩目。

这是1990年还政于民以来，第一次举行这样的活动——在宣誓效忠民选政府政权的两位将军之间进行。指挥权交接的文件法令由一位社会党总统和一位社会党部长签章。在贵宾席又出现了一个"第一次"：与伊苏列塔将军头衔相当的三位前最高指挥官的家属出席了活动：奥古斯托·皮诺切特的儿女们；在布宜诺斯艾利斯与妻子索菲亚·卡思伯特一同被暗杀的卡洛斯·普拉茨将军的女儿们[1]；为了阻

---

① 卡洛斯·普拉茨和妻子索菲亚·卡思伯特于1974年9月30日在布宜诺斯艾利斯的汽车爆炸中丧生。炸弹由军政府独裁情报机构（Dina）特工迈克尔·汤利安装在他的座驾中。2010年7月8日，最高法院宣布了针对独裁情报机构中9位特工的最终判决，包括最高领导曼努埃尔·孔特雷拉斯和佩德罗·埃斯皮诺萨，他们因两起谋杀案和非法结社被判处17年监禁。

止萨尔瓦多·阿连德成为总统于 1970 年被暗杀的勒内·施耐德的妻子和儿女们①。

这一时刻，除了自己感到紧张以外，米歇尔·巴切莱特不禁想象着她的母亲正从军事学院对面的、位于阿美利克维斯普西奥大街的公寓阳台上探出头的情景。也正是在这间公寓，她的父亲阿尔贝托·巴切莱特在军事政变后被拘禁在家中。也是在这间公寓，为了消磨时间和振奋精神，她的父亲透过窗户做着鬼脸逗他的女儿，为了让正在读医学课程的女儿对他报以微笑。他从这个地方被带走后再也没能回来。而也正是从这个地方她和她的母亲被送往格里马尔迪宅邸。②

如果过去重新来过，将会有多少感情充溢在这位将军的心头！40 年代将军认识了她的母亲，两人相爱了，他亲昵地称她为"赫萝"。这样看来，时光已逾半个世纪。当时安赫拉还未成年，富有魅力且拥有深邃的嗓音，而他，还是一名空军中尉，军装潇洒帅气。无论是"米卡"——她的父亲这么称呼她——还是她的其他家人都未曾想到他们的生活将会变得多么残酷与艰辛。

恐惧已成往事，她现在站在这里，在军事学院里，几百万智利人，和她的母亲一样，注视着这里，他们期待着她在这样一个里程碑性的时刻检阅军队。她也悲伤地回忆起她的哥哥贝庭哥，他们总是这么亲切地叫他。他是她唯一的兄弟，几个月前在澳大利亚去世，那是他从 1969 年就开始生活的地方。至少最后他为他的医生姐姐能够成

---

① 勒内·施耐德将军死于 1970 年 10 月 25 日，正值旨在阻止由萨尔瓦多·阿连德领导的人民团结阵线政府上台而策划的一起未遂的绑架案三天后。当时阿连德已经在 9 月 4 日的大选中取得了绝对多数选票，只待国会的批准。军事法庭判处罗贝托·维奥和卡米洛·巴伦苏埃拉将军以谋划军事政变定罪。维奥还被指控绑架罪，与此同时，胡里奥·布雄、何塞·梅尔戈萨和莱昂·科斯梅利，同属极右组织"祖国和自由党"成员，三人作为造成勒内将军受枪击死亡的元凶被定罪。

② 格里马尔迪宅邸是独裁时期最恶劣的拘留和刑讯中心。

为卫生部长而高兴。不可思议的是，直觉告诉她这个职位并不是她政治生涯的结束而仅是个开始！

米歇尔知道对于她的母亲来说，看到她成为国防部长，感受多少有些不同。回归家庭、重新成为了军人家庭的一员，重新进入了这个"赫萝"幸福生活了 28 年、"米卡"幸福生活了 22 年的世界。已经过去了这么长的时间，遭受了这么多痛苦，但是她们两个从未背叛那段过去。她们拥有这么多军人伙伴，怎么能把他们所有人都一概否定呢！

米歇尔称呼智利空军总司令、政府军事委员会成员费尔南多·马太将军"费尔南多叔叔"，是他帮助她们获准在流放德意志民主共和国四年后重返祖国。他是安赫拉·赫里亚在空军中最好的朋友，并不是因为她的军人丈夫，是她自身十分敬仰爱戴他。他拥抱她，一如既往地亲切。"赫萝……"他对她说，"你受苦了，你受苦了啊"①。这些话让她感到过去并不是一场梦。

她们一直认为祸国殃民的只是一部分人，米歇尔和她的母亲都没有因憎恨迷失了方向。一条路是积极反抗独裁统治，另一条是将自己变为一个苦大仇深且报复心重的人。

或许是出于对那段受宠而快乐的童年的怀念，或许是感到有必要更加靠近她已逝的父亲，实际上，米歇尔·巴切莱特始终对空军的事格外上心。当巴切莱特将军任职于供给指挥部，而她还是智利大学医学院社会党活跃分子时，她就为文人政府和军人世界之间相互认知的巨大断层忧心忡忡。

80 年代初，流放回归后，她所从事的地下工作恰好是系统性地

---

① 罗萨里奥·古斯曼·布拉沃、贡萨罗·罗哈斯·多诺索：《老虎的女儿》（La hija del tigre），圣地亚哥，RIL 编辑，2005 年。

分析军政府战略思想变革。她撰写的关于文人和军人在意识形态上如何变迁的报告定期被送到社会党政治委员会。根据那时收到这些报告的一位领导回忆，这些分析严肃、细致而详尽。"我们应遵从中国伟大战略家——孙子的思想：知己知彼，百战不殆，"她笑着肯定道。与此同时，认为这些诊断对于社会党的重构进程，以及对抗从未妥协的独裁政府来说非常关键。

谁能想到现在的事呢！20 年后，军队正在向这位正在检阅的社会党人致敬。士兵们在一位女性面前排成方阵，而这位女性渴望平复伤痛，并深信只有当文人和军人之间的鸿沟消除之时，这一期许方可达成。

两个月前，当得知她的女儿被提名为国防部长后，安赫拉·赫里亚对米歇尔可能会不为军队接受而感到忧虑。尽管 90 年代末，凭借奖学金从美洲防务大学学成归来时，她就已经成为这个部的顾问，但现在不同的是：她要领导这个部。

没有人会这么干，但是国防部的财政顾问欧亨尼奥却以资源匮乏为由，拒绝给巴切莱特小小的工作隔间配置电脑。然而，巴切莱特上任后却从没有因这件往事而整治他，在她的整个执政时期，他都继续得以在此处任职。

站在阳台上，天色渐渐暗下去，安赫拉听见整齐的行进脚步声，这代表仪式已经开始了。远处，身着优雅的淡黄色两件套制服以及相称的鞋子，她的女儿潇洒地阔步前行，如同已经身经百战。这个国家开始了解这位女性的另一面——她与她的前任们步子迈得一样好。米歇尔在赞美声中保持微笑，她将这种天资归功于她优异的听力和对音乐的热爱，而非对军队的兴趣。

仪式结束了，媒体对她就任的报道持续发酵，这位女部长知道她的新挑战比完善医疗系统时更加棘手，也更加政治化。她很了解里卡多·拉戈斯对共和国的设想：作为总统摆脱那段历史，终结任何不正确的决断，在国家中重构军人力量对文人政权明确且完全的服从。

这时她再一次面临同样的境况：总统的一位朋友被牵涉与她面对同一份使命，总统亲信"第二阶层"的强硬派男人，埃内斯托·奥托内。但是这一次，他是盟友，不再是对手。当他还是军事学院学生的时候，认识了胡安·埃米利奥·谢雷将军。随着拉戈斯声望日益增长以及最终当选为总统，他们两人的关系日益密切。

奥托内很快就告诉了女部长关于他与新任军队司令谢雷的谈话。谢雷将军表现突出，受人爱戴，并且要面临一个不可避免的时间节点：在其任内，军事政变爆发期满30年。巴切莱特很明白总统的意愿，但也很清楚同志们之间萦绕的恐惧和怨恨。在推动尊重人权理念，勿忘过去教训这一点上，部长和顾问始终会站在同一条战线上。

巴切莱特爱笑，做事雷厉风行，就像冲破了极地的寒冰。她对待所有人都非常平易近人，对此，很多人感到困惑，认为他们已经成为朋友了。但是，她从未忘记职责所在。那些忽视了等级地位逾权的人从未忘记她深邃的目光，以及重拾亲近与热情的困难。

在国防部，没有人怀疑过巴切莱特担任这一职务的果决。对于军人们来说，重要的是她是一只"雏鹰"，正如他们称呼军人的子女那样。但是，他们更加赞赏她对国防的了解，不在无谓的事务上耽误时间，表达的战略立场严谨而有理有据。此外，那些高级军官很快意识到这位女部长拥有实权，且这一权力与日俱增。如果一位部长能够在总统面前产生影响，就会得到尊重，而她显然拥有这个途径且受到了特殊优待。在她周围，没有一位将军对她的重要性产生质疑。

在任期满一年的前夕，她不得不提前撤销空军总司令帕特里西奥·里奥斯将军的职务，这彰显了她对政治权力的掌控。根据宪法这一司令职务是不可动摇的，但是此时的空军已经被民主回归后的最大丑闻缠身。他的亲信之一帕特里西奥·坎波斯将军被指控隐瞒失踪被捕人员的下落情况，这份最终报告作为"对话桌"机制的运行结果被呈送给拉戈斯总统，这一机制是爱德华多·弗雷政府时期为了解决人权问题而设立的。①

巴切莱特很快促成了坎波斯的下台，他的妻子薇薇安·乌加特恰好隶属"联合指挥部"②，这是军事政变后最让人闻风丧胆的镇压集团之一。而对于促成已经领导一年多时间的帕特里西奥·里奥斯将军下台，这一任务显然更加复杂。她必须充分利用她的领导力、政治手腕以及对空军内部的了解，甚至采取"怀柔"政策，因为青年时代，这位将军曾是他的哥哥阿尔贝托的同学。丑闻爆发的一个月后，里奥斯将军自动请辞。

2002 年 9 月 30 日，在这一事件中，胡安·埃米利奥·谢雷将军明确表示，和拉戈斯一样，决心摆脱那一段：28 年以来军队首次在军事学院组织了一场弥撒来纪念前总司令卡洛斯·普拉茨将军。这是一个具有里程碑意义的活动，开始是一系列致敬、演讲活动和档案的公布，通过这些途径，军队公开承认了对人权的侵犯，与军政府遗产断绝关系，并明确地将自身界定为服从于全体智利人民的机制。

谢雷就这样领导了这场军事政变爆发 30 周年的纪念活动。

---

① 基于奥古斯托·皮诺切特在伦敦被逮捕引发的危机，国防部长艾德蒙多·佩雷斯·约马在 1999 年 8 月 21 日设立"对话桌"机制，该机制由 22 名成员组成，包括空军和武警、人权律师、不同教会势力和国家知名学者。这一任务在 2000 年 6 月 13 日完成，所作出的结论报告呈交给 2000 年 3 月 11 日上任的里卡多·拉戈斯总统。

② 联合指挥部创建于 1975 年，主要由空军情报机构特工，一些空军、武警和调查分支机构的成员，以及"祖国和自由"组织中的文人官员组成。这一机构运行至 1976 年底，是造成众多人失踪，尤其是共产党领导人失踪的罪魁祸首。

在那个 2003 年，无论是否热衷，军队中所有部队都做了同一件事。空军新任总司令奥斯瓦尔多·萨拉维亚将军邀请了那些军事政变后被撤职或被处分的尉官和士官，颁发给他们空军身份证，以象征他们重返空军。受邀出席的包括阿尔贝托·巴切莱特将军的遗孀安赫拉·赫里亚，以及她的好友空军上校卡洛斯·奥米纳米·达萨的遗孀艾迪特·帕斯夸尔，这位上校也是时任社会党参议员卡洛斯·奥米纳米的父亲。

在军队里，尽管存在收买贿赂问题以及总司令米格尔·安赫尔·贝尔加拉上将的诋毁指责等种种困难，但这位女国防部长得以组织了一次对道森岛的视察①，日期定在 11 月 22 日，那时的天气已经不那么冷了。1973 年，将近 60 名囚犯在那片位于彭塔阿莱那南部约 80 公里的土地上，遭受了繁重的强制劳动以及残酷无情的对待，内心饱受摧残。出访同行者还包括现任教育部长塞尔希奥·比塔尔、人民团结阵线政府时期教育部长阿尼瓦尔·帕尔玛以及建筑家米格尔·劳纳，劳纳曾在被监禁时期，负责哈里斯港教堂的修复工作，并最终完成了这一基督教壮举。视察人员还有时任众议员的卡洛琳娜·托哈，雕塑家鲁道夫·曼西亚曾交给这位女议员一副她父亲的手套，她的父亲何塞·托哈曾任阿连德政府内阁部长，已被暗杀。自何塞·托哈成为岛上的阶下囚以来，他已经将这副手套保存了 30 年，最终她的父亲没能摆脱残酷的命运，离开了人世。②

但到了最后关头，巴切莱特没能坐上前往道森岛的船，因为右脚

---

① 道森岛是一座集中营，关押着众多来自人民团结阵线政府、政治高官和最南部地区的囚犯。

② 何塞·托哈，曾任萨尔瓦多·阿连德总统的国防部长，1974 年 3 月 15 日死于圣地亚哥军事医院。根据雷蒂格报告记录，在监禁期间，由于遭受到了残酷的虐待，他瘦了 27 公斤，严重营养不良，1.92 米的身高只剩不到 49 公斤。

踝扭伤，走路不便。这个意外太不合时宜，也太令人沮丧了！那次视察的取得得来不易，因为与贝尔加拉上将的明争暗斗十分激烈，乃至耗费数月才得以落实此次视察。

然而，这一时期，对于女部长最重要的时刻无疑是 2003 年 3 月 13 日：在纪念她的父亲于公共监狱去世 29 周年活动上，智利所有空军高级将领都与她会面，向这位将军致敬，并共同追忆了那段历史。当米歇尔·巴切莱特走到 30 年前父亲工作过的办公室时，不禁动容，流下了泪水。

她无法避免地回忆起那段恐怖的岁月，苦难和死亡无时无刻不萦绕着她。据她父亲所言，正是他自己的同伴"对待他像对待一个罪犯或是一条狗一般"①。当他心脏病突发时，无论是牢房狱友的呼喊还是空军将领阿尔瓦罗·亚涅斯实施的紧急救治都没能拯救他。

30 年后，作为国防部长的米歇尔·巴切莱特应该向这一职务表示敬意。她代表了整个国家而非只是受害者。有人送来一张她父亲的照片，这张照片与国防部财政办公室的那张是一样的，她用肢体语言表示了感谢，但并没有说什么。

2003 年是处理人权问题和反思历史方面的紧张的一年。在媒体上，特别是电视中，深度的新闻报道和公开坦诚的辩论铺天盖地，开诚布公、直率坦白，这成为民主回归之后第一个十年的常态。

那一年，必不可少地追忆历史、治愈伤痛，并努力修复那些无法调和的矛盾。然而，巴切莱特具备将两种完全相悖的事实相统一的才

① 1973 年 10 月 19 日在寄给贝庭哥（儿子）、巴蒂（儿媳）和克里斯蒂安以及安德烈（孙子）的信中，阿尔贝托·巴切莱特将军写道："他们从内心给我以打击，使我的精神受到了摧残。我从来不会憎恶任何人。我一直认定人类是造物主最引以为傲的存在，应该被尊重。但是我遇到了空军的同伴，遇到了已经和我相知二十载的人，遇到了我的学生们，他们对待我像对待罪犯或对待狗一样。"

干。她无法阻止独裁时期因侵犯人权而引起的悲剧；但她能够清晰而明确地以亲身的血泪经历对这一行径加以谴责，从而在受害者中间产生共鸣，坚持责任并期许一个悲剧不会重演的未来。

秉承这种信念和严谨的态度，她能够驳回不公正的控诉，嘉奖军事任务，支持购买高精尖武器，支持高昂的预算支出。基于此，她果断地保护谢雷将军，这位刚被任命的军队总司令在塞雷纳市阿里卡市政议会上，被人权组织指控参与虐囚。

在这一个充斥着各种纪念活动的年份结束后，她坐在由智利空军第一位女战斗机飞行员驾驶的飞机"皮兰"上飞越了圣地亚哥。飞机如同一名前锋那样的冲刺，在降落时，她不失时机地断定："女性，能够到达毋庸置疑的高度。"

在她身上，天然率性的特质比谁都要强烈，无论做什么始终保持坚韧、周全而坦诚的立场。而不久后，这种认知便反映在米歇尔·巴切莱特在装甲坦克里视察饱受暴雨灾害的村庄的那难以忘怀的一幕中。

大雨从6月2日星期日开始一直不停，雨势之急使圣地亚哥很快汪洋一片，而根据天气预报，未来两天这一情况不会好转。总统拉戈斯命令政府各官员在这一紧急状态下坚守岗位。

巴切莱特与内政部下属国家紧急情况办公室（Onemi）协调，希望其提供武装部队的协助。卡洛斯·莫里纳·约翰松将军，作为军队的总督察员负责调度军用车辆。中午稍过，他给巴切莱特打电话，告诉她有一批重要物资将要送往受灾地区，以尽可能帮助受灾群众。

"您愿意和我们一同去吗，部长阁下？"

"让我再看一下，我一会儿给你打电话。"

这位女部长不愿有任何差池。如同一贯以来所做的决定，她向各

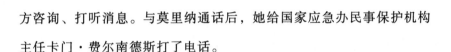

方咨询、打听消息。与莫里纳通话后，她给国家应急办民事保护机构主任卡门·费尔南德斯打了电话。

"你好！我是巴切莱特，"她像往常一样做了自我介绍，只报上了姓名，觉得没有必要彰显职位，"军队给我提供了视察北部水灾最严重地区的行程安排。"

"科里纳和兰帕的情况很复杂……"

"那里车能过去吗？"

"不行，没办法。"

"我指的是几辆特殊的车辆——莫瓦格装甲车，无论路况怎样都能行驶的那种。"

"那就没问题了。"

"实地考察一下看看到底发生了什么以及我们该如何提供帮助，这将是很好的安排。你愿意随行吗？"

"抱歉，部长阁下，这个我决定不了。或许我们的主任可以。"

但阿尔贝托·马图拉纳医生，作为全国应急办主任，并没有被邀请同去。巴切莱特对这位同僚没有什么好印象。2001年9月，在纽约双子座遭袭击后不久，全球范围内弥漫着陌生的恐惧情绪，再加上可能致命的炭疽杆菌攻击事件的爆发，当时还是卫生部长的巴切莱特领导部委间委员会应对这种突发的牵涉化学和细菌学领域的紧急事态。在其中一场各机构代表参加的会议中，如公共卫生所、国家应急办、消防部门、海关、武警和武装部队，巴切莱特不得不向同为医生的马图拉纳证明在那种紧急状况下，她才是真正的传染病学专家。

与副部长加夫列尔·加斯帕尔一起，巴切莱特召集了武装部队，开始紧急运输行动。媒体放弃其他报道都来追踪国防部长的行动。电视上的报道消息铺天盖地，各大报纸的头版头条也不例外。一位医生站在坦克上！医疗卫生与国防安全鲜明地统一在一起。

那些认为这是昙花一现的人并没有体会到这位女性开始以一种强有力的方式开启一条一直以来人们逃避却又向往的和解之路，这辆坦克正是修复关系的象征。那个曾经充斥死亡、伤痛和屈辱的地方，现在被巴切莱特赋予了奉献、团结和热爱。尽管曾经失去过，遭受过痛苦，但她能够做到与军人相互理解，坦诚相对。她在国防部并不寻求博取谁的欢心，而是一心为国家效力。她那天的形象，着军服、戴军帽，指挥着行动，收获了犹如那位登上月球的那个男人一样不可磨灭的力量。

五　不为人知的线索

在国防部的日子一天天流逝，试图剥夺巴切莱特梦想的并不是军人，而是文人。正是这些文人想方设法无视她的权威，而这种局面随着她民意支持率的稳步上升，变得更加困难重重。

是否有军人对一位女性部长的到来感到惊讶，没有人会知道，因为对命令的恪守和服从是军人的天职。但是，这种事情不会发生在她的副部长们和其他与她会产生交集的部长身上。他们中不少人都拥有自己的阵营盟友、利益关切和政治野心。

最初，一名女性部长的出现都会被视为疯狂的事，更不要说一名完全远离政治精英集团的社会党女性能够入主拉莫内达宫了。尽管索莱达·阿尔韦亚尔已经在执政联盟内部表现出作为女性总统候选人的可能性，但是对于大多数人来说，这种事还仅仅是个茶余饭后的笑话。在《信使报》的周日刊上，以"2006 年拉莫内达宫女士"为题大篇幅报道了这种可能性，在这篇报道中，采访了时事评论员、政治分析家，甚至还有时装设计师和理发师。[①] 全世界都知道内政部长何塞·米格尔·因苏尔萨视她俩为"小姑娘"。甚至在媒体铺天盖地报道巴切莱特在装甲车上的一幕的时候都没动摇过立场。

第二天，这位部长走进总统拉戈斯办公室，猫科动物一般狡黠地一笑：

"总统阁下，说真的，你昨晚上看了吗？简直跟塞西尔·B. 戴米尔的电影一样。"塞西尔是好莱坞大片《十诫》的导演。

"没有。"

"那么请看一下，一个货真价实的塞西尔·B. 戴米尔。"

里卡多·拉戈斯阅读各家报纸头版头条的时候，能够想象到当巴切莱特在坦克里视察受灾地区时人们的欢呼声。因苏尔萨的地位令他担心；如果无法准确评估局势并及时行动的话，他作为社会党候选人的地位可能不再如他所想的那般稳固。

一段时间之后，2003 年头几个月的一天，拉戈斯给因苏尔萨办公室打电话，就最近的紧急情况说了几句无关紧要的话后，以其典型的坚定而明确的语气直指道：

"如果现状持续发展下去，你就不能成为候选人了，因为社会党不会提名你的。为了成为候选人，你现在必须成为党主席。"

几天后，因苏尔萨心中不爽，再次扯回到曾经的话题上：

"总统阁下，请您明确地告诉我，您想让我辞去内政部长的职务？"

"啊，不是的！"拉戈斯感叹，对这位内阁长官的迟钝感到不满，

---

① 《报道》，载《信使报》（El Mercurio）2002 年 6 月 16 日。

"这件事翻篇了，你继续当你的部长吧，不要再谈及此事了。"

巴切莱特在武警和调查事务上与因苏尔萨的想法有冲突。尽管公共安全从属于内政部，但是警察却一直从属于国防部，这是军人政府时期遗留下来的传统。国防部的一位副部长费利佩·哈尔伯是一位年轻有为的律师，一心想走仕途，他知道在面对这两位重视自己管辖范围的领导应极其谨慎。尽管他天性活泼，但是不得不在工作中学会严格地处理对外宣传，因为女部长对这些事物总是很警惕。

当总统提名他为管理武警事务的副部长时，巴切莱特同意了，但是在见面时，她惊讶于他的年轻。他才刚刚 28 岁，最近，政府班子中已经出现了数个昙花一现的年轻省级领导。很久很久之后，他才取得了她的信任。

女部长对他的想法很重视，如让警察在制服上标注名字，以及用可伸缩的手杖代替过去的警用棍，这样更具震慑效果，而且更加凸显了象征意义。受巴切莱特在拉戈斯总统竞选时组织的市民广场活动启发，哈尔伯发起了"团结活动"，在那里警察深入复杂的街区，组织鞋匠、理发师和护士开展服务日活动。这种无可挑剔的设计可以逐渐改变"条子"们的镇压者形象，树立其为人民服务的声誉。这与女部长的品格相当契合啊！

巴切莱特按照惯例会和副部长们共进午餐，起初一月一次，之后一周一次：她想要明确领导权，尤其是在她的形象日益深入人心的时候。在她所讲的那些常常一语三关的笑话中，除了表示出友善亲近的同志情谊，她的副部长们也慢慢明白了巴切莱特将不囿于国防事务的相关计划。

费利佩·哈尔伯从未飘飘然丧失方向。他拒绝了多个转移到别的部委的机会，一直待在国防部直到 2006 年 1 月 28 日，拉戈斯政府结束前夕，被提名为内政部副部长。他是米歇尔·巴切莱特政府任命的第一名官员，负责新政府首任内阁的宣誓就职活动。无疑他知道审时度势，并且懂得识人用人。

不仅哈尔伯与内政部长何塞·米格尔·因苏尔萨有关联，主管战争事务的副部长加夫列尔·加斯帕尔也是如此。尽管他的职务没有同总统府直接关联，但是加斯帕尔和因苏尔萨是老朋友，这引起了巴切莱特的警觉。实际上，加斯帕尔和女部长之间的关系对于两位当事者来看是不同的。对加斯帕尔来说，他认为自己的职务很重要，而本人又具有无人能及的幽默感，能够和巴切莱特谈笑风生数个小时，因此他自认为是她主要的顾问之一，然而，巴切莱特却对他的一些看法和建议并不信任。

2003 年，律师卡洛斯·麦肯尼回到国防部任主管海军的副部长。在爱德华多·弗雷政府时期，他曾作为主管战争事务的副部长将巴切莱特作为顾问。她很怀念他，不仅因为他们曾在多个任务中一起共事，更是因为这位"不走寻常路"的副部长打破了在国防部沿用至20 世纪 90 年代中期的礼仪规范，这件事尤其引起巴切莱特的关注。

在那个时期，每次有部长或者某一副部长进入电梯时，所有其他人都必须下来给领导让路。第一次遇到这种事的时候，麦肯尼觉得很不舒服，感到不好意思。因此示意电梯管理者不要再这样做了：无论他上下电梯，电梯里的人，无论谁，都可以待在电梯里。其中有一次，巴切莱特医生正好在场，她像往常一样，微笑着，细致地观察着。

当时的国防部长艾德蒙多·佩雷斯·约马从未对顾问团体内部关注过。她并不是与佩雷斯·约马密切共事的亲信成员之一，当时他的根本目标是围绕被捕失踪人员的去向组织"对话桌"机制。当那些副部长，如马里奥·费尔南德斯、安赫尔·福里斯菲斯和卢西亚诺·福里奥克斯都在致力于同部长一起共商这个优先任务之时，麦肯尼却寻求巴切莱特的帮助，旨在完成领导所交付的礼仪性工作。相应地，他毫不怀疑她也在党内扮演着重要的角色。

在与外国代表的会议中，巴切莱特倾听，游刃有余地缓和气氛，自然而然地建立联系，她的语言天赋令人赞叹①，尤其在这样一个即使是高层也只有少数人掌握英语的国家里。两人都没有猜到他们会在这样一个非常不同的条件下再次在同一个部里相逢：他还是副部长，而她不再是籍籍无名的顾问，而已经是部长了。

早在 2002 年，当豪尔赫·布尔戈斯为谋求众议员席位而辞去了内政部副部长的职位时，时任内政部主管司法的主任卡洛斯·麦肯尼却拒绝调任这一职位。

"总统阁下，"这位律师当时是这么和总统里卡多·拉戈斯解释的，"我觉得出任这一职务很荣幸，但是因为身体原因我不能胜任。内政部副部长是国家工作强度最高的职位之一，信息量巨大，每日需要应对各种十万火急的事件。我进行过肾脏移植，如果担任这一职务那说明我拿重任当儿戏了。"

因此，拉戈斯任命了豪尔赫·科雷亚·苏蒂尔律师。而麦肯尼利用这一机会对因苏尔萨部长表示如果总统能让他回国防部，他会很高兴。第二年他便成为了国防部主管海军的副部长。

巴切莱特如同老朋友一般与他会面。不久后，因其律师的身份，女部长就人权程序责任问题如何答复法院一事向他咨询意见。一般来说，这类的咨询应该面向负责战争事务的副部长，但她对加布里尔·

---

① 除了西班牙语和英语，米歇尔·巴切莱特还掌握德语、法语和葡萄牙语。

加斯帕尔的意见感到不放心，因为他不是律师。加斯帕尔只是将诉求传递给军事法庭法官，而随后军事法庭法官会给出答复，让副部长交由部长签字。

麦肯尼认为这种不安是有道理的。因为她在那些文件上签了字，就表明了军队对于人权审判的态度上的认可，同时证明了军队对于人权案件没有更多的相关信息。所以从那时开始，只要加斯帕尔跟进的正式手续一完成，负责海防的副部长麦肯尼就会审查并重新做一遍文件，以确保巴切莱特的签名只证明收到了军队的相关答复和没有充分信息给这份答复做担保。

进入 2004 年，费利佩·哈尔伯已经取得了女部长的信任。他看出女部长的支持率已经扶摇直上了。在一次视察国会时，女部长顺路进了一所大学，在那里甚至所有的学生都得到了她的签名。在警察学校的任何仪式上，所有的将军和他们的妻子都想和女部长合影。而对其他部长来说，这种事可以发生在士兵，以及较低军衔的军官身上，但永远不会是将军级别的。在一次和负责调查事务的副部长冈萨罗·米兰达的午餐会上，哈尔伯大胆而直截了当地问她是否会成为总统候选人。

"这是另外一码事。"女部长答道。

"但是，部长阁下，"他追问道，"我觉得人们都认定您了。因此您应该做一个无关于执政联盟或者各党派意愿的决定，这是第一次执政联盟的精英感到被人们的呼声将了一军。"

"你们看啊，首先要有一个初期选举，要赢得这个就差得远了……"她中止了对话，连开句玩笑缓和一下气氛都没有。

实际上，时间超出巴切莱特预期飞速流逝着。允许做决定的空间不可避免地被挤压。无论是在各党派中还是其他几位可能的候选人周围，相关人士都在行动着、谋划着。

国防部和由索莱达·阿尔韦亚尔领导的外交部面临很多共同事务。但是随着米歇尔的民意调查率攀升以及索莱达支持率的下跌，任何一个小火星都可能引爆潜藏在这两个部委深处的战争。在这两派中，为各自领导服务的专业政治操盘手们行动着。政府大楼里充斥着关于两人不称职的指责，也不乏溢美之词。

卡洛斯·麦肯尼，是个低调的人，一位基督教民主党人，完全远离政党权力中心，他决定给他的同僚——外交部副部长克里斯蒂安·巴罗斯打电话，后者是争取民主党人，与阿尔韦亚尔关系密切。他们两个人对这种政治的暗箱操作感到不舒服，因此达成共识，让两位候选人不要卷入这场肮脏的游戏中，也不要将各自的部门牵涉其中，并且试图提升政治辩论的层次。从那时开始，巴切莱特派的基督教民主党人和阿尔韦亚尔派的争取民主党人成为好朋友。

不久，10月1日，两位女部长辞去了各自的部长职务，开始正式踏上谋求共和国总统席位的征程。

六 一份无法超越的人生履历

大约提前一年，巴切莱特就在做心里斗争：要不要参加大选。她不止一次地强调着（很多亲信也都曾听过），比起进入拉莫内达宫，毫无疑问她更向往与爱人手牵手漫步在沙滩上。她不仅这么说，也认真地思考过。但自从在位于喀布尔瓜湖的那四间偏僻的小木屋里，和她的家人以及闺中密友们度过一个暑假以后，她便明白了成为候选人已经从一个疯狂的事变成了可以企及的现实。

不仅她的民意支持率攀升，而且从 2003 年年中开始，她就成为了最受好评的公众人物，支持率高达 80%，不仅超过了索莱达·阿尔韦亚尔，而且也高于很多重量级的政治领袖，如拉戈斯总统本人、圣地亚哥市长华金·拉文，参议员亚历杭德罗·福克斯莱，以及国家革新党主席塞巴斯蒂安·皮涅拉。①

在社会党中，甚至那些最固执的人也不得不承认如果他们想领导新政府，没有比选择巴切莱特更好的选项。就连一向以"坦克"著称的强硬派因苏尔萨也不得不认可巴切莱特是一股势不可当且出乎意料的飓风。这股飓风不是摧毁性的而是能够征服所有挡在前路的人。

第一批支持她的人是索拉里、埃斯卡洛纳和努涅斯，他们在某个晚上找到她位于阿美利克维斯普西奥的公寓，并向她提出竞选候选人方案。他们针对"巴切莱特现象"侃侃而谈，对于这个现象，她知道的和他们一样多，或许比他们还要多。她没有因为被那些溢美之词催眠，而是直切主题，尖锐而直接地向他们确认是否真的对她尽责，还是只是为了打发时间，之后便会在何塞·米格尔·因苏尔萨或者索莱达·阿尔韦亚尔取得候选人席位后去攀附。

巴切莱特对于这种大型的政治公开结盟只是初来乍到，但是她比任何人都要了解她的政党。她了解结盟、派系、决裂、原则和实用主义；了解私下活动和政治委员会的辩论。那些认为她是新手的人大错特错了。

作为国防部长，她要和她党派的重要领导人举行会议：如党主席冈萨罗·马特内尔；同那些领导党内部不同派系的人，如卡米洛·埃斯卡洛纳、里卡多·努涅斯和里卡多·索拉里；同那些具有影响力的

---

① 国家公众意见研究报告，公众研究中心（CEP），2003 年 6—7 月刊。

人，如海梅·加斯穆里、卡洛斯·奥米纳米，选举专家弗朗西斯科·阿莱乌，以及和何塞·米格尔·因苏尔萨本人。所有这些男人，都十分乐意给她指出前行的道路。

巴切莱特十分直截了当地表明：她不愿意作为当权者的傀儡来执政。如果她进入了这场挑战，那么她既不会把领导权交给任何人，也不接受被卷入一场肮脏的游戏中。她亲身体验过被背叛的滋味，也在长达30年的无条件忠诚的党员岁月中充分见证了各种背叛行径。"她不会任这些政党的大人物们操纵的，"埃斯卡洛纳这么总结道。从那时起，他尽全力使自己与巴切莱特的关系达到最低限度的公开。

政治阶层是靠山。而巴切莱特，孑然一身，既要为个人、家庭、爱情生活的个人意愿而奋斗，又要参与政治斗争，不仅要击败其他候选人，而且特别要摧毁那些企图操纵她的政党机器，打破前人对于男性主宰的思想束缚，证明女性也能够执掌国家这一事实。

赢得选举似乎变成了一件容易的事。她每一次出现在公共场所，群众的反应就像迎接一位摇滚明星。但是，与那些关于高谈阔论的名人不同，她在面对人说话时身上有一种特质：她倾听、对每一段故事都感兴趣、将所有需求都牢记于心，当形势向好时，她总是那么放松、唱歌、跳舞、微笑或者哈哈大笑。

似乎是不言而喻，她的为人处世的方式能够让人畅想一个不一样的智利，在绝望中寻求着些许不同，一个从民主回归以来寻求深刻变革的智利。一个其他领导人都无法诠释的智利，当华金·拉文六年前险些从争取民主联盟手中夺取执政时，他或许成为了唯一一位能够领悟这一点的人。

那些平淡而理性的政治言论并没有考虑到智利社会的复杂性和多样性，无视我们身份和我们愿望的方方面面。巴切莱特，和拉文一样，在公共和个人事务中拥有一个广阔的人文维度这也是 21 世纪的特点。或许正因为如此，每次在她的注视和聆听下，交谈者都感到心情舒畅。

除了她的品格和魅力，她还拥有一份如同电影剧本一般的人生履历，她的名声逐渐远播国内外。

她是与萨尔瓦多·阿连德政府共事的将军的女儿，这位将军在惨遭虐待后死于囹圄。米歇尔当时只有 22 岁，曾是一个快乐而满腹理想的女青年。

她曾修习医学，是社会党青年组织的一员，学习并传播历史唯物主义，有一个男朋友，会去参加轰轰烈烈的政治游行，还会深入农村治疗疥疮或虱子感染，热衷于披头士乐队，弹唱吉他。所有这些她都认真而投入地对待。

她也从她父母安赫拉和阿尔贝托那里收获了很多，在一个不可知论主义的家庭中长大，家规的原则是尊重他人，对待生活中的每件事都要严谨。全家人围坐在桌子旁无所顾忌地谈论着，从爱情到国家现实。对政治的兴趣和对文化的好奇以及学习都是日常生活的一部分。她的母亲，在出版社和智利大学金融系工作多年后，开始在大学攻读考古学。她的父亲，不仅是空军财政部门的主任，而且一直在共济会举办座谈会。因为家中的两位女性都变成了大学生，所以平时将军本人便担任起家庭采购的任务。他的男子气概并未受到一丝减损。

她的家庭并不是典型的军人家庭。但是没有人想象得到他的父亲毕生都在追求成为一名严于律己的军官。正是空军在阿连德总统面前提名他领导国家供给与商贸部门的工作。从那时起，他开始致力于解决对民生造成影响的食品分配问题，直到人民团结阵线政府的最后一刻。

1973 年 9 月 11 日，米歇尔当时正在智利大学何塞华金阿吉雷医院。而她的父亲来到国防部，被自己的军人同伴用枪指着、搜身并逮捕。

历史不会重演。特别是当将军在 1974 年 3 月 12 日去逝后，她的哥哥贝庭哥远在澳大利亚，她的父亲再也不能像保护神一样照顾她和她的母亲了。在那段日子里，痛苦和恐惧交融在一起。然而，母女俩面对不幸并未一蹶不振，两人默默地想方设法帮助那些被追捕的人。一直持续到 1975 年 1 月 10 日，两名穿便服的军人闯入公寓带走了她们。

在格里马尔迪宅邸，安赫拉遭受了最残酷的折磨。整整六天被关在一个木棚里，甚至没有办法上厕所。她们两个同时被威胁会杀了另一个。有人对她们质问、殴打，向她们展示极端的恐怖。到了民主时期，当年的施虐者之一马塞洛·墨兰·布里托曾是她们在阿美利克维斯普西奥大街同一栋楼的邻居。

整整两个礼拜，没有人知道她们在哪里。甚至连她退休的空军将军叔叔奥斯瓦尔多·克罗克维耶勒也一样，他在军政府总司令古斯塔沃·利和其他高管面前进行了很多尝试。

最后，母女俩在飞往澳大利亚的 LAN 航空公司的飞机上得以相聚。这是一个开始，为期四年的流放生活基本上都在民主德国。

这是一段人心惶惶的日子，但她们从未放弃过为恢复民主而战，在这其中米歇尔再次遭受了终生难忘的打击。在离开智利数月后，六月中旬，军政府情报机构逮捕了多名社会党领导人，包括地下党领导小组：埃克森吉尔·庞塞、里卡多·拉戈斯·萨利纳和她的挚友卡洛斯·洛尔卡。所有人都失踪了。那一年年底，秘密警察逮捕了超过40 名领导人以及一个新的领导小组。在恐怖中，叛变者海梅·洛佩斯·阿雷亚诺成为众矢之的。

这正是她的男朋友，一名党内高官可能因无法承受折磨而告密。这带来了毁灭性的后果，导致数十人被捕失踪，其中包括他自己①。

对于米歇尔来说，忠诚拥有了一个至高无上的价值，在任何条件下都不可违背。就算是出于国家的原因。

她用于各项工作上的精力和能力似乎是永无止境的。回到智利后，她结婚并拥有了一个儿子，不久以身犯险重新投入到了党的事业中，重拾医学，从大学四年级开始学起，尽管此前她已经读到了五年级，但是在柏林著名的洪堡大学的学习经历没有被有关方面予以承认。

无论对力量还是民主思想的研究都已经深入了她的骨髓里。当成为候选人时，米歇尔是一名儿科医生、传染病学家和国防专家，也是一名21世纪的勇敢女性。她离过婚，是一名单身母亲，但从未疏于照料她的三个孩子。作为一名最受屈辱的受害者，她有能力追求正义，为正义而战，同时她也有能力登上坦克，指挥军队。

数以万计的智利人认同她。那些家中的女主人、单身母亲、辛勤工作的劳动者、独裁的受害者，那些相信和解的人，那些为平等而战的人，那些谋求变革的人，那些为选择第一位女总统而自豪的人。

命运是不可违抗的。

在辞去国防部长不久后的一天晚上，米歇尔·巴切莱特回到家，她看到，像往常一样，在她母亲的房门上挂着钥匙，以便让她和她的孩子们自由进出。

"妈妈，你睡了吗？"

---

① 根据国家真相与和解委员会，也称为雷霆委员会，海梅·洛佩斯·阿莱亚诺在1975年12月被捕，并失踪。

"没有，还早。"安赫拉·赫里亚答道，并让她进来坐在床边。

"妈妈……你知道我从未想过拥有这么高的职务，我从未想过成为总统，我已经说过很多次了。但是现在我觉得我应该接受，因为很多人请求我成为候选人。"

"当然了，米歇尔，我知道你会做得很好的。"

"但是，妈妈，这真的很难……"

"你不要着急，我会在你需要时支持你。"

正如她父母教育的那样，既然决心已下，那么米歇尔·巴切莱特就会履行她的职责。而那个手牵手在海滩上漫步的想法似乎只能成为一个梦想了。

第二部分　执政正当时！

一　最初的噩梦

短暂的蜜月期

　　尽管她从未追寻过，甚至连续数月在调查问卷中彰显出的超高人气一点也未曾让她沉溺其中，但是她现在就坐镇在拉莫内达宫，成为了智利共和国总统。庄严的办公室和雅致的沙发，在这里她要统领全国，最重要的是，她要履行所作出的承诺：成为一位特别的总统，打破固有模式，在社会领域开展深刻变革，捍卫修道士保持自己传统的权利。没有什么能改变她的本质，无论是困境、赞美、挫折，抑或是成就。

　　这些贯穿于她整个政府任期。与那些很快忘却了自己关于性别平等承诺的领导人不同，也与平易近人的贝拉克·奥巴马那种淡化种族问题的领导风格不同，米歇尔·巴切莱特始终默默奉行或明确表露她是一名女性、社会党人、离异身份、家里的顶梁柱、人权的捍卫者。

这样的她既不以受害者自居，也不妄自尊大；既不患得患失，也不装腔作势。她就是她，自然而简单。但是她很清楚自己的各种身份都具有有力的象征意义。

身处高位，以一种广泛而参与性的方式进行领导并不是一件易事，这与传统的家长式权力结构十分不同，而对于后者，她的前任里卡多·拉戈斯刚刚十分娴熟地展示过。然而，哪怕是最悲观的分析也没能准确预测出她将要面临的困难与挑战的难度。

选举上的成功超出了预计，她以 53.5% 战胜了塞巴斯蒂安·皮涅拉。实际上，四年后，当她的这位对手最终赢得总统之位之时，得票数也比 2006 年巴切莱特少 13 万张。①

然而，大众的支持，市民们庆祝胜利的热情，在国际上引起的关注，这些对于这位女总统来说，似乎都是些无关紧要的细节，因为她要紧锣密鼓地构建顾问与政治团队，如执政联盟成员，以及政府内阁人选。

前财政部长尼古拉斯·埃萨吉雷在整个竞选中都称呼她为"我的小胖妞"②，想表示出亲近友好，而这句浑话在与总统之后的交往中已然成为一个抹不去的污点。他事后的道歉无济于事，这个外号不仅不断被提及——甚至有时还被用于亲切的称赞——而且已然超越了既有的与总统交往中所维持的尊重底线。

从竞选开始一直到总统任期结束，一些言论从未停止过，她的敏感和领袖魅力毋庸置疑，但是她的权威和领导力就是另一回事儿了。

---

① 根据选举委员会的官方数据，2006 年 1 月，米歇尔·巴切莱特获得 3723029 张选票，占 53.5%。而 2010 年 1 月，塞巴斯蒂安·皮涅拉凭借 3591182 张选票，占总数的 51.61% 登上总统之位。
② 记者克劳迪娅·阿拉默和胡里奥·纳胡艾华尔的采访，《事情》（*Cosas*）杂志，2005 年 8 月。

自始至终都被指责缺少团队协作、多疑，做决定不够果决。"她还不够格"这一句评价广为流传，但却没有指出她缺乏的是职业准备、人格魅力还是政治手腕。一些人，如历史学家阿尔弗雷多·若赛琳-奥尔特认为她只是一个媒体的衍生品，她应该扪心自问自己用于执政的裙子是否足够多。"有人认为我是个只会成天微笑的傻瓜，"2005年3月她这么说道。在竞选最后的几周里，矛头直击她的女性身份；直到最后一刻都蔓延着一种尖刻的言论：选民们一定会做出这样的选择，即更希望她老实在家待着，而非出来谋国事。

2009年3月，她的任期已满3年，支持率在60%上下浮动，国家革新党主席卡洛斯·拉腊因认为这一支持率的来源是基于巴切莱特像是一位"亲切的家庭女主人，像街道大妈一样"。在任期最后，爆发了自30年代以来最大的一场世界经济危机，执政联盟中一位杰出的领袖十分断定"人们从巴切莱特那里领悟到的东西就是作为一位优秀的家庭女主人，应该懂得在好时期节省，以应对坏时期的到来。因此人们应该明白这是她的功劳"。

这种氛围贯穿于她执政的四年间。

大选的胜利、男女数量平等的内阁、面对执政联盟各党派表现出的自主性、人民优先的处事风格、不惜一切代价履行社会计划与承诺的决心，这些对她来说，并不需要被别人理解或原谅。

她从一开始就知道生活是艰辛的，并尝试战胜那些不可能的任务。在她出生时，还未及1.8公斤！但她却蕴含了坐镇拉莫内达宫的能量。

20位部长神采奕奕地位列内阁席位之中。他们手里拿着工作卷宗，从休假开始他们就要研究总统在不同领域确定的优先任务。

媒体大量报道了前往参加政权交接仪式的众多外国使团，以及在阿拉梅达大街举行的高举"歌唱吧，美洲"横幅的大规模的民众庆典。不少部长的个人履历堪称完美，而女性部长在仪式活动上盛装出席。

财政部长安德烈斯·韦拉斯科毕业于耶鲁大学和哥伦比亚大学，又作为哈佛教授，为人称道，而住房部女部长帕特里夏·波夫莱特高雅的穿着获得赞誉，那是"美国前第一夫人杰奎琳·肯尼迪式两件套锦缎装"。卫生部长索莱达·巴里亚博士被尖锐地批评了，既因为她的穿着也因为她没有染白发的不礼貌行为。无论好坏，每一位女部长都值得评述一番，无论是穿着、鞋子还是配饰。

一位女性总统的出现，一个男女人数均衡的精英管理团队，这种文化传统意识的转变，考虑到其所触及的影响维度，不能视其为一件简单的事。

这些对方方面面的影响都是冲击性的。似乎没有一位摄像师拥有那样的敏锐性能够记录下女部长们正在进行官方照片采集的同时，身边的男性随员们一旁帮忙拿着皮包的一幕，这标志着男女平等政府的到来。或许，正如计划部长克拉丽莎·哈迪所察觉的那样，男人们在拉莫内达宫里的纳兰霍庭院中被视而不见，那幅画面便是正在发生的变革的强有力的证据。

就专业领域来说，女部长们的研究能力和劳动经验丝毫不逊于她们的男性同事，这可以有力地摒除那些偏见，即女性没有应对作为管理者、领导者或部长职务这些复杂挑战的准备。她们中的一半都在国外大学，如哥伦比亚大学、美利坚大学攻读过研究生以上的课程，并掌握多门语言。绝大多数在公共服务部门、国际组织、高校，甚至企业领域拥有经验背景。

此外，鉴于治理并不仅是一件技术活儿，而且从根本上说是政治性的，10 位中的 8 位女部长是或曾经是积极活跃的党员分子①。当然，她们所有人都在各自政党事务之外也发展了自己的职业生涯，直到这一时刻起，她们的人力资本价值才被发掘出来。

在上任前夕，米歇尔·巴切莱特在马尔贝拉活动中心组织了为期两天的活动，召集了所有人：部长、副部长、省长以及最亲近的顾问们。一些人觉得不太自在，这种形式并不是惯常的行为。召集目的不是处理紧急事件或者思考前景未来，而是进行一系列交流和提高领导力的培训活动。这一练习由这一领域著名专家胡里奥·奥拉亚带领，旨在增进相互了解，挖掘团队意识。这些是企业每日最普遍的管理素质训练，被企业视为提升生产力的关键，而在政治领域却无人问津。

穿着运动服，享受着夏日最后的热度，在承担政府重任之前，这些未来的当局者嬉笑着，充满活力地面对将要到来的挑战。"在走月球步时我甚至超过了安德烈斯·萨尔迪瓦，感觉就像不存在重力似的！"一位助手意犹未尽地回忆道。

一些人获得了与总统面谈的机会，最后，总统用一段政治讲演结束了活动。所有人与总统并肩而立，全神贯注地聆听，"我们都知道我们已经在创造历史"，一位女部长回忆当时的情景。一年前，米歇尔·巴切莱特就明确指出没有人对其政府采取男女人数均衡这一问题产生质疑，"因为我们女性能够做出的成绩早就超出这些了"。在做结束语时，她巧妙地将这种深层次意义与她的真性情结合在了一起，问道："诸位知道为什么我要做出组建男女平等内阁的决定吗？"几秒钟的沉默后，她抛出了关键所在："为了使在今天晚上我们能够载

---

① 社会党人保利娜·贝洛索、玛利亚·索莱达·巴里亚和克拉丽莎·哈迪；争取民主党人薇薇安·布兰罗特，英格丽·安托尼杰威克和罗密·施密特；基督教民主党人帕特里夏·波夫莱特和劳拉·阿尔伯诺斯；独立人士卡兰·帕尼亚奇可和保利娜·乌璐提亚。

歌载舞，因为我们所有人都能够找到舞伴。"而结果的确是这样的。米歇尔·巴切莱特不希望失去对舞蹈和音乐的兴趣与热衷。

在那些活动中，新政府很多成员开始理解如何组建这个团队，而男女平等只是其中的一个特点。

巴切莱特的果敢也表现在更深的层次。2005 年 8 月，她指出希望在她的政府里"任何部长人选都不要重复"，她做到了：组建内阁时没有录用任何前三届政府中的代表性人物，和民主转型期间的权威人士。另外，号召执政联盟内部政治倾向最极端的两股势力和平共处。从第一天上任起，在坚定信奉自由市场经济的政治集团，即奉行新自由主义的集团，和以社会政策优先甚至不惜以调整宏观经济作为代价的政治集团之间，巴切莱特就不得不进行权衡。这体现了一个复杂而广泛的分化，与属于哪一政党阵营关系不大，而在其中，很多人经常左右摇摆。

部长们的第一次协作出现在新政府运行的最初几天：社会党人保利娜·维罗索与内阁的自由主义财政部长安德烈斯·韦拉斯科惺惺相惜。这位社会党总统府女部长负责处理各部委之间的关系协调，在公共政策发展方面重构主导作用，就像在第一届民主政府埃德加多·伯宁格所做的那样。为此，所有的部长都开始进出她的办公室。而韦拉斯科甚至不惜穿过马路从他的办公室走到总统府来与这位女部长会面，这对于传统的财政部规矩来说是令人震惊的。

而对此有的参与者却皱了皱眉头，一些人错误地认为这是缺乏政治经验的表现。而恰恰相反的是，韦拉斯科对自己及所持有的专业素质充分的自信，这样才能够在像那次会面一样的小事上不被人看轻。此外，他也清楚拜访女部长，可以建立他认为必要的关系和联络。

从最初开始，总统就坚持她在四年任期中①，明确而坚定地推行36 项措施，这是她曾做出的在上任头一百天里必须履行的承诺。其中，一些被认为是实现目标的关键：重新调整最低养老金，使 100 万人受益；出台一部面向母亲的家庭补贴支付法案；设立 800 所幼儿园；增加全民医疗保障项目（AUGE）改革计划所保障的疾病种类；实现 60 岁以上老人的免费医疗。维罗索—韦拉斯科组合会全力督察这些目标的进展情况。

巴切莱特工作勤勉，诸事亲力亲为，这是参与前几任政府的数十名协助者，以及来自反对党的亲眼见证。两个月后，她的民意支持率超过了 60%，但政府治理并没如她所预期的那样成效显著。

她的内政部长安德烈斯·萨尔迪瓦是一名从政 45 年的政客，60年代他曾任爱德华多·弗雷·蒙塔尔瓦政府时期的财政部长，提前就提醒过巴切莱特，他认为即便是 36 项举措在 100 天内全部完成，也不会得到认可。事情都是相对而言的。这就是政治的运行法则，他这样告诫她。但是米歇尔·巴切莱特坚持要改变这种政治现实。探索的过程是艰苦的，为了前进，她的执政风格还会承受各种困难。

其中之一就是与这位内阁长官的不和。她承认在竞选的最后阶段萨尔迪瓦表现得很睿智，但这在拉莫内达宫是行不通的。

2005 年 12 月 10 日星期六，总统大选第一轮投票的前一天，米歇尔·巴切莱特打了好几通电话来摸底。中午时分，她把电话打到这位参议员家中。

"请看，米歇尔"，安德烈斯·萨尔迪瓦作出预测，"明天您就会取得第一多数选票迈入第二轮，但是会比皮涅拉和拉文所获得的选票

---

① 在 2005 年 8 月 16 日里卡多·拉戈斯推出的宪法改革后，米歇尔·巴切莱特政府成为第一届将总统任期缩短至四年的政府。

总数低。此外，我不会再次连任参议员，因为吉拉尔迪将会比我的票数多，尽管我会是第二多的，但我们不可能得票数超出对方一倍①。"

"您这么肯定？"

"不只是这样，我们还会失去基督教民主党两到三个重要的参议员席位，如卡门·弗雷和塞尔希奥·派斯。在这种格局下，如果事情不顺的话，您可能会在第二轮选举中落败。"

"可是，安德烈斯，不会这么严重吧？"

"我马上要说的是我计划要做的。如果变成这样的结果，基督教民主党的票数会变得令人失望，所以你必须明确而快速地采取措施。否则，可能您不会在第二轮投票中得到这一部分票。更加危险的是面对那些新当选的执政联盟内不属于基督教民主党而属于与您更相近的政党的参议员，我和那些落选的基督教民主党的参议员可能会将怨气发泄在您身上。为了避免这样的结果，我在失利后会尽快承认，并且公开号召所有基督教民主党支持您，这不是一项个人计划而是集体行为。"

第二天，下午六点刚过，在圣马丁大街的住处，安德烈斯·萨尔迪瓦，如他所承诺的，对媒体宣布承认争取民主党领导人吉多·吉拉尔迪的胜利。不久，米歇尔·巴切莱特就给他打电话让他去圣弗朗西斯科凯宾斯基饭店一起来庆祝第一轮的胜出②。

这位女候选人的顾问在照片和电视报道中将他置于头版头条。相悖的是，那天晚上，胜利的参议员吉多·吉拉尔迪却只能接受媒体第二版的命运。

---

① 双提名选举制度规定一个政治联盟只有得票数超过第二名两倍以上才可以在联盟内部选举两名候选人。

② 2005年12月11日，米歇尔·巴切莱特以45.96%获得最多票数。

萨尔迪瓦和争取民主党领导人塞尔希奥·比塔尔担任起竞选活动的领导工作，为第二轮投票做准备。胜利最终敲定，得票比 12 月份增加了 54.5 万张，两个星期后，米歇尔·巴切莱特邀请萨尔迪瓦到她的母亲的家里会面，并授予他内政部长的职位，她请求他对此绝对保密。

这位前参议员认为巴切莱特会给他总统府部长的职务，因为这与议会相关。但米歇尔已经把那个职位给了律师保利娜·维罗索。

69 岁的安德烈斯·萨尔迪瓦对此感到满意，内政部长对于结束他的政治生涯来说是一个绝好的选择。但是，那时他绝对没有想到这一段历程将会如此短暂而屈辱。

门里的世界，门外的世界

上一次是掌管一个部委，现在是掌管一个国家。执政是一场彻底的、严苛的、难以平息的博弈。在这一段过程中存在一个不可避免的探索和调整。对于米歇尔·巴切莱特来说，产生了事倍功半的困难局面。所积累的管理经验不再有效，并承受着那些着手为下一次大选四处奔走的反对党的炮轰，这些无疑让人沮丧。但或许更严重的是，来自她的支持根基——执政联盟各党派领导的不满和轻视，她尚未找到联合执政的有效方式。

总统处于一种少见的分裂状态，总统府、政界，大街小巷的境况各不相同。一方面，政界无视这次选举的意义，不明白为什么智利人都选她；另一方面，这个国家的市民群体焕发着新的生命力和积极性，拥有更多的权利，大声疾呼自身的诉求。我们的女候选人曾允诺政治透明、对话和保护。人们相信这些承诺，更加公开地谈论，新的关切内容少了几分经济色彩，更加倾向于人文情怀。在大学里，青年人坐满教室思考着关于"幸福"的含义。这个词在不久前还被禁止出现在任何较为严肃的讨论中。现在感性和女权获得了前所未有的价值。

无疑，巴切莱特的政治养分来自街头巷尾的普通民众。她比任何人都了解这片土地，了解人们的需要。因此，每当她的部长们向她做出某些提议时，她总要问问这是否会为附近的村子、工人们或者当地造福。如果没有收到答复，那么很可能这个举措就不会得到她的赞同，因为所提出的议案可能只是技术上具有可操作性。

在离任前的几天里，在盆卡汇，里卡多·拉戈斯因自己曾到访过345个区县而自鸣得意。与她的前任一样，巴切莱特知道在21世纪，不能只坐在总统宫里执政。作为总统，传统风格是独自沉思，召开冗长的会议，旨在给各部部长发号施令，这种形式在世界范围内都已经成为过去式了。在每个国家，领导者会采取自己的战术策略与市民亲近；一些像乌戈·查韦斯那样，频繁运用媒体，另一些向尼古拉斯·萨科齐那样充分接触娱乐界。而巴切莱特知道智利人选择她是因为她的简单，因为她承诺过始终与民为伴，因为她曾保证所有人的福利都由国家保障。她知道她的力量在于亲民，绝不会，哪怕一天抛弃她的人民。这是她的优势所在。

然而，在总统宫里，她的共事者们却觉得被抛弃了。没有一位部长能够每天见到总统。无一例外，甚至连内政部长或者发言人、前总统之子里卡多·拉戈斯·韦伯也是如此。或许是因为在军队大院里长大的缘故，她认为一旦接到任务就必须要完成它。她的风格与前任们不一样。

伴随着与民接触带给她的快乐，巴切莱特组织了政治委员会最初的两次会面。那个星期日的傍晚，在布尔戈斯街租的房子里，她接待了三位拉莫内达宫部长以及安德烈斯·韦拉斯科和激进派的司法部长伊西德罗·索利斯。她亲切地接待了他们，在家庭女主人和国家女元首角色之间完美切换，但这份平易近人很快被彻底出卖。

政府执政满一个月时，在《第三日报》（*La Tercera*）上刊载了一篇长篇幅的报道，讲述了那次会面，连最具体的细节都没有落下：没来得及拆开的箱子，倚在墙边的画框，都表明她的搬家工作还没有完成，巴切莱特亲自下厨烹制海鲜汤和烤火鸡，皮斯科酸酒和啤酒摆放在天台上，餐厅里大概有 14 个人，萨尔迪瓦、索利斯和拉戈斯·韦伯坐在女总统的左边，而维罗索和韦拉斯科在右边，不拘小节。

似乎是一篇有趣的新闻纪实，表现了女总统人性的一面，但这一情景与其说像一场无关决策、相互交流的茶话会，更像是一次缺少实质内容的家庭会议。

很显然，她的政治团队在评估领导的敏感度上失算了。对她来说，很少有事情能比她用友情与信任对待某人却换来不忠诚来得更严重。作为国防部长时，她在原谅那些最强硬的对手方面表现得极为包容，但是如果她认为是朋友的人背叛她则是另外一回事了。在她的骨子里，总是刻印着空军的战友对她父亲的背叛，以及她的男友海梅·洛佩斯对军政府情报机构的卖友求荣。

无疑政治委员会不是巴切莱特里做出重要决定的地方。她将这些会晤转移到了每周一的拉莫内达宫里。这样她的隐私就会多少得到保护，而且她和她的共事者们能够将周日用于陪伴家人。在她的认知里这种事并非小事。

以那篇报道为起点，对于巴切莱特没有权威、不会指挥、不会管理、她的亲切和微笑对于国家来说毫无用处，这样的言论甚嚣尘上。巴切莱特感到不安和紧张。只有当她出去深入到普通大众之中时才感到被信任。她比任何人都能体会普通人的痛苦、挑战与希望。

巴切莱特非常信任 18 个月前从竞选伊始就伴随自己的那些人：她的内阁长官罗德里格·佩尼亚利略，贸易工程师出身；被唤作"胡比"的玛利亚·安赫丽卡·阿尔瓦雷斯，负责策划总统活动；胡安·卡瓦哈尔是宣传主任；政治学家弗朗西斯科·哈维·迪亚斯，在公共政策的不同领域担任顾问小组领导。

她知道在那里忠诚是绝对的。竞选小组明白这位女总统与人民建立联系，并计划紧锣密鼓的竞选日程的重要性。每一天在不同地方都有三四场，甚至五场活动。卡瓦哈尔命令媒体远离。他们只接收那些政府已经决定的消息，没有采访也没有提问环节。"胡比"负责保证总统各项活动的正常进行。

相应地，巴切莱特一次又一次感到她的内阁既不能有序运作，也无法处理她需要的紧急事件。上任一个月后，内政部长尚未完成部里对全国各地方负责人的任命。为了避免冲突，安德烈斯·萨尔迪瓦与不同政党当地领导人协调每一项任命。对于拉莫内达宫的同事们，这种方法与现代国家管理要求不相匹配。大部分人赞赏他的政治嗅觉，但并不认为他有一个有效的团队来管理一个部委。

萨尔迪瓦很快变得孤立。他无法越过罗德里格·佩尼亚利略这层障碍，因为对所有人来说罗德里格都像总统府的守门人一样。与其他部长一样，萨尔迪瓦只能从总统亲信那里收到有关巴切莱特所想或所求的信息。

在最初的探索中，很多人认为女总统被一小拨亲信紧紧围绕。这与那些当权者周围的情形是一样的，那些亲信非但在她执政热情高涨时让她保持冷静，而且还火上浇油，不计后果。女总统对于总统宫"里面的世界"越发不安，却总是对深入民间感到快乐。她到地方上视察的日程越来越频繁。

混乱来袭

如同陨石一般坠向巴切莱特，大规模学生运动突然爆发，由因教育质量低下而愤怒的中学生所组织。政府中没有人预见到这些未成年人开展的一波又一波浪潮引起了罢工运动，以及对学校和街道的非法占领。警察不能控制一个连官方都无法掌握的局面。"企鹅革命"，媒体如此命名这场运动。新政府任职还未满3个月，这一混乱让人消极地联想到萨尔瓦多·阿连德总统那时的情形。但这种令人沮丧的局面却意外地没有动摇总统之位。

她既没有忘记自己学生时代的经历，也没有忘记曾承诺建设一个为人民服务的政府，因此她不能在面对抗议运动诉求时退却。更何况这些诉求与她的政府计划吻合；而且她也认为这是合理合法的，明白这些运动会在人群中获得越来越多的支持。但是，她尤其不信任那些只会维持既定秩序的政治环境；相反，政治应该是改变社会的工具。正因为如此，她才成为社会党员，才会信仰马克思主义，才会最终接受重担，成为总统。对她来说，这种混乱可能短期内会让人难受且感到消极，但是却是漫长历史进程中的一个机遇。

"企鹅"们令人吃惊地提出了相关而具体的要求。这些要求不是遥不可及的目标，而是他们一直以来应得的：推动一场教育改革使学生可以在学校中得到各项能力的全面发展。

在巴切莱特对此进行思考时，随着危机的不断扩大，政府的行动却日益显得慌乱无措。

在教育部，马丁·齐立科部长和皮拉尔·罗马格拉副部长对于斗争的处理产生了分歧。两人对那位杰出的前教育部长玛丽金·霍恩科尔的劝告充耳不闻，做出各种无法兑现的承诺，包括一份包含中学生请愿的文件草案。面对纷争中诉求，齐立科出尔反尔，使局面日益混乱。总统一方支持那位女副部长，因为她的提议技术含量高，但是由于缺少经验和政治手腕，因而每一步进展被她的部长所搞砸。在拉莫内达宫里，安德烈斯·萨尔迪瓦深信政治谈判的必要性，面对危机敞开了总统宫的大门，这引起了总统周围人的恐慌。而财政部安德烈斯·韦拉斯科一方，拒绝为解决教育问题提供财政资源。

在美国的几年里，韦拉斯科根据他的国际经验，很好地领悟到身在其位的人发出信号的意义。其所作所为不仅会立刻在股市上产生波动，而且特别会影响公众和议会的偏好。基于政府刚成立不久，提供资源来安抚学生无疑会立刻引起更多不同社会团体诉求的倾泻。他坚决反对动用国库，并受到了几位内阁成员的支持，他们都认为当前的问题已经不在于教育领域而是公共秩序领域了。

在这种争执不下的形势下，每一天都有更多的学校陷入瘫痪，更多的学生参与上街抗议，暴力活动与日俱增。省长维克多·巴鲁埃托授权了这些游行，但是当年轻人不履行所约定的和平行进时，他做起了甩手掌柜，认为公共秩序是整个内政部的事，不归他省长管。这是哪门子的政府团队协作啊！副部长费利佩·哈尔伯，作为内政部里总统的亲信，对此非常愤怒。"不能用语言解决的问题，他们也不能试图靠棍棒解决"，他说道，深信比起火上浇油，会出现合适的时机好好地进行谈判。

日子一天天过去了，斗争仍未停止。令内政部陷入恐慌的是在四处逃散和与警察的交锋时，一个孩子死了。

在西班牙访问期间，巴切莱特始终保持与费利佩·哈尔伯的沟通。形势日益恶化，她表示担忧和紧张。

"费利佩，他们跟我说有一千两百名孩子被捕了，这怎么可能？"

"是的，总统阁下。但是您要体谅我，他们被捕总要好于在街上惊慌失措地四处乱窜，被车撞到。先把他们逮捕，然后过三个小时后我们再释放。"

哈尔伯和萨尔迪瓦的执念是不能让巴切莱特政府染上鲜血的污点。

最终不断高涨的热情过了界。5 月 30 日，警察破天荒地出兵镇压，逮捕了数百名年轻人，毫无怜悯地用棍棒击打学生，记者也未能幸免。甚至在拉莫内达宫，开了一些门作为临时避难所。很快地，费利佩·哈尔伯认定这些反暴乱集团行为是非正义的，而警察宣布要开展公开调查。

对政府掌控时局能力的批判具有毁灭性。实际上，有人仰着脖子叫嚣着总统缺乏权威，叫喊声甚至在总统宫的办公室都能听到。

胡安·卡瓦哈尔，作为宣传部门主任，为了保护总统，主动采取措施，遏制那些批判，使总统恢复信誉。但是这些补救措施显得无济于事。

因失职的棍棒事件，特别武装力量的长官奥斯瓦尔多·艾克塞基尔·哈拉被撤职。武警总长官亚历杭德罗·贝尔纳勒斯在与总统会晤后亲自宣布了这一决定。然而这并不足够；卡瓦哈尔认为巴切莱特既不能显示出与镇压活动有联系，也不能与媒体为敌。

贝尔纳勒斯刚离开总统宫，出乎部长们的意料，一场记者招待会接踵而至，巴切莱特与传媒学院的校长亚历杭德罗·吉列尔出现在镜头前。"我们希望我们的武警维护安全，但是我们不能接受，如昨天所有智利人见证的那样，出现不该发生的行为"，巴切莱特说道，谴责了武警这样的暴力行为是"应当杜绝的且非正义的"。前一天晚上，吉列尔曾将警察界定为"穿着制服的地痞"。

大约 5 万年轻人越发愤怒地游行，面对这场骚乱，警察认为不受政府支持而不愿采取行动。内政部长，在没有询问总统的情况下，接受了《信使报》的采访，并在越发混乱的局面下强有力地声援警察。总统面临的紧张氛围是严峻的，甚至扩展到了巴切莱特的亲信之间。弗朗西斯科·哈维·迪亚斯愤怒地训斥卡瓦哈尔：

"你怎么能让她身处这样的形势中呢？为了巩固她的权力，你让这样一个穿着三件套蓝礼服，打着领带的媒体小丑和总统同级别地站在一起！"

"他在公众面前有很高的声誉。"

"但是政治声誉和媒体声誉是两回事。要想利用媒体声誉，我们还不如去找那个主持人唐·弗朗西斯科！"

关于加强巴切莱特权威的运作仍在继续。几天后，部长、副部长和政府领导层聚集到拉莫内达宫的山茶花院。在媒体面前，总统规定了"新十诫"，指出前段时间的危机，警示他们"新政府需要面对很多问题，不要因为错误或失职引起更多的问题"。

宣传团队负责凸显总统对部长们的愤怒。尽管最初部长们还没意识到这一点，但第二天还是有一些人感到面对这样一个公共问题，他们受到了侮辱和侵犯。因为卡瓦哈尔忘却了性别因素。即使爱德华多·弗雷和里卡多·拉戈斯在执政伊始对待公开训斥部长更加严格，但是作为权力和执政能力的反映，这是值得称赞的。而对于一名女性而言，这么做只会让人看到更多的脆弱和苦恼，迪亚斯再次对"十诫"的策划人产生质疑：

"胡安，你怎么就没意识到如果她不得不责备她的部长们，也是因为她没有能力控制他们？"

一个礼拜以前，总统突然给财政部长安德烈斯·韦拉斯科一个下马威，出台诸如一周七天全天车票实行学生价、营养配餐增加 20 万份、大学入学考试获全额奖学金的名额增加至 15.5 万人等一系列举措，从而平息了"企鹅革命"。这一系列措施的成本因而增加至 310 亿比索，远超过之前韦拉斯科同意的应对第一批学生诉求所花费的成本。然而财政部历来信奉这样的传统：通过另一种方式做事只会使事情变坏。

然而，最重要的是设立促进教育质量的总统顾问理事会，这由教育专家胡安·爱德华多·加西亚·维多夫罗领导，拥有 81 位成员。这一组织包括若干米歇尔·巴切莱特亲自提名并邀请的中学校长。她认为这一机构的设立与其说是形势所逼不如理解为是一种参与和机遇。

有一点需要明白，那场危机是争取民主联盟历时 15 年来决策滞后积累的产物。最为重要的是：越发恶化的公共教育到底该怎么办。各任政府都在高等教育覆盖范围和入学率方面取得了显著的进步，但是从未有过真正从政治层面彻底深入应对这一历史遗留问题，并为此指明一条明确的道路，无论路指何方。就像滚雪球一样，这一问题逐渐发酵，最终在巴切莱特任内爆发。

与其他领域不同，面对教育问题，执政联盟从未能够合理地将激进的观点和务实的观点融合在一起。一些人总是想将公共教育改头换面，但在现实中是不可行的，另一些人则认为时间会解决，但公共教育却会因此在无人察觉中逐渐死去。随着顾问理事会的设立，巴切莱特认为这能够为一次性将所有方案摆到桌面上讨论提供了平台。

尽管结果没有达到预期效果，但是在其任期最后，新教育法案获得通过。这一文件采纳了该顾问理事会的部分提案，并成为迟早会出台的新教育制度的规范性框架。

除了感受到来自学生一方的不安，巴切莱特认为青年人的这次爆发也反映出她在竞选时期体会到的改革派的焦虑，他们在其任期内以更强烈的方式表现出来。如果她被选上是因为她象征着一个希望前进的国家的热忱，而人们现在已经对现状不再满足，因此鼓足勇气发出声音，准备要求所认为的正义之事。

市民对前三任政府的政治容忍与妥协正在消失殆尽。现在已经不是帕德里西奥·艾尔文那样的民主过渡政府，也不是爱德华多·弗雷那样经历经济危机的政府，更不是里卡多·拉戈斯那样的，作为军政府后第一任社会党政府，一切皆应小心翼翼应对的政府。她在经济繁荣期执政，并代表——一次性代表所有人——恐惧的消失、限制的解除以及信仰的复苏，其中很多被搁置的诉求现在终于可以表露出来。巴切莱特知道她的竞选及她的政府承诺已经改变了整个国家的面貌。为了与人民同进退，她应该变革她的团队。

智利的冬天往往是艰苦而悲情的。2006 年 7 月，在强降雨影响下，超过 2.8 万人受灾，在奇瓜扬特，一处约有 8 万人，位于康赛普西翁市南部的村庄里，一场泥石流葬送了 10 人的生命。巴切莱特立即领导应急委员会，宣布其为受灾地区，并采取紧急措施。内政部长准备在早上的第一时间前往灾区。

然而，总统内阁却另有安排。在第一时间前往灾区的会是国家元首本人。因为他们希望她能够充分展现领导力。早上 6 点，巴切莱特在副部长费利佩·哈尔伯的陪同下前往国家应急办公室，以督察已采取的措施。在记者招待会上作出声明后，她前往拉莫内达宫参加定于早上 8 点召开的应急委员会。

在开会前，她遇到了萨尔迪瓦，这位部长已经通过电视知道了总统去国家应急办公室的事情。

"安德烈斯，我今天要去灾区。"

"总统阁下，您知道我并不赞同。正如我昨天和您说的，最好是我先去，评估一下形势，这样可以让局面可控。"

"不，我现在就去，您明天再去。"

当总统出发去比奥比奥大区时，安德烈斯·萨尔迪瓦主持了主管应急问题的内阁理事会。他向在座各位解释道，秩序是每一位部长承担起相应的职责，但是那天诸位谁也不能去阿劳卡尼亚大区。不少人都很惊讶，并感到不安。会议结束后，国防部长薇薇安·布兰罗特对此表示不满。

"我觉得这太荒唐了，并且是个严重的错误：我们应该先处理烂摊子，这样等总统到的时候，我们就已经做好了准备。"

"我同意，"萨尔迪瓦回应道，"但是之前没有人听我的。我提议的所有事情都被驳回了。你就随便吧。"

布兰罗特决定无论如何都要前往灾区，住房部长帕特里夏·波夫莱特和公共工程部长爱德华多·毕特兰也同行。

在奇瓜扬特，米歇尔·巴切莱特度过了自执政以来一段最严峻、最痛苦，也最绝望的时期。根据计划，她接见了因 3 名同伴牺牲而备受打击的消防队。但是在开始听事故的具体细节时，一名在泥石流中牺牲的警察的女儿很不客气地要求道：

"巴切莱特女士，我能请求您一件事吗？您能先离开让机器继续工作吗？"

总统听得有些错愕。由于先头部队的协调失误，当她抵达时，正遇上挖掘遇难者遗体，这使得挖掘工作陷入瘫痪。她的敏感性让她立刻意识到事件的严重：一是人们对政治活动的怨言，二是与一位失去至亲的女性发生冲突。她知道这有多痛苦，她不能允许自己如此糊涂！

所有媒体都过分渲染这次意外事件。这对她的权威造成了新一轮打击。

在圣地亚哥国家应急办公室里，卡门·费尔南德斯很愤怒。"他们怎么能让机器停止工作，让大家来听总统讲话呢！"他盯着电视画面抗议道。之前没有人通知他总统会进行此次视察。"既然组织了这次活动，来显示在这次灾害中总统站在人民一边，就应该不中断抢险工作的运行"，他这样和自己的团队评论道。无疑，几个小时后，他的抱怨传到了拉莫内达宫。

每周五，巴切莱特经常会给全国应急办公室打电话确认有没有地区遭受某种灾害。办公室主任卡门·费尔南德斯已经对这些电话，以及报备某些行动时总统的询问习以为常。与其他惯于询问多少援助被送往的政府当局不同，巴切莱特关注的是这些援助对灾民是否足够。因此，费尔南德斯对这种巨大的失误感到不理解。

巴切莱特坐直升机到达一家受灾地区指挥部。布兰罗特部长正在那里，协调在洪水中奋战的武装部队行动。她走上前接待总统，并不知道之前发生了什么，但看她的脸色发白，一脸恼怒。

"总统阁下，这里很冷，给您一些喝的东西。"

"好的，谢谢。"总统生硬地回应了一句就不作声了。

"我来这里是因为想看看军队还能干些什么。"布兰罗特解释道。

"是，你能来太好了。"

米歇尔回到圣地亚哥，做了一些几天前就开始筹划的内阁改组准备工作。

安德烈斯·萨尔迪瓦第二天前往受灾地区。他拜访了所有遇难者

家属，走访了受灾地区并评估了受灾情况。上午第一时间，他详细地
向总统进行了汇报。在那次不愉快的意外发生之后，所有事情似乎都
进展顺利。

几小时以后，关于内阁改组的消息就传到总统宫的每一个角落。
据推测，离开的是教育部长马丁·齐立科和经济部长英格丽·安托尼
杰威克，因为工作上的不作为。萨尔迪瓦表现得很平静，总统在早上
的例会上什么也没说，但将近下午四点的时候，他决定给她打电话：

"总统阁下，我们有一些问题需要解决，我想和您谈谈再做
决定。"

"立刻上来，安德烈斯。"

这位部长都没能打开夹在胳膊底下的文件夹。巴切莱特直入主题
请求他给她做决定的自由，因为为了应对一些政治问题，必须采取一
些冷酷的决定。她别无选择。

据那些看到萨尔迪瓦回到办公室的人回忆道，当时他面色惨白，
神色惶惶。从未有什么让他失算，就连巴切莱特任命其为她政府的第
一位内阁部长这件事也是如此。

他给夫人伊内斯·乌尔塔多打电话，让她带几个箱子帮他打包，
因为他想立刻搬出办公室。他认为遭受到了恶劣的对待，编造一个丑
闻的冲动在他脑中盘旋，他可以去所在党派基督教民主党理事会，发
表一些过分的言论。但是最终他没有选择摔门而去，而是把国家利益
放在了第一位。

他只能独自承担没有任何解释和不体面离任的苦果。在智利政坛
第一线叱咤风云数十载，现在突然感到一切都脱轨了，没有党的职
位，也不是议员，更失去了政府的职务。第二天醒来，他将无事可
做……但这是第二天的事，当下，他应该自我调整，坚持参加完下午

七点半新部长的就职仪式。

7 月 14 日星期五，贝利萨里奥·韦拉斯科和夫人克里斯汀·德·贝奥夫特正驱车前往卡恰瓜的路上，他的夫人开着车。在上埃尔梅隆坡之前，下午 5 点左右，手机响了。

"贝利萨里奥。"米歇尔·巴切莱特说道。

"是小安娜啊，说吧，"他这么答道，以为是他常常开这种玩笑的女儿。

"不，这不是玩笑。我想让你立刻答复我拜托你的事情。我已经和安德烈斯·萨尔迪瓦以及其他部长说过了，我准备改组内阁，想让你当内阁部长。"

"总统阁下，非常荣幸。请您告诉我在哪儿、什么时候。"

"拉莫内达宫，两个小时后，我请你不要宣扬。"

于是克里斯汀绕了回来，回到了圣地亚哥。韦拉斯科穿着深色西服，打着领带，他给三个女儿打电话，让她们与夫人陪伴他左右，这对他的一生来说可不是一件小事。

对于巴切莱特来说，牺牲安德烈斯·萨尔迪瓦并不容易，她知道这于人情于政治意味着什么。但是她清楚应该朝着这个方向勇往直前，无论将要付出多少人的代价。新上任的三位部长是基督教民主党成员：除了贝利萨里奥·韦拉斯科，还有教育部长亚丝娜·普罗沃斯特和经济部长亚历杭德罗·费雷罗。她确保了性别的平等。

她不想在任命新内阁部长上犯错误。但是仍旧保持与各党派的距离，并且只咨询她绝对信任的人。在一番询问和思考后，选择将在两个人选中产生：贝利萨里奥·韦拉斯科和艾德蒙多·佩雷斯·约马。很多时候选择像强硬派的佩雷斯·约马，成绩更能凸显，但是，从左派来看，立场更倾向于前者。政治上来讲，韦拉斯科无疑更加接近巴切莱特。1973年军事政变两天后，他是13名在严厉谴责萨尔瓦多·阿连德政府倒台的公开信上签字的基督教民主党领袖之一，这显示了他对"不惜以生命捍卫宪政当局"的尊重。由于对军政府的持续反对，这位新部长在那一时期曾五次入狱，包括被流放到普特雷和帕林阿克塔。

在进入拉莫内达宫的蒙特瓦拉斯大厅时，所有人都在准备就职仪式，米歇尔·巴切莱特猜测着那些评论又要集中攻击她的政府的不足之处，而如今这些不足之处会随着执政联盟四届政府中最快的一次内阁改组被放大。在仅仅126天的时间里，迭戈珀尔塔莱斯大学校长卡洛斯·培尼亚和《信使报》主要周刊专栏作家不仅将这一行动给予"很逊"的评价，而且认为这对于"政府未来将要面对的挑战"于事无补。

贝利萨里奥·韦拉斯科宣誓的时候，安德烈斯·萨尔迪瓦觉得没有和巴切莱特说"内阁部长应该选择她自己党派且方针一致，并在情感上更加贴近的人，这样能够与她更加容易、更加畅通的交流"是个错误。尽管得到了比军政府时期更高的地位，韦拉斯科并没有履行其职责，最终在这一职位上没能善终。

勇攀高峰

总统米歇尔·巴切莱特上任四个月后，她最初的人气在所有公共评论研究中短时间内迅速下滑。内阁改组在所难免，但这一行为并没有使其在总统宫感到好受一点。

那些部长的替换让她心痛，尤其是任谁都感到亲切的企业家英格丽·安托尼杰威克，在总统竞选时负责财务管理，在竞选资源的最优分配上，发挥了重要作用。当巴切莱特请求她任部长职务协助她时，她的眼睛炯炯发亮。她不想伤害她，但是在国家利益面前必须摒弃那些感受。

她的政治领导力的体现似乎仍原地踏步；一些顾问总是任意妄为说她在该做什么不该做什么的问题上困扰不断。政治精英集团的抨击日益猛烈和尖锐。但是，更令她难受的是，她不能表现出苦闷。她知道精神上饱受压抑，但也明白要开动脑筋走出困境。这不会把我压垮！这是她每天在太阳升起前起床时坚守的信念。阅读完每日国内外的媒体报道，研究完每天的日程，她常常在早上 8 点前到达拉莫内达宫。"不管几点睡觉，总是很早起床……因为她是个医生"，一位助手这样认为。

当问题出现时，她不会感到紧张无措，但也不会不予理睬。她感觉还有很多需要学习，需要快速掌握的。执政联盟前三位总统没有一位在执政第一季度的民意调查率如此低。[①] 她从未预计到会是一个如此复杂而孤立的开始。就算是使她遭受打击的学生运动也未给她造成这样的影响。

而她对她政府的根本目标更加清楚：无论如何要在社会领域进行深入改革。除了对社会秩序不安定的不满诉求以外，还有关于阿根廷和玻利维亚的天然气供给存在风险，美元和石油价格飙升，提供"避孕药"的争论等问题甚嚣尘上，巴切莱特推进养老金改革，推进教育顾问委员会工作，推进婴幼儿园设施建设。这些措施在很多人眼里无关紧要，一点都不起眼，不会对其奉献精神有所彰显。而更大的问题是这些举措无法给政府班子注入新的动力，从而使其面对挑战时

---

① 根据著名的 Adimark – GfK 公司的政府治理评估统计，2006 年 6 月，巴切莱特得到 44.2% 的支持率，执政的同一时期，帕德里斯奥·艾尔文获得 74%，爱德华多·弗雷获得 54%，里卡多·拉戈斯获得 49%。

同心协力。

与其他人一样，无论权力的行使多么令人孤立，她都能直接感受到所处的政治脆弱性。更糟糕的是，她的权威和执政能力从内部就遭受质疑。很多时候，在与她的团队进行交流时保持内心平静是很困难的。她曾因在内阁委员会中对一些无关紧要的小事发表长篇大论，而与前部长萨尔迪瓦及其他部长之间关系变得剑拔弩张。对于一个始终对他人关心尊重的人来说，这并不是她的本性。

尽管一些部长轻蔑地称呼她为"那个女士"，但最初大部分人行事极为谨慎小心。他们不理解总统的行事风格，而很多部长也缺少政府管理经验，做事完全依赖她，因为他们的提名并不是政党敲定的。

逐渐地，局面开始趋于平静，而权力的行使更加自如。尽管她的亲信避免新的内政部长过多地掌权，但是她开始试图离开过去紧紧围绕在她身边的保护层，慢慢地以更加自由和坦然的态度尝试与她的部长和顾问们产生联系。

2006 年 12 月，当国家经济开始增长，失业有所下降时，她的民意调查率重新回到了 50% 以上，甚至高于她所取得的最好成绩。① 她的信誉、尊重和亲切被 70% 甚至 80% 的智利人认可。

米歇尔没有被市民对政党的日益反感所影响，而她的诚信也未在执政联盟中一些中央和地方政府官员牵涉的数起腐败丑闻中被削弱。

人们将这位女总统置于与卑微和失信无关的地位。她更像是一名普通市民，尽全力应对生活中出现的困难，并不断寻找，直到找到解决问题的方法。

---

① 2006 年 12 月，国家公共研究中心调查显示 50% 的支持率，而 Adimark - GfK 的调查结果是 54.3%。最近的一次调查显示巴切莱特被 72.7% 的人所尊重，被 80.6% 的人所爱戴。

然而，米歇尔并不满足，也从未感到安心。五个星期后，圣地亚哥公共交通新系统将开始运行。这是一项覆盖面广泛，继承前任政府意志，但一度因为没有准备好而被延迟的项目。这是一个大变革，一项真正的改革。尽管很多人仍对此存疑，以批判的态度静观其变。

二 反抗与决定

女人当政

巴切莱特上任前一星期，拉莫内达宫的山茶花庭院里，杂志《Ya》拍摄了十位女性部长的照片，刊登在双封面上，以便有足够的空间容纳。应杂志社要求，她们身着黑白装，在镜头前露出上任前幸福的微笑。毫无疑问这是历史性的一刻。但是也有很多人（男性和女性）对这个现实很没信心。

相反，米歇尔没有怀疑也没有恐惧。在她的第一个内阁里面男女比例相同，这既不仅仅是兑现竞选承诺，也不是有意要创造新的吉尼斯纪录，而是具有更深的含义：她坚信性别平等是实现社会变革的必经之路。所以，在施政纲领里"女性"是她重复最多的词之一。

杂志用几段话对每个人逐一作了介绍，字里行间透露出她们对担任各自职务的喜悦和认真。她们中有些人的挑战更大。宝琳娜·维洛斯是拉莫内达宫里第一个女性政务部长。薇薇安·布兰罗特将担任国防部长，那时奥古斯托·皮诺切特仍在世，因侵犯人权及其国外金额达数百万的秘密账户遭到控诉。凯伦·波尼亚奇科负责处理矿业和能源事务。但是她们心里都清楚，作为女性并不是她们取得成功的优势。

很快成立了"露露俱乐部"进行定期集会。起初，总统本人在自己家召集她们、鼓励她们、鞭策她们，让她们觉得自己是团队里不可或缺的一分子，是四年任期的执政任务里的重要部分。克拉丽莎·哈迪通过规划部来建立一个社保体系，劳拉·阿尔伯诺斯负责强化性别平等。

讽刺的是，虽然女总统当选，但是阿尔伯诺斯实际上是二等部长。她担任的是全国妇女事务署署长，隶属另一部委——规划部，授予她的仅仅是部长的职衔。然而，女总统并没有执意建立一个新的部委，如同基督教民主党想建立的家庭部那样，而是向阿尔伯诺斯明确到她在实际工作中拥有部长的职权，以此推动真正的性别平等。

劳拉·阿尔伯诺斯工作很努力，她心知机制方面是自己的弱项，预算不足，薪酬低于其他行政服务机构。她在审计部做工作，说服他们所有与女性有关的法律应由她签名。

"看，劳拉，这件事并没有那么必要，除非你得到某位部长的支持"，很多内阁主管这么回答她，他们不知道该满足她的要求还是该捍卫自己的领导。

"但是现在性别议题不仅是横向的"，她毫不留情地回答道，"而且已经是政府表态和施政的优先议题"。

在里卡多·拉戈斯总统执政期间，不仅首次任命了五位女性部长，而且在公共管理的"施政改善计划"中建立了一个性别指标（PMG）。这不是一件小事：公务员的一部分涨薪依托于这个项目。传统上来看，这五个部的提案总是被拒绝，后来经历了一次上诉才被勉强接受。阿尔伯诺斯上任后这些改变了。

"总统，我们在这个问题上应该更坚决，因为没有人真正在乎这个指数。"

第一年里，30 个部门拒绝性别指标。情况一片混乱，工会要求立刻与全国妇女服务部召开会议。很担心会员没有达到标准而无法涨薪，这将是一个灾难。阿尔伯诺斯很坚定，她要求这个指标不仅仅是纸上谈兵或者是原则性的，而是具体的、可量化的目标。比如，对家庭妇女提高社会住房的分配比例，将 65% 以上的住房津贴分配给她们；在农村，女性可以获得灌溉贷款，成为 60% 的贷款受益人；为避免家庭暴力而建立的妇女中心由 29 个增加到 90 个；目标很明确：对可以惠及最弱势女性的公共政策进行深入研究。从补贴到政策份额。

阿尔伯诺斯的呼吁让部长和议员们苦不堪言。要不就是让他们做"不可能"的事，要不就是指出他们在某一次活动或者某一项法律里面忽略了女性指数，或者更严重的是，对其他的女部长有男权主义态度。在政府里，大多数人都小心翼翼，以免一不小心做了不恰当的行为。

议会里的情况更为复杂。在那里，多位女部长受到过语言上的调侃或不恰当的肢体接触。她们的意见有时遭到粗暴的否定，这在男士之间不会发生。这似乎在告诉她们要待在这里，就要学会游戏规则。

这让女性团队很气愤，劳拉·阿尔伯诺斯甚至对一些议员采取了威胁的口吻：

"已经有多位女部长抱怨您找她们麻烦，别让这事公之于众，让大家知道你歧视女性……"

承认女性总统意味着民主不再有男人的属性。反独裁时期，女性被给予高度评价，到了 1990 年民选政府上台，仍然是男性瓜分了权利，女性退居二线。

对有些人来说女性当总统是一件很特别的事，一位知名的部长，就职以后不久请一位女性朋友给他解释"性别问题"。

阿尔伯诺斯不懈斗争，甚至与总统、劳工部长、内政部长和财政部长联署了巴切莱特政府一部最重要的法律《前瞻改革法》。

一些人甚至到总统那里去说情。"她是一只真正的猎犬"，巴切莱特开玩笑说。这四年，她不断地以总统的名义开展工作，凡是内阁会议涉及女性议题而没有被通知参加时，她就会抱怨，无论是讨论工资平等还是公共安全。

巴切莱特回忆过去，现在看来已经很久远了，那时在一个女性小团体里——包含社会党人和约定，要是拉戈斯当总统的话将要严肃对待男女平等的问题。卡洛琳娜·托哈、玛利亚·安东涅塔·萨阿、玛利亚·艾斯特尔·费雷斯、卡洛琳娜·罗塞提、薇薇安·布兰罗特和安德里安娜·德尔皮阿诺等人在克拉丽莎·哈迪家里聚会。她们手里端着杯子，一起制定改变男权主义文化的战略。她们互相交流各自接触权力的经验，建立了团结的纽带。让她们吃惊的是当时巴切莱特的志向仅仅是当国防副部长。

在拉戈斯当选已成定局之时，她们去他家里拜访，要求其上任后在一些要职上任命相当数量的女性干部。挤在候选人的家里的她们，知道拥有一个最佳的盟友：路易莎·杜兰，新总统的夫人。

六年之后，她们中的一人成为共和国总统，多人成了国家部长。"露露俱乐部"频繁举行聚会，直到任期的结束，巴切莱特都以这种方式与她的女性团队保持了一种特别的关系。她尤其关心离决策制定较远的人，定期给她们打电话了解工作进展、关心她们、培养感情。

这支女性团队不仅要担当起部委的任务要求以及反对派为了抹黑政府实施的狂轰滥炸，而且需要面对根深蒂固的父权文化，巴切莱特知道这对她们中的大部分人来说都不容易。

在还没坐稳部长的位置前，她们中的很多人已经被打上了不能除去的烙印。凯伦·波尼亚奇科一直被冠以能源和矿业部"记者"的称呼。无论是在哥伦比亚大学取得的国际关系硕士，还是纽约美洲理事会企业项目主管的职务，或是外国投资委员会执行副总裁的经历都无法赋予她职业女性的标签。更荒唐的是，2007年4月，南澳大利亚州的州长同时也是矿业界的一名重要人士迈克·莱恩来访时，一名记者问他如何看待矿业部长曾是一名记者这件事。这个问题让莱恩有点惊讶，然而他的回答更让该记者瞠目结舌：我觉得很好，我的职业生涯也是从记者开始的。

保利娜·贝洛索很快被贴上了"激情与顽固"的标签。她是拉莫内达宫与政党以及议员在法律草案方面的主要谈判代表，为此这不是件好事。然而对她来说，更多的是政治攻击而不是性别攻击，她从不怀疑自己的办事能力。当总统要求她辞职，她将此理解为战略需要，并不觉得被小觑。一位社会党议员评价她"非常聪明，能力高于议员们的平均水平"，其实，他知道对她的诋毁主要来自她自己的政党内部。

英格丽·安托尼杰威克的工作不停地被媒体曲解。"就像是两部不搭界的电影"，她说。有一次，旅游部长的一些不妥言论被强加于她；在离开内阁的前一天，《第二日报》将天然气定价归咎于她，让财政部长十分气愤。诚然，由于对国家和经纪团队里自己的地位缺乏了解使她犯了一些错误，但完全不是媒体所描述的那样。她想去了解为什么事情发展成这样，一份日报的编辑称，我们需要将经济问题归咎于一个人，但不能是财政部长，所以是你。在部委短暂的任职之后，这位企业家一直在政府的核能研究小组和竞争力创新理事会工作到本届政府最后。

毫无疑问，这些女部长是反对派或者争取民主联盟内部希望复职的老领导们攻击政府的最薄弱的环节。

对亚丝娜·普罗沃斯特的违宪控告是最严重的。除了教育部存在的问题（其中的很多问题之前就已存在，她走之后仍然存在），对她的攻击一直延续到2008年4月16日参议院将她弹劾[①]。

控告一经提出，内政部长艾德蒙多·佩雷斯·约马就立即建议普罗沃斯特辞职，他是一个务实和有主见的人。

他在一次政治委员会会议上坚决指出："总统，我们趁早把她换了。否则我们将没有办法从违宪控告中脱身！"

这位部长还不清楚他的职权范围和总统的风格。他是在前任部长贝利萨里奥·韦拉斯科辞职后上任的，就职才两个月。佩雷斯·约马心里也清楚，争取民主联盟在议会中不占多数席位，因为多名议员已不在党中服役，控诉不可能被否决。高层执政经验告诉他，为了避免政府垮台，部长通常要牺牲自己。

巴切莱特的反应让内政部长明白，这种传统的做法在此次事件中是没有必要的，而且他的做法不当，侵犯了总统的职权。

"在这里，更换部长的人是我，轮不到右派对部长去留指指点点。"

亚丝娜很活跃。她的朋友和敌人也都充满激情。甚至有人认为对她的违宪控告有一定程度的种族因素，她是艾马拉人。她可能是离"露露俱乐部"最远的一位女部长，她受的教育很男性化，不明白为什么要强化性别议题。她在政府里是主角的身份，有自己对未来的规

---

① 反对派对这位女部长任职期间因玩忽职守造成的管理混乱提起违宪控诉。控诉书有五个章节，参议院以20:18的票数通过了其中的一章。关于审计部门查出学校违规补贴的第二个章节，也是引发此番控诉的章节，被19:19的票数否决。

划。当受到控告时，无论是男性部长还是女性部长都轮流陪伴她，不让她感到孤单。

在议会进行诉讼的一个月期间，政府内部觉得她应该尽早辞职。总统从没有这样要求她，并决定对这位女部长支持到底。普罗沃斯特也没打算自动辞职。

政界认为这是巴切莱特犯的一个错误。这是重返民主以来第一位根据宪法被免职的部长。

遭到弹劾后，亚丝娜·普罗沃斯特五年内不得担任公职。有多少男性政客有勇气冒这样的风险？

普罗沃斯特从内阁的离开具有重要的政治意味，她当时所在的党派领导也是一位女性——索莱达·阿尔韦亚尔，除亚丝娜之外没有任何一位女部长在离职时仍拥有政党的支持。而且，一些主动辞职的案例都是由于党派领导层的平衡需求造成的。

"露露俱乐部"仍然定期举行聚会，女性部长和女性前部长们都来参加。最初的设想逐步被现实的分析取代，进一步加强了她们实现女权主义的决心。大部分人体会到同一件事由男人或女人来做，大家的反应是不同的。如果一个女人努力工作、要求同事一样多地付出可能被称为"工作狂"，不是效率、认真和责任心的表现而是虐待。说话直接、坦率不是透明和权威的象征，而是高傲和找碴儿。

巴切莱特执政伊始就有亲身体会。最初的几个月是对政府而言最艰难的时期，那时正经历"企鹅革命"的动荡时期，评论家不仅指责政治错误，而且指责总统权威羸弱、缺乏领导力、做事优柔寡断。

奇怪的是，上台126天后对内阁进行改组，辞退主要政党联盟推举出来的内政部长，这些举措并没有被认为有执政能力，换作一个男性总统可能不会被这么看待。相反，一个主要的批评家认为"怯弱

和没有野心"，并宣称她的做法并不会停止对她"缺乏领导力"的
攻击。

最后的那番话被他言中了：她受到的批评声不断，并且一直重复
到觉得无趣。这些媒体和政客的批评一定程度上影响了民众，他们对
总统的认可度极高，但是领导力除外。然而，哪怕在政府最困难的时
期，只有51%的民众认为巴切莱特领导力不够。这些流言的影响力
到底多大是值得疑问的。因为，一个让大多数人喜欢、尊敬、信任、
认为在危机时刻有能力处理问题的人，不认为她有领袖能力那就奇怪
了。还要求有怎样的能力呢？从一个女性的角度来讲，不可能那么激
进——公然地指责自己的部长，否则会被认为没有安全感或者没有
教养。

当她进行第二次内阁调整时——2007年3月，是她执政最艰难
的时期——又一次被指责"回避作出困难的决定"，其实，当时有两
位一线的女性从政府调离：国防部的布兰罗特和拉莫内达宫的维罗
索。而且，性别数量平等的局面此刻已经结束。那时设立了两个新的
部委：环境部，将能源从矿业分离出来。① 具体而言，新的政府由22
个部长组成：13位男性和9位女性。这样的比例并不能认为在部级
层面男女数量平等的努力失败了。

有三位部长自始至终伴随了巴切莱特的整个任期：财政部长安德
烈斯·韦拉斯科，住房部长帕特里夏·波布莱特，文化部长保利娜·
乌璐缇雅。而且，另外还有两位女性部长也应当列入这个名单，因为
她们一直到最后阶段才离开内阁：劳拉·阿尔伯诺斯为了助力爱德华

---

① 保利娜·贝洛索和薇薇安·布兰罗特这两位部长离开了内阁，被何塞·安东尼
奥·维埃拉－加约和何塞·戈尼分别取代。塞尔希奥·埃斯佩霍和伊西德罗·索利斯也离
开了，被勒内·科塔萨尔和卡洛斯·马尔多纳多取代。安娜·丽娅·乌里亚特担任环保部
长，马塞洛·托克曼担任能源部长。

多·弗雷参加第二轮选举而卸任，罗密·施密特①转岗担任人权纪念馆馆长②。

但是不仅仅在数量上，她们担任的岗位和执政能力也很重要。卡洛琳娜·托哈从众议院辞职去担任总统府发言人，修复了政治委员会中的女性视角。帕特里夏·波布莱特和劳工部的克劳迪娅·赛拉诺，农业部的玛丽恒·霍恩科尔，或者建立环境部的安娜·丽娅·乌里亚特等女部长都很有作为。所以，她们让女性在权力高层的地位合法化。政府的最后一届内阁由12位男性和10位女性组成。

巴切莱特在性别问题上不妥协。直到任期结束，在其他问题上也是如此。有很多男人也有很多女人都无法破解她的执政风格和形式。

王　权

自从担任总统起，巴切莱特就如她警告党内领袖一样，不允许任何人以她的名义行使权力。这种做法是很大胆的。不仅要克服外界对女性总统的偏见，而且还要与多年来已逐步瓦解的执政联盟共事。如果她接受别人更多的影响，也许可以避免很多批评和指责，但是她不想被边缘化。虽然费了很大的努力，但她坚持自己的游戏准则。

在总统府里面，大家都想尽量接近巴切莱特。她很快就发现内政部是一个很低调的地方。她最亲近的顾问只有四个人，他们都明白应保持低调并且绝对忠诚。随着时间的推移，职责与权力逐渐地被理顺了。

---

① 2009年10月19日基督教民主党人劳拉·阿尔伯诺斯离开国家妇女服务部，被社会党人卡门·安德拉德取代。罗密·施密特2010年1月6日离开了国家资产部，被争取民主党人杰奎琳·温斯坦取代。

② 2010年1月11日米歇尔·巴切莱特总统为人权纪念馆揭幕，该馆的设立旨在纪念1973年9月11日至1990年3月11日智利的人权受害者及相关的捍卫行动。

可能是巴切莱特的新闻官社会党人胡安·卡瓦哈尔在尝试集中权力，对政府信息进行前所未有的铁腕管控。巴切莱特对泄密很敏感，她很快意识到出其不意是信息影响力的关键因素。对此她铭记在心，坚持在最后时刻才披露信息。从上任第一天开始，卡瓦哈尔就告知媒体何时、如何公布信息并严查泄露渠道。但是在智利，由来已久的传统就是官员们在接受记者采访时会说一些"不能记录和传播"的泄密信息，此外政府官员的日程也非常充实，一位部长表示"这种约束就像不让我们小便一样"。然而，卡瓦哈尔做到了，他与媒体的高层保持联系，给他们官方的新闻通稿，这样就关闭了另外的大门，为此，他在政府里赢得了"胡安信息员"的称号。一些诽谤者总是提及他在东德的流放经历，把他的风格与东德秘密警察（stasi）相比。

他一直在幕后工作，直到政府末期他才开始露脸让外界知道他的权力有多大，微笑地暗示总统居高不下的支持率有多少是他的功劳。

虽然卡瓦哈尔的媒体工作细致入微，但随着总统对这份工作逐渐轻车熟路，他的影响力也就局限于最初的阶段。

相反，随着时间的推移，逐渐起势的是内阁部长罗德里格·佩尼亚利略，他是争取民主党的党员，27 岁时就担任了阿劳科的省长，他在弗朗西斯科·维达尔和比奥比奥大区区长海梅·托哈的推荐下参加了助选。大选期间，巴切莱特很赞许他的机智和谨慎。进入拉莫内达宫之后，不仅让他安排会见（包括部长和政府要员），而且让他安排需要处理的议题。即，所有的总统会见都通过他，巴切莱特参加的所有活动都要事先通过他的安排，和他沟通如何反应。然后由她来决定何时、与谁进行会见。

佩尼亚利略约不仅聪明，而且不以自我为中心，他从不参与任何内阁的冲突；仅仅收集信息，试图了解危机，他很明白自己的角色不是做出决定，而是为总统的决策提供信息。他善于编织网络、有全局观，能从复杂的事情里摸索细节，办事高效，遇事冷静。巴切莱特多次让其接见一些自己不方便会见或者不愿接见的人员。很快，部长们就明白了，和他打电话与跟总统说话是一样的。

在一些绝对保密的事件上巴切莱特很大程度上倚仗他的帮助，比如内阁改组，或者执政联盟的党派间出现矛盾时，这些党派总是不断提出要求，每当需要得到他们支持时便开出条件，在这种情况下，佩尼亚利略多次支持了巴切莱特。他甚至参加了一些政治局的会议，其中的一位部长说"他说得很少，能提出理智的建议，之后能正确执行"。他扮演的是一个非正式的角色，这在以前的政府里往往是一些宠臣所扮演的角色。

记者玛利亚·安赫丽卡·阿尔瓦雷斯，又称胡比，是总统亲信中的唯一女性。她负责总统的日常事务。外交部有一套礼宾要求，同时政府也有一定的"自由礼宾"。胡比管理一些社会奖惩措施，决定邀请谁参加晚宴、开幕式或者官方活动，谁陪伴巴切莱特进行国内外的活动，决定飞机座位的前后分别坐谁。这并不是一项令人愉悦的工作，毫无疑问，它要求熟知总统与周围人的亲疏关系以及她的感受。这项工作尤其要求原则性和准确度以建立富有成果的关系，同时要求拥有坚硬的外壳能够抵挡前进道路上的伤害。

很多人认为2008年4月的古来普多医院丑闻发生后她的职业生涯就会戛然而止，当时巴切莱特参加了该医院在2月举办的揭牌仪式，安排了租借的医疗器械以及对一个假病人进行探望。新闻媒体将此比喻成一出意大利喜剧，巴切莱特大夫对一位矮胖健康的病人露出殷切的笑容。

巴切莱特认为这对她本人以及政府冲击很大，对右派和与胡比有过节儿的人来说简直是一颗糖果。此事无论是对她的诚信、对民众的关切还是对其社会政策都影响十分恶劣。但是，她还是接受了刚刚度假归来的团队作出的解释，但是对马乌莱大区主席亚历克斯·塞普尔维达以及卫生主管吉拉尔德·埃雷拉进行了严厉的批评，并撤了两人的职务。

巴切莱特对别人的错误总是很宽容，她希望自己的下属也可以对她像她要求的那样忠诚。几周之后她已不再生气，而能微笑面对。她会自嘲地叙述自己如何走到病床前，以诊病的态度来对待一个矮胖的假病人。其实，当时这所医院才刚刚竣工，崭新得闪闪发光，但由于人员设施方面尚未到位无法满足新闻宣传的要求，才安排了这样的一幕。

胡比没有因此受到任何伤害。继续安排总统的出行日程，决定给谁礼遇，而给谁安排在远远的第四排座位，比如自 2007 年的全国企业家会议（Enade）之后，对待生产和贸易联合会的主席阿尔弗雷多·奥瓦耶的态度变化。

在那次会议上，巴切莱特听到了他火药味十足的讲演。当时在场的有数百名企业家和特别嘉宾。奥瓦耶指责智利有一种很奇怪的氛围，大家丧失信心、没有方向、不明危险丛生、对工业没有指引、工会运动十分暴力和意识形态化、反企业行为以及政府对此的放任态度。

在闭幕式上，巴切莱特不仅要求政府应当处事得体的同时也以激烈的方式批评了这名企业家好战、机会主义和傲慢的态度。

举办会议的前几天奥瓦耶掩盖了他的真正意图。如往常一样，他的顾问们与总统府的第四号人物弗朗西斯科·哈维尔·迪亚斯进行交流，此人是议题顾问组的组长，专门负责总统会议演讲稿的审核。他们向他保证这位企业家的演讲内容将与往常这种场合的演讲内容没什么区别。为此，迪亚斯遭到了总统责备的眼光，以及同楼层二楼同事们讽刺的笑容。

当阿尔弗雷多·奥瓦耶再一次踏入拉莫内达宫参会时，发现他的座位已经被移到后面，一个偏远的角落里。

另一件事发生在民族革新党的党主席卡洛斯·拉腊因身上，他于2008年参团陪总统出访联合国。一路上一直抱怨缺少行程，组织有问题，"就像没娘的孩子出门一样"，他以自己的方式评论道。这种表达方式让总统觉得很好笑，但是此后，他再也没有收到过新的邀请。

总统和她的一些助手，尤其是政治科学家弗朗西斯科·哈维尔·迪亚斯。他们都知道要同反对派和私营部门建立信任关系，这两个团体在认识巴切莱特以前对她有很深的疑虑，她本身，对他们也不仅缺乏了解，而且带有偏见。

通过那些出差和私人晚宴，巴切莱特和企业家以及右派议员建立了友谊，甚至是亲密的关系。在外国的出访过程中，他们见证了他国的最高领袖们包括教皇本笃十六世①，对她的钦佩与尊敬。教皇本人更是在其在位期间两次与巴切莱特会晤。渐渐地，这种怀疑变成了一种民族的自豪。

连日的工作之后，日程从早到晚接连不断，巴切莱特不仅有精力而且还有兴趣参加一些令人放松的晚餐，餐间不仅有微笑，有时甚至还会跳舞，这就是日常的工作与生活。连那些最执拗和距离总统最远

---

① 第一次与教皇本笃十六世会见是在2007年10月，当时巴切莱特对意大利进行国事访问。第二次是2009年11月，与克里斯蒂娜·费尔南德斯总统一起参加"智利和阿根廷和平与友谊协定"25周年纪念活动，感谢梵蒂冈教廷的调解，该协定避免了两国之间战争的爆发。

的人都发现了她是一个可以聊天到天明、评论白天的活动、享受美食和红酒的人，有时甚至还会和食客比赛讲各种笑话，而且第二天早上七点，仍然能够准时到岗履行国家的工作。外交部长亚历杭德罗·福克斯莱难以跟上她的节奏，择时偷偷溜走了。

一个面带母性、没有内涵的微笑的女性形象逐渐在反对派心里淡化了。她的放松、开放和坦诚取代了原本被认为的左派硬朗而教条化的风格。这种先入为主的偏见消除以后，巴切莱特在大家心里是一个严谨女性的形象，非常有工作能力，对世界的认识很广。一个边缘的女医生以一种让人无法理解的方式冲到了政界的一线舞台这一形象不复存在，取而代之的是一个大气、说多国语言、与任何知识分子交谈都能游刃有余的女性。几年的努力之后，企业和政治精英的沙龙开始传开了一个总统的新形象，同时政府的氛围也有了根本性的改变。她有一批坚定的支持者，比如律师豪尔赫·卡雷，企业家赫尔南·萨默维尔和布鲁诺·菲利彼，独立民主联盟的领袖巴勃罗·龙盖拉。新的支持者不断涌现，所有这些人都悄无声息，哪怕在 2007 年 10 月，政府最艰难的时刻，一直坚决拥护。前总统候选人若华金·拉文声明"巴切莱特联盟主义"，在右派联盟和他对巴切莱特的支持之间做了一个文字游戏。

巴切莱特对她四位直接顾问默默无闻的工作十分赞赏。是她将他们汇集到拉莫内达宫，他们之间没有私人关系，没有共同的爱好和兴趣，听不同风格的音乐，活跃在不同的社交圈子。只有卡尔哈瓦和迪亚斯与巴切莱特一样是社会党人，但是他们之间也很不一样。虽然她没有挑明了说，但是从她对四人的回应和态度，他们都知道互相之间的理解和配合应该高于一时一事。虽然多次发生激烈争论，认为对方应对冲突乏力，但他们所有人都尽了全力。

在战略框架下，总统知道这不是一支理论化的团队，而是由弗朗西斯科·哈维尔·迪亚斯①带队的一群年轻职业者，他们有能力帮助她自己做决定。所有事都是她自己做主的。

把这种风格带到内阁是困难而缓慢的。加强横向联系和扩大对话说起来简单，做起来难。

就职两个星期前，在圣地亚哥图书馆召开的第一次部长会议上，巴切莱特不得不表明了这种风格不代表取代她或忽视她做决定。

这是一个坦诚的关于政治形势的会议，讨论了执政联盟内的一些棘手议题，包括推举非政治精英人士担任部长。大家各抒己见，直到老派的激进人士、司法部长伊西德罗·索利斯开口：

"总统，我觉得我们这些更有政治经验，更接近党内部长应该作为您的代表与这些政党谈话。"

大部分人觉得索利斯的话有些不得体，他们感觉总统不想再维持这些旧的政治机器，因为这正在使政治丧失威望。他可能会遭到总统回击，果不出所料：

"与政党的关系，"巴切莱特断然地说，"由总统处理，并且总统府的总秘书处专门负责国会内的关系。"

"就像被重重地捅了一刀，"一位在场的人回忆道，"同时，所有人都清楚了以后要小心行事。"在那几个月里，他不是唯一一个被封嘴或者话说到一半被堵了回去的人。巴切莱特需要展示她的领袖威望，让所有人明白不能对她产生质疑。一个登上过坦克的人也能驾驭好一支部长团队。有些人认为这是她没有安全感的表现，也有些人是

---

① 为了落实公共政策，弗朗西斯科·哈维尔·迪亚斯有两位专业顾问：律师毛里西奥·穆尼奥斯和记者及国际问题专家马尔克斯·罗布莱多，此外还有一支由来自不同学科的八位年轻工作人员组成的团队。

简单地摸不着头脑。这持续了不短的时间。

巴切莱特需要让大家适应，她永远不会变成以往的男权主义领袖那样，他们在会议上保持沉默从不亮牌，但所有人都知道，他们展现权威的方式是发号施令。

事实是，一般政府里的部长会议，通常不做决定，也不讨论国家的深层问题。而仅仅是信息传达和制定方针。巴切莱特担任过两个部委的部长，在听到别人的批评时，她知道他们对她的要求是空前得高。但是，她也意识到有更多的女性参与进来，使得会议的气氛更加活跃了。

不管是什么原因，女性确实比男性爱说话，而且方式也不同。这使会议的时间拉得更长，因为每个人都要求发言，尤其在最初阶段，谈得很细，有些确实不是很有必要。但是，这些女部长们都非常坦诚，指出了政府运转中不足的地方，虽然有时意见有所出入，有时还引发了意料之外的冲突。她们毫不掩饰地有一说一且缺乏政治手腕，但是不畏惧不同的政见，她们知道坐在这里就是团队的一分子，就要向共同的目标看齐。

面对诸多的发言，多位男性部长在座椅上打转，当冲突爆发时还得展现他们的谈判技巧。毫无疑问，这不是一个传统的政府，也许更复杂更累人，但是有更多元和丰富的视角。

总统的一些风格与这些女部长们相似。让人意外的是，每当某人发言完毕，总统都会立即做出回应，而不是把她至高无上的意见保留到最后，直到所有人都说完才发表。

总统鼓励这种相互交流意见的活跃气氛，找出不足，并且也不掩饰她不喜欢的地方。很多人都遭到过讽刺。但是，她认为人无完人，不觉得这些错误是她政府的污点，所以不像其他领导人那样绝望。从来没有听过她大喊大叫。

她努力想把工作做得最好，但是履任伊始，别人的不理解给了她重重的打击。一些女部长，比如克拉利萨·哈尔迪和巴德利西亚·普布莱特希望能更活跃，给总统更多明确的支持，但是没有机会。

男女平等是巴切莱特不会放弃的议题。2008 年初，开始了她的第二个任期，新内阁由毋庸置疑的分量级传统执政家组成，内政部长为基督教民主党党员艾德蒙多·佩雷斯·约马，公共工程部为争取民主党党员塞尔希奥·比塔尔，并且在赛罗卡斯蒂约宫建立了内阁委员会。在分析政治经济形势的同时，总统要求新内阁不要忘记性别议题。许多人的目光纷纷投向佩雷斯·约马，没人比他更加传统男性主义化了。

其实，在 2008 年的头几个星期他对这个任命感到喜悦，这位内政部长微笑着说道："这个政府需要更多的睾丸激素！"

但是，无论是男性荷尔蒙，还是丰富的政治经历，或是著名的领导人声誉在高度复杂的着急问题上都无助于佩雷斯·约马发挥其至高无上的权力。巴切莱特不允许前任部长这么做，同样也不允许他。他和前任部长贝利萨里奥·韦拉斯科一样恼怒，才干了几个月就想辞职了，但是最后一直工作到巴切莱特政府这一任期的结束，十分忠诚于总统。

在所有的会议上，即便再无足轻重，巴切莱特都会认真记笔记。这是她保持认真倾听的一个习惯做法，无论是谁发言都是如此。她是一个很好的倾听者，像海绵一样把听到看到的东西吸收进去，提问题直到问累了为止，无止境地探究细节与原因。在一些复杂的议题上，她追根究底，调查和寻找能给予合理解释的原因，从而理顺每一件事情的逻辑、原因和目的；搜集了不同的意见和观点，进行细致加工之后才谨慎做出行动安排。她不是那种因居于其位就袖手旁观的人。

与那些有明确想法的领导人相比，巴切莱特的决策过程会更加缓慢。即便巴切莱特有充足的理由改变主意，但是她的灵活性在很多人眼里不是聪明或者智慧的象征，而是羸弱、前后不一以及沉溺于信息的表现。

在父权制的文化里，权威是无可辩驳的，很少有人想到一个统治者会面临如此巨大的难题。即，不能贸然相信问题必定无疑可以解决，也不能在现实处理中，把问题简单化。

巴切莱特的时间观念和其他那些具有紧迫感的执政者不同，她对自己任期的时限十分清楚，她也知道四年是一个短暂政府的同义词，但是她有足够的时间完成所有的任务。

她每天早上七点钟以前就起床了，吃早饭，认真阅读国内和国际报纸，以及当天的活动信息。在没有深入了解以前不随意参加任何活动，用铅笔在她的发言稿上细致修改。她安排了充裕的时间接见民众，在村镇、在工厂、在拉莫内达宫，甚至在自己家中的客厅。和她会见时，她让所有人都感觉到此时是最重要的一刻。她一直保持注意力集中的状态，对所有事情都很感兴趣，从不觉得无聊，一般来说总是最后一个离开会场的，这有时甚至让她的同僚感到吃惊。

就像所有的政府一样，每天要流转几圈才能做出决策，但是最后都要汇集到巴切莱特这里，等她做主。无论受到多少批评、轻视和不理解，她处理事情的方法从不改变。

通常，巴切莱特会把一些受她尊敬和崇拜的领袖的意见进行对比，比如社会党领导人卡洛斯·蒙特斯、卡米洛·埃斯卡洛纳，国会议员卡洛琳娜·托哈（在成为部长以前），前财政部长尼古拉斯·埃萨吉雷或者牧师费尔南多·蒙特斯和菲利普·贝里奥斯。所有人都非常谨慎和忠诚，绝口不提巴切莱特打过的电话。

巴切莱特是做出最终决策的那个人，唯一的一个人。自始至终王权在握的人只有她。

亲情纽带

总统的宝座一度阴云密布、摇摇欲坠，但是她开始散发出越来越耀眼的光辉，巴切莱特微笑着、带着些调侃的口吻、想光着脚走路和唱歌、一次又一次地与大家发起鼓舞人心的对话。

很难奉承她，因为她只是一个单纯的勤劳的女性，无论深陷各种尖锐棘手的问题之中或者身处声望的顶峰。不管怎样，她很清楚人们对总统说的是一回事，而艰难的现实是另一回事。她知道民意调查的不稳定性，以及权力和政治交织的友谊的不坚固性。

当选总统之后，她痛苦地发现有一样东西永远失去了：再也无法拥有个人的隐私，不再籍籍无名也就不能再做自己了。

所以，除非需要出访，她尽可能地使自己的周末拥有更多的隐私。在这样的情况下——越来越难以捉摸——重新连接那个心灵深处的自我，一个叛逆的、对既定规则总感到不舒服的女性，她乐观、享受生活、不循规蹈矩。因为，她不仅工作上投入大量精力，而且也懂得享受生活的丰富多彩，她比常人吃得多、熬夜熬得多，也说更多的话。同样，对大部分50岁以上的女性来说，节食是一个持续的噩梦，但是她当选总统后并没有这么做。"担任总统期间，我不会去考虑体重的问题。我不想把这个压力额外加到我的人生里面。我可以面对任何问题和冲突，但是不想挨饿！"

她不仅酷爱美食，更喜欢烹饪。在炉灶边，是她与外界隔离，短暂摆脱烦恼的方式。她会让家佣周六回去，一直到周日晚上才回来，这并不会拉低她的总统身份。她喜欢给家人做饭。穿着长裙、拖鞋接待他们，一边伴着音乐踏着舞步，一边切着和炒着蔬菜。如果电话响了要找总统，她接完后就马上回去接待客人们，就好像聚会是她唯一关心的事。

2008 年 5 月 30 日，她的第一个孙子出世了，是她的长子塞巴斯蒂安·达瓦洛斯和配偶娜塔莉亚·康巴格农的儿子。别人看到她和孙子在地上玩耍，谁也不会怀疑那是共和国总统。

她的母亲安赫拉·赫里亚总是陪伴左右，优雅、阳光、随时愿意帮助她。自她父亲去世后，就一直和母亲相依为命，一起经历了快乐、悲伤和害怕。是她让巴切莱特认识了爱人豪尔赫·达瓦洛斯，一个住在波茨坦城同一幢楼房里的建筑系年轻学生。巴切莱特喜欢他蓝色的眼睛、他的幽默感以及无可辩驳的智慧。

他们憧憬着永恒的爱情，很快就步入了婚姻的殿堂。但是，在她的人生里，考验总是一个接着一个的出现。她第一次怀孕时，在莱比锡医院的普通产房里住了两个月，最终在没有接受任何麻醉的情况下成功分娩，当塞巴斯蒂安在她胸口吮吸时，瞬间让她忘记了所有的煎熬。回到智利后，她在德国诊所用麻醉分娩的方式又生下了弗朗西斯卡，没有遇到更多困难。

随着孩子们的成长，她逐渐成为儿科专家，那时乔治从事建筑师的工作。但是，流放结束回归祖国后的日子很艰辛，几年之后，他们的夫妻感情每况愈下，最后走到了破裂。

巴切莱特再一次站起来，继续向前走，乐观奋进，成为家庭的顶梁柱。她的母亲一直陪伴在身边，当巴切莱特学习、工作以及执行秘密任务时，塞巴斯蒂安和弗朗西斯卡放学回家时她总能在家里。独裁统治时期的岁月是十分艰难的。然而，在游行、熬夜和学习艺术的间隙她再一次恋爱了。这段感情仅仅维持了两年，但是却动摇了她的政治生涯——当时她是国防部长，新闻媒体将此定性为一桩丑闻：她和马努埃尔·罗德里格斯爱国前线（FPMR）的发言人、工程师阿历克斯·沃克威克同居，该党派是共产党的武装力量①。一方面是感情，另一方面是政治，而地下工作者的基本原则政治第一，不谈感情。

毫无疑问，对巴切莱特来说感情和政治是两个范畴。她小女儿索菲亚的父亲亦是如此，他是一名有右派思想的医生。民主政府开始后他们俩才相识的。当时她在全国艾滋病委员会工作，而阿尼瓦尔·恩里克斯大夫在圣胡安·德·迪奥斯医院上班。他们和谐地一起生活了四年，但是她一直不想结婚。当索菲亚刚刚开始学走路的时候，他成了一匹"荒原狼"（译者注：见赫曼·黑塞作品），巴切莱特又一次回归单身。

但是安赫拉帮她度过了感情破碎的痛苦。此后十年，她将心门关闭。巴切莱特用日常中的小细节回馈母亲。每次出差回来都给母亲带一些特别礼物。很长一段时间，巴切莱特到处给母亲买 Yeux 香水，这是父亲曾经送给母亲的香水，直到后来这个牌子从市场上消失，便用香奈儿 5 号代替。八月份在母亲生日来临之际，巴切莱特到处寻找百日草，这种彩色的花朵是母亲的最爱。巴切莱特从来不会忘记这些，哪怕登上政坛巅峰也是如此。

在她担任总统期间，会陪伴索菲亚参加基罗特学校的义卖活动，以做求学旅行的准备和筹资。柴米油盐、舞蹈与微笑，就像任何一个普通父母一样。

---

① 马努埃尔·罗德里格斯爱国前线（El Frente Manuel Rodríguez）成立于 1993 年，是共产党的军事武装组织。主要事件为，1986 年 9 月 7 日发起反抗奥古斯托·皮诺切特将军的斗争，后以失败告终。

虽然索菲亚有邀请同学参加赛罗卡斯蒂约宫晚会的特权，但是巴切莱特的孩子们都不喜欢有个拉莫内达宫的母亲，他们三个都很低调。索菲亚可能是受影响最多的一个，还在青春期的她不习惯无时无刻被警卫跟随，也不喜欢万众瞩目。

巴切莱特赢得总统选举时弗朗西斯卡 22 岁，正赴阿根廷学习社会人类学。对这样一个比她妈妈还要叛逆的年轻人来说，拉莫内达宫的宴会一点都不能令她感兴趣。一名优秀学生，为社会学议题担忧，十足的球迷，她能把头发染成绿色或紫色，是同龄人里第一批在身上打孔戴环的人。

她想与大选竞选保持距离，但是却以最坏的方式把自己推到了公众眼前——凌晨两点，因喝了几杯，把车撞了。巴切莱特没有慌乱，承认了女儿的错误并认为她的女儿应当承担任何一个年轻人应当承担的责任。然而，事发两年之后传来噩耗：弗兰西斯卡意外得了脑血栓。

2007 年 6 月 10 日是一个星期天，巴切莱特正在家里，她女儿和智利大学胡安·戈梅斯·米亚斯校区的足球队踢完球回来，突然开始剧烈头疼并引发惊厥。巴切莱特一刻都没有耽误，立即把女儿转移到医院，得知病情已严重到需要住院。这是很奇怪的一个病例，全球范围内都很少发生，与踢足球没有关系，和她妈妈在担任国防部长后得的动脉瘤也没有关系。

像任何一个妈妈一样，巴切莱特在医院里连续陪护多日。她办公室的一部分被挪到了医院，在那里她同时扮演者母亲和总统的角色。第五天，离开几个小时飞往玻利维亚参加了安第斯共同体的峰会。

那时她的政府正处于最糟糕的阶段。"畅通圣地亚哥"（新的公共交通系统）的启用、腐败丑闻的揭露以及对政府执政能力的连续批判，全国陷入了紧张的气氛。对于那些怀疑女性能否全身心投入国事的人来说，这是最好的重新审视的时刻。有其他更优先考虑的担忧就不能是有效率的统治者了吗？里卡多·拉戈斯总统——身为人子——就在他母亲病重的时候曾经取消过前往荷兰、挪威、瑞士和西班牙的访问①。

那段时间，智利的政坛非常混乱，而住院的女儿对她也十分不满。弗朗西斯卡的健康饱受着愤怒和疼痛的双重折磨。但是巴切莱特意志坚定，家庭成员和朋友们无条件地付出给了她力量。她从没想过被打败。

对她的大儿子塞巴斯蒂安来说，有一个总统母亲也非易事。他是一位政治学家，2005 年开始在外交部的经济司工作，一直都受到各种质疑的眼光。但是他只在达米安出世时，以及 2009 年 9 月大阅兵时才出现在媒体上，他作为空军预备军官参加了游行。当看到他身着制服走过时，巴切莱特很激动，她的父亲也会感到很骄傲。"他现在才这么做，这么晚。"细语道，看到儿子的游行，她知道儿子记忆中对外公的崇敬。她多么希望她的父亲能看到这些。

她的母亲、孩子和对她父亲的回忆是她永远的亲情纽带。为此，她会充满能量去面对最艰难的挑战和悲伤，并远离虚荣与自傲。

通常发布公共意见调查结果时安赫拉会给她打电话。

"米歇尔，这次的民调结果真好，我很高兴。"

"是的，妈妈，但是您别忘了今天我的支持率这么高，明天就有可能下跌，政坛就是这样的。"她女儿总是这样回答。

她说得很确定。在米歇尔所受的教育理念中努力和自我批评是根

---

① 里卡多·拉戈斯总统的母亲艾玛·埃斯科瓦尔逝世于 2005 年 4 月 7 日，享年 108 岁。

本。巴切莱特父母的婚姻模式便是以彼此为榜样，互相理解。坦诚和公正是家庭一贯的准则。但有时也会哈哈大笑，尤其是自嘲。在这方面，她父亲是大家的榜样。

幽默、亲和力和参加多种活动的能力是阿尔贝托·巴切莱特的遗产。

总统任命的空军助理秘书长劳尔·范盖拉上校熟知这一点，他不仅是她父亲在供应管理处的助手，也是他突发心脏病离世的目击者。当时，他们两个人都在盥洗室，范盖拉正在刮胡子准备前往检察院。按照轮班顺序，阿尔贝托·巴切莱特正在清洗早餐盘子，就在这时，他突然感觉不舒服。

他们和智利空军的另外 10 个人被一同关押在公共监狱 2 街 12 号牢房，经历了审讯和酷刑的恐惧，彼此间建立了没有面具、没有秘密的关系。习惯了纪律和等级，在那么悲惨的条件下仍然保持着每个人的职级，"我的上校……我的将军"。阿尔贝托·巴切莱特是唯一一个例外，他是一名天然的领袖，比将军更有实力，他们简称他"伯特"。好运动、有朝气、乐观。哪怕身受屈辱与虐待，仍然散发着亲和力与吸引力，在这点上巴切莱特同她的父亲一样，每次出门上街，哪怕最卑微的人都知道如果愿意，就可以上前去和她拍一张合影。

米歇尔对范盖拉上校了解得并不多，但是还是想把他任命为助理秘书长。他是智利空军中被宣布无罪的最具标志性的官员（2003 年 12 月，她曾是国防部部长），国家归还了他们的军官证，作为重返体制的标志。对巴切莱特来说，虽然会引起某些人反感，但这是一项补偿和公正的行动。

2006 年 3 月 1 日，劳尔·范盖拉正准备和朋友阿拉米罗·卡斯蒂约一起煮菜豆吃，后者也是空军的前指挥官。刚离开圣伯爵塔附近的超市时，手机响了，新当选的总统打来电话：

"你好劳尔，我正在看你的简历，想让你担任空军的助理秘书长职务，如果我这么任命，你觉得空军方面会有什么反应？"

"我觉得不会有问题，两个星期前指挥官奥斯瓦尔多·萨拉维亚刚刚邀请我和其他的将军一起去金特罗的礼宾厅烧烤。"

"很好，那么我们就这么定了，任命你为我的空军副秘书长。但是几个小时后我正式宣布以前请不要告诉别人。"

阿拉米罗·卡斯蒂约听得很激动。返回超市把手中的啤酒换成了红酒。应该庆祝一下！在朋友家做饭的同时，打开电视机，看着新闻记者们急切地等待着副秘书长职位的公布。他打电话给女儿、母亲和哥哥，只告诉他们打开电视机等待。

他在空军学校担任塞拉维亚将军的指导员三十余年了，别人从来没有称呼他过"副秘书长"或者"我的上校"。

但是提名之后的反应却出乎意料。第二天，独立民主联盟就正式要求更改他的委任，因为范盖拉曾经签署了马努埃尔·罗德里格斯爱国前线的领袖格尔瓦瑞诺·阿坝布拉萨向阿根廷政府提出的政治庇护请求，但是格尔瓦瑞诺·阿坝布拉萨在智利被指控为海梅·古斯曼谋杀案和克里斯蒂安·爱德华兹绑架案的主谋。

范盖拉上校已经彻底忘记了此事。那时他在哥斯达黎加的美洲人权研究所工作，就像签署其他众多文件一样签署了这份申请。只是在丑闻爆发以后——有些基督教民主党人发出了抗议——接到了胡安·卡瓦哈尔的电话。

他们在普罗维登斯的利古里亚饭店会面。

"在我们开始说话之前，"范盖拉说，"我想告诉你，总统对我助理秘书长的任命就已经让我深感满足了，我觉得无比荣幸。告诉她别麻烦了，我会立刻请辞的。"

"不、不，不可能！你需要做的只是发布一个声明，表明智利存在法制，这是阿坝布拉萨的问题，这样事情就了结了。"

后来他照办了。此外，他的任命还受到了智利空军的支持。有趣的是，没人提及他在外国参军的事。担任副部长期间，在一系列的空军基地访问中的某一次，一队军官赠予了他一副飞行员手套作为特殊的礼物，因为他是唯一一名有实地作战经验的智利飞行员。范盖拉上校堪称一名活着的传奇人物，在桑地诺空军当到了二把手，协助了该空军在尼加拉瓜的组建。

每年3月12日，在父亲的墓前，米歇尔倾听范盖拉上校代表战士们讲话，这是一种尊敬和友谊的表达。

神奇的奎卡舞

对她来说这层牢固的关系同样难能可贵。为此，在政府活动允许的情况下，她常为一小拨自竞选开始就在一起的朋友下厨做饭：弗朗西斯科·维达尔部长和国家委员会主席卡洛斯·麦肯尼以及他们的夫人玛丽亚·伊内斯·马图拉纳和玛丽亚·维多利亚·贝尔特兰；牧师费尔南多·蒙特斯和菲利普·贝里奥斯；在智利时，偶尔也会邀请其他人如前财政部部长尼古拉斯·埃萨吉雷。每次会面，说说笑话和弹弹吉他都是必不可少的节目，还有随性的交谈、醇香的美酒以及总统精心烹制的美味佳肴。

组织者是与维达尔和埃萨吉雷相交20年的卡洛斯·麦肯尼，他们都是米歇尔的朋友。麦肯尼夫人与候选人的她很合拍。当然，维托——麦肯尼的朋友都这么叫她——是一位性格随和的老师，她不会特别注意言辞，也不会把权威奉若神明。

麦肯尼最初的意图并不仅仅是建立社交和友谊圈，而更多的是怀有政治目的。他认为需要将巴切莱特的关系圈拓展到其他领域。为此，她常邀请基督教民主党的朋友豪尔赫·布尔戈斯议员。在竞选期则向前又跨越了一大步：邀请阿尔贝托·乌尔塔多大学校长费尔南多·蒙特斯和智利"给我一片屋顶"组织创立人菲利普·贝里奥斯牧师。麦肯尼认为，基督教会的力量是不容忽视的，尤其是总统竞选者是无神论者，而且也不避讳无神论者的身份。他认为需要在双方间建立起某种联系，同时也确定耶稣会士蒙特斯和贝里奥斯是合适的使者人选，向他们的教会传递思想说明米歇尔不是没有道德且恐怖的左翼分子，不是如某些人抹黑的那种离过婚，带着同母异父的孩子们过日子的单身母亲，她主张推动避孕药的使用，同时要求所有女性在需要时都可以服用紧急避孕药的决定。他明白需要让人发现这是一位温暖人心、懂得反思的女性，在他们看来，是具备基督徒所有特质的女性。另外，巴切莱特不会刻意改变，他打赌她将会珍视他所说的和蔼可亲并且对基督教会不保守对待的一面，宽厚对待人性的脆弱，亲近穷人，对 21 世纪各种复杂情况更加理解包容。麦肯尼希望米歇尔能意识到可以与神父交流任何话题，例如贝里奥斯这种情况，即便被上流阶级污蔑诋毁。麦肯尼是正确的。

在他们第一次会面中，蒙特斯和贝里奥斯对米歇尔所表现出来的智慧、知识水平和扎实的专业功底感到震惊。在竞选活动中，这并没有见诸报端。对于与摩尔人和基督徒对话这事也无门户之见。当时作为候选人的她与牧师们建立了深厚的友谊和绝对的同盟。同时，也许更重要的是，在求同存异中，巴切莱特获取了基督教会的尊重。

当朋友队伍抵达总统官邸时，所有条条框框都抛之于外。这是一个完全私密的空间，而她在厨房忙进忙出。这短短几个小时似乎才是以前的真正那个她。她感到舒服，被爱和尊重包围。他们几乎没有多谈政治，完全是在休闲愉悦的氛围中度过，当吉他毫无差别地传到米歇尔、蒙特斯牧师或其他任何人手中时，气氛更加热烈了。

当他们互相告别时，已经是凌晨，朋友们心满意足、尽兴而归。米歇尔则完全一个人待着。她的女儿已经入睡，而此时却没有可以握着她手的人也没有她可以依偎的人。

入主拉莫内达宫后，重新在她生活中泛起爱情涟漪的那个人就是科学家克劳迪奥·泰特尔鲍姆。他是一位帅气的男士，因为引力量子论而成为世界最有影响力的科学家之一，并于1995年获得国家精确科学奖，这样一位男士似乎可以与如总统这样高度的女性相配。

但是这位科学家却饱经风霜，有着复杂的童年生活，在他57岁时发现自己不是著名共产党领导者博洛迪亚·泰特尔鲍姆的儿子，生父其实是律师阿尔瓦罗·本斯特，在如此惊人发现面前，他决定立刻更改自己的姓氏并将他戏剧化的身世公之于众。

泰特尔鲍姆-本斯特并不是那种一味把自己关在实验室里的科学家，而是知道如何利用权力发展自己。如此，在前总统爱德华多·弗雷执政期间，他将于1984年成立的小研究所发展成为极具声望的科学研究中心（CECS），该中心位于首都以南800公里的瓦尔迪维亚。

作为一项传统，每逢5月21日，在全会上的年度汇报和普拉特功绩纪念庆典结束后的午后正好过十分钟时，领导人会在塞罗卡斯蒂略宫举办午宴招待他们的协助者。

在执政的第一年，米歇尔邀请的特殊客人中就有克劳迪奥·本斯特。当夜幕降临时总会留下最亲密也是最大胆的朋友如维达尔和麦肯尼、部长波尼亚奇科、部长里卡多·拉戈斯·韦伯、胡安·卡瓦哈尔、弗朗西斯科·哈维尔·迪亚斯以及他们的伴侣。米歇尔很放松，大家开着玩笑，唱着歌曲，伴着传统节奏跳着夜场舞蹈，因为，如灰姑娘消失般，在晚上八点整时总统必须离开出席军队准备的鸡尾酒会。

但她兴致很高不想就此结束宴会。离开时还请所有人留下而她去去就回，让大家随意如同在自家一样，尽情享受宫殿美好的景致。但她的坚持很明显是针对本斯特。

不少在场的人士回忆到卡瓦哈尔在和总统跳舞时展现的舞蹈才华。也记得米歇尔在科学家用英语开玩笑言谈间透出的智慧和文化时向他投去的沉迷的目光。大概是爱上了吧。

但他却表现得很无理，在她还未返回时就大摇大摆地离开了宫殿。

似乎，在这件事上他虽然有科学的丰功伟绩却没有细腻的态度和良好的仪态。而且还不止这一次。同样在一次总统官邸的朋友晚宴上——根据用餐者回忆——本斯特"表现圆滑"，说走就走。

米歇尔所经受的痛苦让她越加人性化，但与之不同的是本斯特的痛苦却似乎只让他更加自恋。

在多个访问中巴切莱特都透露说寻找另一半不在她的计划中。但孤独感总归不会令她感到愉悦。本能上她是一位不会拒绝诱人生活的女性，为此也敢于为爱冒险。

卡布瓜湖是她最大的避风港，但她也只能在夏天抽几天待在那里。在那里她重遇了曾经的朋友，和她们分享关于家庭的生活，和独裁的斗争，在受虐儿童紧急保护基金会（PIDEE）中的工作。1986年底和她们一起购买了一块五千平方米完全与世隔绝的地方。陆上交通无法到达，只有坐快艇或小船。这是一种回归朴实自然的生活，而这也是她继承父亲的另一个爱好。

起初，她的暑假是在帐篷中度过的，仅扎起一个公共空间用作厨房和两个洗手间。渐渐地每个家庭都修建起了自家小屋，所以米歇尔决定也购买一间原始大棚来搭建属于她的小屋。但只是一些简单的木头房，由住在对面负责照料房子的潘乔·奥索里奥搭建，没人能分别出哪个是总统家。

事实上最妙的是那些大露台——有时甚至比小屋本身还宽敞——在那里大家聚在一起晒晒太阳、读会儿书、畅谈、歌唱，当然还有跳舞。不可能有太多的隐私。

这样一直维持到米歇尔成为国防部长，这个头衔使她在假期中也不得不配备护卫。在卡布瓜湖朋友社团里也曾公开谈论过这种不适的情况，结论是为了回报米歇尔正在为国家做的贡献大家可以忍受这些军队护卫。但这并不是个容易的决定，特别是要让他们年轻的孩子们接受这个决定。

那样的夏天依旧平静；护卫队在潘乔·奥索里奥住处租下了一处地方，并小心谨慎地保护着部长。

但是当她成为总统后情况更严重了，护卫队人数不仅增加到将近二十人，而且还是武警。也就是说，都穿着和把社会学家何塞·曼努埃尔·帕拉达①割喉的那些人一样的制服，而这位社会学家正是和她共度暑假的朋友埃斯特拉·奥尔蒂斯的丈夫。仿佛这还不够，她的父亲，费尔南多·奥尔蒂斯②被捕后失踪了，而她的母亲，玛丽亚·欧亨尼娅·罗哈斯，同样也是卡布瓜湖朋友社团的一分子。

尽管最开始玛丽亚·欧亨尼娅并不情愿，但是后来米歇尔还是重获支持。他们最终认为这已经是新一代武警了，他们之中没有谁参与

---

① 1985 年 3 月 29 日，圣地亚哥·纳迪诺、曼努埃尔·格雷罗和何塞·曼努埃尔·帕拉达，三名共产党人士，按照武警通讯部（Dicomcar）的指令被逮捕并割喉。

② 费尔南多·奥尔蒂斯·莱特列尔，智利大学学者以及共产党中央委员会成员，于 1976 年 12 月 15 日被一伙平民扣留后失踪。

过独裁时期的镇压，而且他们有义务保护她的总统朋友。

但是这次武警们没准备离开，还在该地方修建了自己的小屋。他们任务艰巨，必须随时注意到没有人越雷池一步，无论是记者、崇拜者还是少数诽谤者。但是米歇尔坚决不允许他们甚至在附近的海滩对面拉起警戒线——正如大家一直争取的——因为这自始至终都是公共场所。

开始几天，不适感和紧张感在空气中弥漫；护卫队——在后来的谈论中坦陈——和房子的女主人们一样或者更加不安。在抵达之前他们已经知道谁是谁，有些人甚至自问如果情况互换他们是否能以同样的容忍度来迎接他们。

慢慢地这种距离感不断减少，因为人们总会在彼此的交流之后，赢得互相尊重。调节剂就是足球。起初只是一些小朋友和武警们一起踢球，但是几天后大家组成了一支混合球队来挑战附近的其他球队。

和平共处是必不可少的。当米歇尔在海边阅读或者沐浴的时候，她的朋友们出于礼貌开始邀请武警加入各家轮流组织的沙龙、烧烤、唱歌等活动。没过多久还一起跳舞，而米歇尔总是因为大家出于对总统的尊重而被排除在外。

但是她还是自己跳着舞，特别是每年2月14日为庆祝女儿弗兰西斯卡生日而举办的庆祝会。任何人都不能缺席这个场合，从指挥官到司令都跟着总统的指挥，赤脚随着巴西节奏舞动。

一天晚上，当米歇尔弹着吉他时，出现了在场所有人都难忘的时刻。

"米歇尔，"她母亲提议，"为什么你不弹一首动人的奎卡舞曲呢？"

一些人唱着歌附和着曲子，而大部分人只是静静地听着。突然，玛丽亚·欧亨尼娅·罗哈斯从椅子上起身并走近一名军士，问道："谁想和我跳支舞？"所有人都屏住了呼吸，与此同时舞伴两人开始挥动手绢。这真是奇妙的奎卡舞，像玛丽亚·欧亨尼娅·罗哈斯一样，女人们为了失踪的丈夫而跳起了舞。和解的象征不是存在于想象中，而是亲身的体会。

月光下，随着炙烤的热度，安东尼奥·帕拉达，当他父亲于1985年被割喉时，他还不到一岁，开始说唱起来使得观众都静静地听着。跟随歌曲的节奏他表达了当自己还是孩子时的感受以及他现在又是如何感受的。忠实的，不带任何攻击性的，讲述着他的过去，同时强调着在那夜在那里的意义，以及同在智利这个遥远的角落他有多爱父亲。

当总统假期结束时，随之而来的离别总是如此满怀情感。阿尔多·维达尔司令走到安东尼奥身边代表护卫队送给他一顶武警帽子。

埃斯特拉和她的母亲感受到了这个动作代表的是什么，她们认为武警是唯一没有请求原谅的武装组织，因为他们从未为任何罪行负责。

总统重新回到工作中，她明白在众多任务中有一项任务就是要治愈独裁时期留下的创伤。

三　永不忘记

伦敦诊所

1998年10月17日早上，智利的电话不停地响，原来是发生了一件不可思议的事：奥古斯托·皮诺切特在伦敦被捕。得知这一新闻的人们立刻以激动的言语将其告知其他人，在傍晚时分十五名伦敦警察厅的警察来到一家伦敦诊所以种族灭绝罪和恐怖主义罪将其逮捕。①

此时的她百感交集，有喜悦、怀疑和从独裁专政时延续下来的莫名的恐惧。

米歇尔·巴切莱特无法想象这位将军仍然影响她的生活，甚至那次逮捕也让她在本国政治中扮演了一个无名但至关重要的角色。

她已经从华盛顿泛美防务学校进修后返回国内，作为顾问在国防部工作，几个月前，当选为智利社会党政治委员会成员。

那一年——如同其他情况——其政党内部不同派系的斗争已经演变成为血战。米歇尔所在党派新左翼的领导人卡米洛·埃斯卡洛纳，在投票中获得第一多数选票，但是中央委员会的其他失败派系联合选择了参议员里卡多·努涅斯为主席。

在这样的气氛下，将军的逮捕在社会党中引起了大规模的危机，甚至出现了脱离政府分裂左翼政党联盟的意见。

与料想的恰恰相反，对于这名独裁者可能因其所犯的罪行而受到审判，爱德华多·弗雷总统领导的民主政府对此感到不满。此外，外长社会党人何塞·米格尔·因苏尔萨也给最初的欣喜浇上了冷水。政府迅速与认为当前形势纯粹是皮诺切特的责任的人士保持距离，而皮诺切特也因为访问欧洲大陆而入狼口，其中更有多个国家请求将其引渡。

因苏尔萨的观点不同：司法程序不是论天算而是以年计；政府将受困于军队、右翼和忠诚于军事政权的企业家的压力；可能这位 82

---

① 此次逮捕的发生是因为西班牙法官巴尔塔萨·加尔松以奥古斯托·皮诺切特执政期间造成西班牙公民遇害和失踪而发出的国际逮捕令。

岁的将军会死在遥远的大陆，成为右翼伟大的殉道者；社会党总统候选人里卡多·拉戈斯在这样极端分化的环境下将无法生存。在逮捕后的第二天，外交部就逮捕这位终身参议员向英国政府提出抗议。①

社会党犹如燃烧的特洛伊。在政治委员会召开的会议中不仅弥漫着紧张气氛，还伴随着颤抖的叫喊声和斥责声，而这些都是明显的分裂迹象，但是这与最近的选举争议无关。11月7日，中央委员会全会中的讨论持续了八个小时，但仍未获得任何解决办法来避免分裂。各方力量不断进行着整理，与此同时一部分人坚持拥护其所在的政府，而大部分人则认为保护独裁者就是对前总统萨尔瓦多·阿连德以及所有为民主事业献出生命者的侮辱。还有一部分人，例如作为领导者的贡萨洛·马特内，他们要求外长向政府或向其所在党派请辞。其他人则单纯地希望将其排除在政党之外。

不同派系的领导人例如伊莎贝尔·阿连德、帕梅拉·佩雷拉、范妮·博雅洛罗、亚历杭德罗·纳瓦罗、胡安·卡洛斯·莱特列尔以及胡安·布斯托斯均前往伦敦要求皮诺切特留在欧洲、接受审判甚至是受到惩罚，普遍的愿望是让他老死在监狱中。努涅斯和埃斯卡洛纳将分歧放一边，试图拯救政党避免其支离破碎。

在这一团困扰当中，米歇尔·巴切莱特开始吸引别人的目光，直到此时大家才注意到她。她积极地参与到辩论中，并渐渐赢得了同僚的尊重，她不仅是独裁统治下无可争辩的牺牲品，还是一名思想坚定的社会党人，能严肃且清醒地应对极端危机的人。人们似乎第一次真正把她当作政党领导人来看待。

---

① 根据皮诺切特于1980年颁布的宪法，当1998年3月卸下总司令头衔时，其作为共和国前总统而担任终身参议员。这项规定于军事政权结束十四年后的2004年10月才被取消。

伦敦的诉讼时间延长了。皮诺切特离开伦敦诊所前往普里奥里医院，随后又来到维吉尼亚·沃特斯的住处，其在那里仍然处于拘留状态。在智利，总统竞选持续进行，同时"在每次的社会党会议中"，一名领导人回忆到，"里卡多·拉戈斯的候选人资格就像是一架飞机在我们头顶上盘旋"。

米歇尔明白她在政治委员会中扮演的角色日渐凸显。她并不理会关于军队反应的恐怖论点。除了她没有人敢说出这样的话，敢解释当前军队的想法，敢弱化官方论点的同时直截了当地排除任何颠覆性的风险。

她不止一次直面外长。何塞·米格尔·因苏尔萨带着法庭和英国政府的文件到达会议现场，他翻译了部分段落来巩固他的立场。一次，巴切莱特拿过文件后纠正道："不好意思，但是我也懂英语，而这里并没有确切讲到这些，英国正在计划其他事情。"此时一片沉默。但是米歇尔在面对铁腕因苏尔萨的势力和讲究语言纯正者的态度时都没有感到不安。尽管属于新左翼、政党中最强硬的一派，但她仍坚决支持中立立场并逐渐赢得追随者：社会党不能屈服于独裁者，但是也不能使政府陷入困境，同样也不能摧毁同僚里卡多·拉戈斯当选总统的可能。

巴切莱特成为了中左派的实际发言人。中左派信任她来撰写社会主义可接受的相关后续声明。所有人都知道任何一个轻微的过激态度都可能导致争取民主联盟的灭顶之灾。

巴切莱特医生和帕梅拉·佩雷拉律师，都在之后的"对话桌"机制中扮演关键角色，他们是划定与何塞·米格尔·因苏尔萨所描绘道路并存界限的决定性人物。在之后的几个月，新上任的外长社会党人胡安·加布里埃尔·巴尔德斯所持的态度是：① 对皮诺切特有利的行为都仅仅是基于人道主义而非主权原因。

巴切莱特和帕梅拉·佩雷拉希望建立在智利国内审判皮诺切特的更为明确的条件，但是她们选择张弛有度地进行。

在被逮捕的一年半后以及无数的司法决议后，英国内政部部长杰克·斯特劳以健康为由将其释放。2000 年 3 月 3 日，奥古斯托·皮诺切特飞抵智利，下飞机后从轮椅上站起来向他的支持者胜利地挥手示意。里卡多·拉戈斯已经当选为总统，但他并不了解一些党派细节，他已经任命米歇尔·巴切莱特为卫生部部长。三人中没有一人对未来心存疑虑。

怎么会发生这样的事？

在组成她的第一任内阁后，米歇尔不愿放弃女性在国防部的一席之地。

2006 年 1 月 29 日天色已晚，这时她拨通了薇薇安·布兰罗特的电话。

"你知道我为什么给你打电话吗？"

"我可能知道。"这位争取民主党人、经济学家、能源和环境顾问如是回答。

"但是不是你认为的那样，"巴切莱特强调，"我希望你能站在我曾经的位置上。"

"听您安排，总统，我随时候命。"

"那真是太好了。"

---

① 1999 年 6 月 22 日，何塞·米格尔·因苏尔萨律师被任命为总统府秘书部部长，同时由政治家和外交官胡安·加布里埃尔·巴尔德斯接任外交部长之职。

"您希望我担任副职还是正职？"在说再见之前她不确定地问道。

"不不不，是正职！"

挂断电话后，薇薇安·布兰罗特完全懵住了。她何德何能可以担任国防部长？那晚上她在焦虑和高兴中不断自问。但是可以确定的一点是她来自军人世家，她爷爷是将军，而她父亲，军队上尉豪尔赫·恩里克·布兰罗特，每个周日都会吹着起床号把她叫醒，在她四岁的时候喊她"服役兵布兰罗特！"。此时孩童时在巴图科军队中生活的记忆涌上心头，当时她的父亲还经常让她参加巡逻和升旗。

作为新内阁的成员（特别是女性成员）薇薇安·布兰罗特明白这开启了延续中左翼联盟政府的新阶段，对于她来说必须将担心害怕留在过去，而对人权的推动才是她现在需要优先考虑的。作为候选人的巴切莱特先前已经在政府方案和多个公开演讲中都如此表示过。为此，当薇薇安·布兰罗特在电视中听到自己提名为国防部长时，毫不犹豫地拨通了社会学家索朗·杜华特和通讯员劳拉·埃尔格塔的电话，希望她们能随她一起接受这项新任务，她们俩都曾经和她一起在能源委员会共事过。她很清楚自己在向她们请求一件非常重要的事，但是她把这理解为同米歇尔共同开启新时期的一部分：这两人都以左翼激进分子著称，而此外，劳拉是一名失踪被捕人员的妹妹，她自己也在所谓的秃鹰行动①中于布宜诺斯艾利斯被捕过。她们两人都接受了挑战。

在与总统的第一次会谈中，薇薇安问总统为什么会选择她担任该职务：

---

① 路易斯·恩里克·埃尔赫塔·迪亚斯于 1976 年 7 月 27 日在阿根廷被逮捕。根据雷霆委员会报告，在阿根廷、智利、巴西、巴拉圭、乌拉圭和玻利维亚专政独裁的七八十年代，他在秃鹰行动中被交给国家智慧领导组织，该行动计划由南锥体秘密警察负责协调。

"我希望是一位女性，我不想失去这个可能性。此外，我需要有具备坚强特质的人来与即将到来的做斗争。"

"好的。"薇薇安如是回答，尽管她并不知道那具体指的是什么。

"我提倡女性国防部长们穿长裤走路，"米歇尔继续讲道，"你不要总穿裙子，把男人们都惯坏了。另外，你还得学习列队检阅。"

部长遵照执行，2006年9月的阅兵仪式是历史上第一次向两位女性展示军队指挥部署。二人沉着、英气地站在军用吉普中进入奥希金斯公园的环形广场检阅了部队。伴随着雷鸣的掌声，这个形象不可磨灭。

《最新消息》日报（*Las Ùltimas Noticias*）封面刊登了《米歇尔和薇薇安的伟大检阅》，那是一张两位女性在军队总司令奥斯卡·伊苏列塔赞许目光注视下微笑着的照片。在内页中，没有提到两位女性的等级头衔，而标题用了从未对总统和部长使用过的内容：《米歇尔和布兰洛特如两位伟大的朋友享受着阅兵式》。

此时的热情带动了更多不同人士发表宣言（包括总统），都提到了彰显军民紧张关系的结束。自从重回民主后，奥斯卡·伊苏列塔将军再次宣告过渡期的结束。

当然一边是军队的庆祝和良好愿望，而另一边则是内在的现实。

布兰罗特履职国防部后，她认为自己的任务是制定严格的制度，例如推动《铜矿法》以为军队提供资金，推动军法的改革以及国防部的现代化，建立当前所有现代化国家都有的参谋长联席会议。

然而，在与总司令们的第一次见面会谈中她发现了其他需要优先处理的事项。将军奥斯卡·伊苏列塔请求单独与她待一会儿。

"部长，我想和您谈谈皮诺切特将军葬礼的事。"他开门见山地对她说道，"这是我们必须从现在开始计划的事。家属希望是国葬并将尸骨安葬于军校中。"

"那您是怎么想的呢？"部长问道，并试图表现得没那么惊讶，因为尽管她从一开始就已经想到国葬的可能性，只是从未想到这会是首要的问题。

"我倾向于不这么办，"将军立刻回答道，为此，必须寻求其他解决方法，"您认为总统会出席葬礼吗？"

"我觉得难以想象。"

正如总统在任命她为部长时所说的，她是一位具备坚强特质的女性，好学且直接。但是这并不总是有效的，尤其是在一个讲究礼貌待人、言辞悦耳的部委里，很难了解真正发生了什么。

侵犯人权总是十分敏感的话题。甚至在她正式成为部长前，海军上将鲁道夫·科迪纳还邀请她饮茶、谈论该话题。他让她注意法院中的未结案件并向其表示在作为总司令期间希望弄明白埃斯梅拉达①事件。尽管成立了内部小组专门集相关背景资料，但是并未取得大的进展。

尽管奥斯卡·伊苏列塔将军被认为是与皮诺切特最疏远的高级将领之一，但是每隔一段时间总要回到这不太愉快的对话中来。将军重申（和他的那些前任一样）法院享有调查的一切便利条件，但是部长始终觉得全部资料没有被上交，并且认为军队无视要求，且办事效率也没有达到军队应有效率的高度。对于被指控的这些人，伊苏列塔的态度比她所认为的更具保护性。布兰罗特坚持任何军人一旦涉案就要被革职。

"部长，"将军回应道，"一个人在未判罪前我们都应该认为他是

_____

① 1973年政变期间，埃斯梅拉达训练舰被用作拘留和拷打中心。

清白的。"

"的确如此。"布兰罗特坚持道，"但是公众会对被指控的军官失去信任，所以要把他革职。"

在米歇尔·巴切莱特执政的四年间，每隔一段时间就会有一项新的指控重新动摇军队。几年以后，伊苏列塔选择建立了一项明确的规章制度：将军们立刻退休，自上校以下等候责任审查。

总统很好地控制住了这一现实情况以及其中涉及的敏感内容。即使该话题很复杂而且政府还要面对由此引发的更多问题，但是推动人权的工作从未被忘记。

2006 年 10 月 14 日周六，米歇尔和她母亲从 31 年前她们被逮捕并蒙住双眼穿过的同一个门口踏入了格里马尔迪宅邸。那时米歇尔 23 岁，她们两人当时都不知道身处何地。这里是独裁统治下最严酷的酷刑中心之一。

现在她们来到了和平公园①，这是一处能够集中思绪的美丽的纪念园地。米歇尔如被扼喉，她记得曾经走过这同一条小路，也记得当时的害怕、怀疑和不安。她和母亲因为长时间地被捆坐在一起而全身麻木，同时也被限制不许互相讲话。随后又在无尽的日子里惨遭审问与拷打，很长时间无法相见。脚镣的声音与其他囚犯的哭喊，一片恐怖。

在参观牢房并穿过树林走向失踪囚犯被带去的高塔时，她不停地问自己怎么会发生这样的事……

这是第一次一位共和国总统参观该地。她的思绪不由自主地回到过去，而现在，她在想如何确保历史不再重演。

---

① 格里马尔迪宅邸和平公园于 1997 年开幕并于 2004 年被列为国家纪念馆。

自从最近到过拉莫内达宫的前总统帕特里西奥·艾尔文成立了国家真相与和解委员会也称为雷霆委员会①，米歇尔一直在详细了解事情的进展。二十年后，真相和正义的碎片仍未拼凑出完整的画面。不仅仍有伤痛未愈，而且（也许最危险的）智利的民众仍旧认为侵犯人权并没有多严重，而且这类事件的发生也是有一定道理的。

　　作为总统，她着手成立了国家人权研究所并获得（经过十一年的手续办理）议会批准智利支持国际刑事法院的建立。通过内政部的《人权计划》，其政府继续收集和系统归整对司法审讯有用的资料。在 2005 年 12 月至 2009 年 8 月间，审理的案件数量——被指控或定罪的——从 432 件增至 769 件。相比之下，2004—2005 年仅下达涉及三名受害人的三起案件的最终判决，但是到 2006 年至 2009 年达到 57 个判决，涉及受害人 145 名。②

　　每次谈到这个内容，过去的伤痛汇集成坚实的民主才是唯一可能体现人与人之间相互尊重的信念。在承担起国家资产部的工作以来，罗密·施密特，发现从她的部委来看也能为这项课题贡献力量，因为侵犯人权的事件主要发生在与国家相关的方面。也就是说，她代表的国资部所必须管理的国家资产方面。

　　与如总统府人权咨询委员会、公共工程和住房部以及国家纪念物委员会等其他组织一起，施密特开始一项蚂蚁工作，即对 802 个曾被用作拘留和酷刑中心的国家不动产制定地籍管理簿。该登记内容包括营地所用的奇特名称、在恐怖年代的用途是什么、现在的用途又是哪些以及谁是业主。

---

　　① 该委员会，由劳尔·雷霆律师率领，根据 1990 年 4 月 25 日司法部法令创立，目的是"澄清最严重人权侵犯的所有真相"。

　　② 资料来源：人权计划，内政部。

很显然，其中大部分地方曾经并且现在仍旧归属于军队。因此，在让大众了解情况前，施密特部长将其告知给了已经代替薇薇安·布兰罗特的同僚国防部长何塞·戈尼。部长礼貌地感谢她的告知，却显得不知所措。对独裁的恐惧如影相随，他感到似乎有一枚炸弹从头顶呼啸而来。

几天以后，罗密·施密特受通信部领导胡安·卡瓦哈尔的邀请来到拉莫内达宫会谈其主张的地籍管理簿事宜。部长在其公关部领导塞西莉亚·阿尔萨莫拉记者的陪同下抵达宫殿，但是卡瓦哈尔未允许她与部长一同参加会议。

"罗密，你肯定知道我是非常亲人权的一个人，但是我不得不告诉你地籍管理这事行不通。"

"但是为什么，如果我们一直努力的话！……

"我不是在咨询你的意见，这是命令。我们不会和军队在这种问题上起冲突。"

"那好吧，如你所愿。但是我必须告诉你各媒体们已经等着明天报道正式宣布地籍的事了。"

"……那么就必须得做了……如果解释将会更糟糕。但是我需要看到你的演讲稿然后进行修改以将伤害减到最小。"

没有任何丑闻。而罗密·施密特没有改变相关政策。除了一条遗迹路线能让大家了解自然、历史和文化价值很高的场所外，还加入了一条首都内的纪念路线。跟着地图走可以参观到十四个具有象征意义的地方例如团结牧区、38 号伦敦拘留中心、国家体育场、阿拉莫斯三号和四号、布尔内斯桥（发生军事政变的最初几天用作防护墙）或是为了纪念失踪被捕人士的公墓及其 29 号院，里面埋葬着大约 200 名无名人士。

在拉丁美洲社会科学院①旁，国资部出版了一部包含本国92个纪念地的精美的影集②，很多地方都唤起了民众的记忆。

例如，在格里马尔迪宅邸中，每次米歇尔看到其中的纪念馆时，在她内心都会激起难以调整到总统状态的复杂情绪。

独裁者的终结

真相往往比任何滑稽表演都更具讽刺意味。2006年12月3日，奥古斯托·皮诺切特因突发急性心肌梗死和肺气肿被送往医院接受治疗。对于91岁高龄的他，毫无疑问这是非常严重的情况。但（不知是神的惩罚抑或是命运的可怕讽刺）挺过一周后，他于全世界都在纪念世界人权宣言发表的同一天去世。

对于这一消息米歇尔·巴切莱特已经做好准备。因为她执政期间是最有可能面对独裁者的终结。以一种特有的方式为她人生中的一段时期画上了句号。她在象征民主与平等的拉莫内达宫内，而奥古斯托·皮诺切特则成为了专制、野蛮和腐败③的代名词。

一周前她接到在布宜诺斯艾利斯的国防部部长的电话，告诉了她皮诺切特住院的消息。

"有多严重？"总统问道，"你觉得他会死吗？"

"是的，我认为从现在开始随时有可能。"

"如果他死了我们该做些什么？"

---

① 拉丁美洲社会科学院，Flacso。

② 《智利纪念：向遭受人权侵犯的被害者致敬》，影集作者亚历杭德罗·霍普（Flacso，国家资产部，智利政府，圣地亚哥，2007年11月）。

③ 奥古斯托·皮诺切特从未进过监狱，但面对三百多项违反人权的控诉，包括谋杀、绑架和酷刑。十四次无视法律，其中包括著名的"里格斯事件"，在该事件中发现有几百个秘密账户，存款超过两千万美元。2005年11月因为逃税、伪造护照和伪造公共文书罪被提起诉讼。

"已经做了很多准备了。我和伊苏列塔的协议是他不会享有国葬待遇而只是作为总司令举行葬礼，地点可以是在军校，但是不能有街道送行，而政府唯一参加葬礼的高官只有我。"

"好的，如果真发生了我们再讲。"

正如其他牵涉他的司法诉讼时，皮诺切特似乎有所好转。但是这一般都叫作"回光返照"，就等着国际人权日的那天了。

周日午餐时分，一名助手向薇薇安·布兰罗特确认皮诺切特将军实际上已经将死。她通知了总统府，但是总是不按常规办事的奥斯卡·伊苏列塔将军已经向总统进行了汇报。巴切莱特和她的部长之前已经谈过此事，但是米歇尔总是习惯询问和比较各方意见，所以又再次问道：

"你认为谁应该出席葬礼？"

"最合适的人选莫过于国防部长。"

"你认为，我不应该去？"

"当然！"

"的确。那只有你去了！"

除了这些涉及其人格的问题外，还谈论到三位前任民主性总统肯定也考虑到同样的问题，对于米歇尔来说很明显她既不能代表个人也不能代表政府出席。她不能出席一个她并不能感到难过的葬礼。

总统在家中召见了政治委员、国防部长和总司令以确认当前情况的各种细节。一段时间以前她就已经意识到，打消在军校为他修建一个宏大的陵墓以纪念他并照看好其遗体免受亵渎的想法。如果说在某一段时期有过挣扎，那就是从庄严肃穆的纪念馆到仅在军校谨慎地保存好他的骨灰，但"里格斯案件"使得保存骨灰的可能也破灭。皮诺切特的遗体不能和上千万美元的秘密账户一起留在培育下一代的军校中。

军队医院刚刚提供完官方信息（不到下午三点）数百名民众走上街头鸣起车辆喇叭，跳着舞蹈，拿出香槟在公共场所欢庆。拉莫内达宫中早已预料到这种欢快场面，但是却没有料到会有几千民众来到军队医院为他哭泣并请求让他获得国家荣誉。

一小时后伊苏列塔离开位于布尔戈斯街的总统府邸。米歇尔和她的部下则分析这样的热情和高涨的情绪能最终到什么地步。智利人在十七年间不断想要克服的分裂以一种不寻常的力量再次出现了。

到下午六点半，里卡多·拉戈斯·韦伯部长通报皮诺切特将不会享有国家荣誉，而总统也将不会出席他的葬礼，将由国防部长代表政府出席。

随着时间一分一秒的过去，欢庆逐渐演变为民众与武警的对峙和冲突。与此同时，将军的支持者不断抵达医院直到午夜过后。毫无疑问他们在尽全力显示他们的力量。为了避免街道上出现问题，在半夜时分就将他的灵柩转移到了军校。

早上八点，总统和布兰罗特部长抵达拉莫内达宫参加政治委员会并商讨如何向公众通报当前的情况。目的在于不造成更大的紧张并试图让双方均保持冷静且不产生冲突。巴切莱特身穿黑色衣服。

在开会的同时，马尔科·安东尼奥·皮诺切特坚持希望出于对家属的尊重，政府人士不要出席他父亲的葬礼。半小时后，内政部长贝利萨里奥·韦拉斯科，宣称皮诺切特是历史上"典型的侵犯人权的右翼独裁分子"。退休的军人和独立民主联盟议员坚持要求举行国葬并谈到错误、短见和冤仇。而左翼则回忆起恐怖制度下的痛苦与后果，并坚持还原历史的真相。

在军校中，降半旗，数百名将军的仰慕者扬起旗帜、放置画像和标语牌并呼喊着。早间时分，枢机主教弗朗西斯科·哈维尔·埃拉苏里斯带头唱起葬礼挽歌，歌中请求上帝"看到他一生做的所有好事"，同时"不要想着他的恶行"。

很快聚集了几千人加入到队列中以便能够进入该地方入口大厅中的礼拜堂。附近的街道挤得水泄不通而气氛也在蔓延开来。国歌奏起，是军人们只在军事政权期间所唱的关于军人的那一节，而任何反对的抗议都会被暴力镇压。一名敢于挑战独裁的摩托车手被攻击，必须由骑马的武警保护才能够离开现场。记者们，特别是外国媒体记者，则遭受到了辱骂和殴打。

从白天到夜晚聚集了六万余民众来瞻仰灵枢。

总统持续关注事件进展；对于独裁者有如此意想不到的大规模追随者而感到震惊。但她相信暴力行为不会再增加。无疑在此前巴切莱特已经预料到出现这种场景的可能了。几年前，如果没有伦敦的被捕、没有针对皮诺切特的审判、也没有"里格斯案件"，这种骚乱可能会更加极端。

薇薇安·布兰罗特发现在军队中没有人对如此多的群众感到惊讶。军人们如是期待着，只要想到所谓的军人大家庭的归属感和独立民主联盟（最亲将军的党派）获得高票数，就应该能预测到这种反应。布兰罗特立刻想到总司令关于皮诺切特葬礼在军校举行的言语：

"我会很好地控制那里所发生的情况，我会照料好一切。所以，对于我来说那里是最理想的地点。"

从周日下午开始，他就集中注意力维持秩序。

与此同时，部长担心自己必须代表政府出席的象征意义。尽管她没有向总统表达，但是却一遍遍问自己为什么民主政府必须要参加独裁者的葬礼。她不停地说服自己，虽然她也明白如果她缺席则会意味着对军队的冷落，似乎是在向他们表示你们站在一边，而政府站在另一边。她是代表政府出席的，肯定军方也属于智利人民。她意识到自己不能流露出任何情感，既不能表现出悲伤，更不能透露出喜悦、轻视或重视。

她从未如此关注过自己的衣着，但在那种场合她不能犯错。在有些文化中，白色表示哀悼。她和最亲密的朋友交谈后，选择穿黑色裙子和白色外套。

萨拉维亚将军和贝纳莱斯将军以及科迪纳上将打来电话安抚她。并向她表示没什么好担心的，第二天他们和他们的护卫队将会注意她、照顾她。

大约在凌晨一点半，一名年轻小伙在耐心等待了数小时后进入军校。他站到了将军遗体面前，聚精会神地注视着他已经肿胀的面庞，身着蓝色军服并佩戴着奥希金斯剑复制品，然后他向玻璃上吐了口水。他被立刻逮捕，但是军警选择在离军校没多远的街角将其释放。他是弗朗西斯科·夸德拉多·普拉茨，被谋杀的前军队总司令卡洛斯·普拉茨的孙子。

在万分紧张的气氛下，上午十点半过后没多久，薇薇安·布兰罗特乘坐蓝色座驾抵达军校并从后门进入。在主要入口处有人不停地喊着反对政府的口号以及对国防部长的侮辱言辞。将军的大女儿露西亚·皮诺切特，在到达后反复说希望部长不要出席。

在阿尔帕塔卡尔操场一切已经准备就绪，进来约四千人，其中包括外交官、企业家和几乎全部的反对派领导人。

三名总司令和武警领导迎接了部长，并于上午十一点整护送其就座。嘘声一片。她向前走着，与此同时，将军的儿子们（奥古斯托和马科·安东尼奥）靠近灵柩将总统绶带放在覆盖他的旗帜之上。

部长没去看也没有去听叫喊声和嘘声，她脑海中只在想她必须要做的事和要说的话。静静地，她偏离路线走向遗孀露西亚·伊利亚特并向其致以哀悼，同时确信不应当提到政府和总统。

"露西亚夫人，我作为女性同胞来到这里希望向您表示我的哀悼，"她向她说道，觉得这应该是表达真实情感的唯一方法，"我明白您正在经历最艰难的时刻，希望您能节哀顺变。"

在整整三个小时的仪式中，布兰罗特都表现得沉着冷静。这是之后几年中部里和军队对她的记忆。皮诺切特家属都忽视她，而只有将军的小女儿杰奎琳，在追思弥撒时走近她致意。

她的脸上没有流露出一点情感。甚至是在家属讲话的末尾，奥古斯托·皮诺切特·莫利纳上尉（自豪地穿着军装）发表了热情激昂的政治讲话。他不仅维护他爷爷的功绩，而且还批判对他家庭进行调查的法官们。在此时刻，布兰罗特只是看了眼旁边的总司令。"是的，部长，我很明白"，这是伊苏列塔立刻给她的回答，他也对奥古斯托的大胆感到惊讶。

然而，将军在自己的发言中仔细地观察着观众，也在尽可能的界限内称赞了皮诺切特的功绩。

活动结束后，在一片混乱中，一群真正的女性暴徒冲向部长。她被司令和他们的夫人包围着，不知道发生了什么，只听见震耳欲聋的叫喊声，感觉到她们试图想要拖拽她、掐她和打她。她的护卫队不得不将其保护出去。

她和伊苏列塔之间没有什么可客套的。她没有对他给予哀悼，他也没有对所发生的事情请求原谅。两人真正担心的是皮诺切特上尉。

当两架超级豹直升机向着未知方向将灵柩带走以避免新的抗议时，部长和将军则立刻采取行动要求开除皮诺切特上尉的军籍。总统则表现得很平静。

但是军队中的不当言论仍未结束。如果说让这位著名的孙儿隐退是一回事，那里卡多·哈格里夫斯将军则是另一回事了。

葬礼两天以后，薇薇安·布兰罗特参加在瓦尔帕莱索的军队活动时，接到与蓬塔阿雷纳斯军队第五军指挥官见面的消息。哈格里夫斯将军对于皮诺切特的去世十分震惊，他宣称支持皮诺切特的政变，并且会一直支持下去，他十分赞赏皮诺切特的人格魅力和领导力，并坚持认为智利之所以有今天也是他的功劳。部长感到愤怒并给伊苏列塔打电话：

"哈格里夫斯将军必须得离开。"

"但是，部长，发生了什么?"将军问道。

"你难道不知道他刚说了些完全无法令人接受的言论? 如果可以我发传真给你，但是最好你自己去了解下。"

"当然，我会去了解的。"

凑巧，这一天所有的将军都在圣地亚哥开会。伊苏列塔不可能不知道发生了什么。布兰罗特上了车返回首都并向总统进行汇报。

"你怎么认为?"总统问道。

"我认为他必须离开。"

"好的。"

过了一会儿她重新拨通了总司令的电话：

"部长，他没说如此过分的话。"

"不，我看过了他的声明，"部长言辞激烈地回答道，"他必须得离开。"

"但是这很复杂，他是一位伟大的将军……"

"他的确是一名伟大的将军，但是他不能发表这样的政治言论。

您去要求他离开或者我去。"

部长本人是了解哈格里夫斯将军的，而且也对他有感情。她明白在当前形势下两方存在的严重分歧，一方无法理解为何不待见皮诺切特的功绩，而另一方（以她为例）无法理解在知道独裁专制下发生的一切后仍继续拥护皮诺切特。

第二天，奥斯卡·伊苏列塔将军告诉她已经要求哈格里夫斯将军辞职，这位才刚被委任为圣地亚哥驻军司令的军旅生涯就这样戛然而止了。

皮诺切特的遗体在康孔火葬场进行了火化。已经将其骨灰坛迁至被小心保护的洛斯波尔多斯，距圣地亚哥 140 公里。

尽管存在一些骚乱，但是米歇尔十分清楚薇薇安·布兰罗特以体面的方式结束了皮诺切特这一篇章。在全世界的目光聚焦在智利时，很少有人能如此得体地面对那种情况。

但是，在评价功过的时候政治往往是残酷的。国防部长没有自欺欺人，她学会了如何阅兵，也埋葬了独裁者，但是 2007 年 3 月她正好听到了组建新内阁的传闻，她分析了形势，知道自己将要离开国防部了。

巴切莱特执政一年间，由于实施新的公共交通系统使首都的交通变得极为糟糕，圣地亚哥动乱不安。交通部长、基督教民主党人塞尔希奥·埃斯佩霍下台在即。

不仅街上骚动不断，联合政府内部也动荡不安。对于总统来说，只将埃斯佩霍剔除出内阁显然意味着将所有过错都推给他，而这也造成了一场政治危机。不应该是这样的。

3 月 26 日周一，薇薇安·布兰罗特必须前往伦敦洽谈护卫舰的采购，传闻四起。部长们互相打电话询问谁有可靠消息。其中一通电话来自和她同属争取民主党的里卡多·拉戈斯·韦伯。

"你听说什么没?"里卡多·拉戈斯·韦伯从拉莫内达宫打来电话,试探着问道。

"没,但是得走一个争取民主党人,而我认为唯一的可能会是我。"

"也可能是我。和卡瓦哈尔长时间的碰撞让我感觉非常不好。"

薇薇安·布兰罗特认为里卡多·拉戈斯总统的儿子不能在这种情况下离开。爱德华多·比特朗和强大的财政部部长十分亲近,而国资部的罗密·施密特也能够满足基督教民主党所要求的平衡。唯一可能落到争取民主党人头上的就是她。

差不多下午三点时,布兰罗特和罗德里格·佩尼亚利略进行了沟通。

"六点钟我必须得去机场然后出发去伦敦,我想知道我是否要中止行程。"

"留下来。"他的回答很坚定。

几个小时后,巴切莱特在办公室接见了她。

"薇薇安,你知道我们现在面临着巨大的政治问题,而我必须做些调整。"

"总统阁下,不用担心。我很感谢您对我的任命,而此时我也不需要您的解释。"

2008年12月10日(皮诺切特去世两年后)总统为其具有象征意义的项目之一举行了奠基仪式:记忆与人权博物馆。多少人的梦想终于成为现实:"在修建的这一处空间里,智利共和国将追忆我们所有人都承认的历史上这段最惨痛的经历:对成千上万智利人的人权的大规模和系统性的侵犯。"

四 浩劫

另一个圣地亚哥

在卡布瓜湖边的那些日子是明媚而炙热的。那是 2007 年 2 月，米歇尔·巴切莱特赤脚漫步在海边并在水中畅游。她尽情享受着夏日，也为自己充充电，这一年虽然执政艰难但结果并不坏。她已经很好地克服了皮诺切特去世带来的问题，同时她的民调支持率也在不断回升。

她读着书，享受与朋友们在一起的时光，尽量与世隔绝，尽情地放松休息。还有比这里更好的地方吗，没有电视，没有收音机，也没有日报。当她还是国防部长的时候，为了能够打电话不得不安装卫星线路。但是她现在似乎有些不平静。无论做什么，评论员和政治领导人（特别是她自己的执政联盟）总是坚持认为总统缺乏权威和领导力。在这种背景下，她无法忘记实施新的公共交通系统已经迫在眉睫了。

她不确定是否选择了一条正确的道路。和她习以为常的情况不同，她感到她没有掌控这件事的所有线索，某些细节被漏掉了。尽管已经听取了无数意见，但是她最终采取的意见并无法使她完全平静。这个大型项目必须得再次推迟吗？这些年来针对这个差劲的公共交通系统，所有人都迫切地想要解决它的不合理问题……

在执政两个月后，她已经推迟过一次来调整某些尚未明确的内容。这是她的前任，里卡多·拉戈斯总统推动的明星项目。事实上，他已经于 2005 年 10 月 21 日正式启动畅通圣地亚哥公共交通系统，当时有超过一千辆新公交车在首都行驶。

必须一次性清理这些惹祸的黄色小巴士了，这些小巴士司机既驾驶车辆又负责卖票，还为争抢一名乘客而超速行驶。他们在整个城市拼命穿梭，既不注重自身安全也不遵守法律，用尾气和噪声污染着首都的每条街道。之前，为了避免让城市瘫痪，没人敢给这厉害的猫系上铃铛，也没人敢蹚浑水。然而，在经过几乎十年的缓慢发展和无数研究后，里卡多·拉戈斯做到了。

当时，该项目进入最终阶段的倒数时期，本应在 2006 年 10 月启动，但根据交通部长塞尔希奥·埃斯佩霍的建议，最后将该日期推迟到 2007 年 2 月 10 日。

与此同时，米歇尔在卡布瓜湖边平复她的忧虑，部长们为了能加快完成这一纪念性的改革而在圣地亚哥紧张地工作着。而此项目的激烈反对者，内政部长贝利萨里奥·贝拉斯科也在首都。

2006 年 11 月突发的问题拉响了警报，一份地铁指导报告送到了总统府秘书长保利娜·贝洛索的手上。几天以前，她的顾问之一、也是部委间协调员的胡安·何塞·里瓦斯已经告诉她地铁局中因为"跨圣地亚哥"项目进入最后阶段而存在强烈的紧张不安情绪。

"据说甚至可能会有伤亡。"

"如果是这样，"部长立刻回答道，"立刻给我书面报告。"

文件在短时间内准备好了。内容令人不安，畅通圣地亚哥项目几乎成倍增加了地铁乘客的数量，达到约二百五十万人，无论车站、站台还是地铁车厢都无法承受如此大的客流量。如此大规模的人群聚集也可能会导致严重的事故和公共秩序问题。

震惊之余，贝洛索将报告交给了贝利萨里奥·韦拉斯科，他也立刻要求武警也提供一份声明。警察的观点，包括情况说明图，甚至更加令人害怕。

尽管埃斯佩霍部长很烦闷，但贝利萨里奥·韦拉斯科还是与各相关单位举行了会议（包括部长、武警、地铁部门官员），目的是为了采取必要的措施以避免发生可能威胁人员安全的状况。

与此同时，在每次总统参加的政治委员会会议上，内政部长都反对执行畅通圣地亚哥项目。在其中一次会议中更是极端地表明了他的立场。

"这将会是一场灾难，我们将失去下一届政府。当我们成为第八个死者……"

"等一下，"拉戈斯·韦伯部长意带讽刺地阻止了他，"为什么会说第八个，不如说从一开始我们就一起沉沦了！"

保利娜·贝洛索和伊西德罗·索利斯颇为冷静，他们也意识到贝利萨里奥·韦拉斯科所担心的问题，然而总统并不这样认为。面对内政部长设下的重重障碍，埃斯佩霍处理这些问题以直接面对总统，并无数次向她坚决地表示，除了某些正在解决的问题以外，没有理由为了此事担心。

社会学家玛尔塔·拉戈斯从其他角度，以更倾向于人类学的观点，向贝利萨里奥·韦拉斯科和保利娜·贝洛索呈现了在一系列调查中她所发现的问题，即大众对公交系统的期望远不同于政府的期望。她表示这可以理解为一种冲突，因为大部分人都习惯于原有的系统。人们更喜欢长距离的路程，因为这可以让他们休息甚至小睡一下。看了她的资料他惊叹道："这太可怕了，简直是恐怖片，争取民主联盟要完了！"

拉莫内达宫内的部长们确信埃斯佩霍没有提供他掌握到的所有资料。因为当有人向他提出问题时，他总能进行处理并能进行双边会议，并提出令人满意的解决方法。对谈者和部长之间已经有无数次有如魔幻现实主义的谈话了，双方都互不听取对方所描绘的截然不同的情景。各部部长如帕特里夏·波布莱特和爱德华多·比特朗（涉及道路基础设施）为了履行承诺的目标在巨大压力下工作着，但同时又要优先考虑财政部长安德烈斯·韦拉斯科设定的新目标。住房部部长持怀疑态度，而公共工程部部长则更倾向启动项目并加快解决悬而未决的问题。

巴切莱特已经和她的团队及各类专家开了无数次会议。一边是由内政部正在积极应对的公共秩序问题，而另一边是"畅通圣地亚哥"项目的自身问题，但是埃斯佩霍和不同技术人员都一再强调它的好处。

地铁局和武警处提供的各种文件，还有几十份研究报告都表明地铁系统不愿加入到畅通圣地亚哥项目中，也不愿意地铁不再是大家所向往的美丽又高效的象征，不想在高峰时期像纽约、马德里或巴黎地铁那样拥挤得令人窒息。对于专家来说，每平方米容纳六名乘客的构想不是不可能的事。另外一些报告则重点强调来自于老操作员的巨大压力——他们不得不适应"畅通圣地亚哥"系统，而保守者则永远更偏爱保持原样的东西。安德烈斯·韦拉斯科和爱德华多·比特朗部长则大力支持塞尔希奥·埃斯佩霍。

米歇尔觉得她需要做出改革性、大胆性的推动，不知多少次喃喃自语，因为想到有些事受到阻碍而要比预期有所延迟。专家们已经花费数年才设计出新的系统！假如拉戈斯可以与权力集团抗衡，为什么她办不到？

交通部部长信念如此坚定以至于他从未认真提出过再延期计划。在他某次拜访拉莫内达宫时，埃斯佩霍走进了胡安·卡瓦哈尔的办公室并请他靠近窗边望向阿拉米达大道。

"看，卡瓦哈尔，"他指着外面导致交通堵塞的黄色小巴士对他说道，"从 2 月 10 日起，我们现在看到的这一切将被彻底改变，我们将迎来一个新的圣地亚哥。"

他如此坚信着，甚至可以察觉到他为自己的政治生涯能有此成绩而感到骄傲。

然而，在卡布瓜湖边，米歇尔正不安地等待着"行动日"那天的到来。

在出发度假之前，她告诫大众他们正面临一个文化的变革，初期这可能会造成困扰和问题，但是这些问题都可通过特殊的应变方案和各方之间良好的协作得以解决。

在 2 月 10 日早上五点半这一爆炸性的时刻终于来临："畅通圣地亚哥"终于成为现实，而圣地亚哥民众们则必须学习如何使用这一不同以往的现代交通工具。新的公交车在街道间穿行，当然还有上百名武警。大部分人都还很迷茫，没有带钱时找不到 BIP① 电子卡来支付，也没见到候车站踪迹，因为车站已经不在家旁边的街角处，而是在第五个、第十个或更远的街角。许多人必须乘坐一段路的地铁，而这种方式有些人还不太熟悉，甚至有些人从未乘坐过地铁。

米歇尔收到内政部长和交通部长的消息。贝利萨里奥·韦拉斯科表达了对预料情况的担忧并具体指出应如何采取行动来维持城市秩序。而与此同时，塞尔希奥·埃斯佩霍则保证前几周试运行出现的所有情况都在预料之中。

在圣地亚哥，民众的愤怒与日俱增；问题没有改善反而似乎更加严重，每天都有更多人度假归来但是因为缺少公交车而无法将他们送

_____

① 这个名称源自每次携卡支付时所发出的声音。

回来。行程时间和等待时间增加了三倍，转乘次数简直让人觉得荒谬，同时首都大范围区域都无法到达。但是埃斯佩霍仍存有信念，并在总统面前坚持认为这些困难都正在逐一克服中。

十天之后，一位朋友来到卡布瓜湖边同时从圣地亚哥带来了一个坏消息。米歇尔专心地听着然后仔细阅读这几天的新闻报道。一会儿以后，她走向了母亲：

"妈妈，我要回圣地亚哥了，看似情况不像他们所说的。"

回程的行李很快准备好了。她感觉很困扰同时觉得被欺骗了。就好像他们跟她说她家里碎了一块玻璃，但实际上是整个家都被毁了。

留在湖边的那些人，断定是别人对她说了谎。

2月22日星期四下午四点半，宫殿守卫向提前回到拉莫内达宫重拾工作的总统敬礼。"我回来工作了"，她在进入官邸时简洁地说道。半小时前，政治委员会和交通及教育部部长、内政部副秘书长和地铁局主席已经召开了紧急会议。

不是如一些人所想的那样，总统下周一结束假期之后，向她简单地通告一下计划就能解决了事。总统不是住在空气泡沫里，她的评价是严厉的。在三个小时的时间里，她不断地发问倾听，同时要求在未来48小时内找到具体的解决办法。在其他应急措施中，她下令大幅增加时刻显示器的数量以帮助街上的民众。她的政府曾承诺保护大家，因此不能在民众无法按时上班以及花费双倍时间回家时给他们留下没有保障的感觉。

那个晚上，英国歌手汤姆·琼斯在琴塔维加拉的比尼亚德尔马节日上的表演令众人疯狂。他获颁两座火把奖杯和一个银鸥奖杯，但是他的粉丝还想要更多。在坦哥度假时，里卡多·拉戈斯·韦伯部长不失幽默地通过短信建议颁给他一个真正的珍贵奖项"给他一张 BIP

电子卡"。

一些人回忆在里卡多·拉戈斯政府期间，他的朋友地铁局主席，费尔南多·布斯塔曼特，曾向愿意听他说话的人请求不要开发"畅通圣地亚哥"项目。他甚至还去请求教育部以学校的名义提出相关问题。

巴切莱特没有将自己封闭在宫殿中。她继续出席活动并始终坦诚地与记者交流。她承认这事有缺陷，但是"畅通圣地亚哥"系统已经运行，所以职能进行改善而不是倒退。她揭露私营领域没有履行其承诺。运营者没有让他们的公交车行驶，只是将它们隐藏起来，而政府则需要使用直升机来察看其位置。

自从智利摒弃政府至上的原则将社会责任过渡给私人部门以来，这是私营部门第一次栽了大跟头。面对始终短缺的财政状况，即使该系统的出发点是善意的，但是在当前这种情况下却已经毁掉了这份善意。

批评的言辞越来越激烈，第一次有人走上街头呐喊抗议，巴切莱特解释她是如何理解政治的：即使没有获得掌声也不被理解，也必须履行承诺，出面面对，承认问题并采取必要措施应对。

然而，她没有成功安抚住大众情绪：随着三月的到来，情况变得更严重了。面包车似乎变少了而且也不会再增加；在地铁拥挤的人群中女性遭受到性骚扰；在一些主要地区发生与宪兵的冲突。焦虑、愤怒和压力正在逐渐汇集成具有爆炸性和危险性的混合物。

归根结底，这不是一场改革伊始之时会面对的轻微地震，而是一个记入史册的错误，是一场真正的浩劫。

认　错

从早到晚，电视频道都在播放着人们疲惫地行走，车站拥挤，地铁站台关闭以避免瘫痪，男男女女抗议，呐喊甚至无助哭泣的报道。米歇尔·巴切莱特一蹶不振。因为她未经正确分析而采取的公共政策让智利民众饱受折磨。"畅通圣地亚哥"已经变成每日的伤害，而且正由此一点点破坏着生活中的方方面面。

"企鹅革命"与这场灾难相比只是儿戏。而且"企鹅革命"也从未让巴切莱特心烦意乱。但是现在总统看上去既伤心又憔悴。她现在极度脆弱同时感觉到无法再相信自己。她从来没有成立过危机委员会。那些天里没有技术人员也没有政治家可堪重用。而在这种情形下，使人增加力量的确是总统不断地提问直到疲惫不堪，同时在无止境的双边会谈中搜罗各种意见。面对重大变故带来的打击，她能够获取新的力量，然后再次控制局面；面对部下们，她从未惊慌失措，也没有垂头丧气。街上怨气冲天，她则鼓励部下们来到大街上，因为她也是在那里得以恢复力量的。

她的诸多部下都自责当贝利萨里奥·韦拉斯科反对这个疯狂举措的时候没有对他表示支持，但当他们想到自己从来没有拿到过完整资料时，又不再互相指责。"我们疑惑的是为什么我们不敢于向总统谏言可能到来的灾难"，她的其中一位女部长如是认为。

巴切莱特承诺过要把政府变成人民的政府，更亲民也更能深入到人民中去，但对于现在首都所发生的一切却是事与愿违。"畅通圣地亚哥"系统现在成为对极端技术官僚统治的残酷讽刺，与她的本性和她所做的承诺完全相违背。

几周过去了，但现实却每况愈下。巴切莱特清楚地知道她不是在面对一场行业冲突而是一场巨大的政治危机。一些人说她遭遇滑铁卢并推测她可能就此下台。如果之前只是质疑她作为统治者的权威和能力，那么"畅通圣地亚哥"项目对于政府内外的反对者来说则犹如一场盛宴。右翼从几年前开始就不断制造混乱，希望自巴切莱特掌权以来就一直策划的"驱逐"①政策得以实现。争取民主联盟中起初只是持观望态度的各党派和历史性的领导人，知道他们是时候出马了。

尽管在民调中仍有不少民众支持他并肯定他在这项失败挑战中做出的努力，但交通部长必须尽快离职。总统开始计划调整内阁，她知道不能只让埃斯佩霍离开就可以了，因为将该事件归咎于基督教民主党会让政局更糟糕。

伴随着死伤的社会动荡不停地困扰着拉莫内达宫。贝利萨里奥·韦拉斯科没有休息，他察觉到民众的愤怒并非失控。三月中旬，塞尔希奥·埃斯佩霍没有在总统府出现过，他只和安德烈斯·韦拉斯科沟通过，而采取的各项措施开始对经济和公共财政产生影响。

到3月底的时候街道仍旧持续拥堵，但在政府内部终于第一次松了一口气：可以确定的是虽然人们仍遇到不少困难，但是已经可以从一个地点到另一个地点，工作缺勤率也很少，生产力也没有下降。

各政治领导人，例如社会党人卡米洛·埃斯卡洛纳，里卡多·努涅斯和卡洛斯·蒙特斯，根据当前形势帮助总统把好方向。必须要将"畅通圣地亚哥"项目和政治分开。为此，内阁必须经历大换血而公共交通系统则需要一名有宽泛职权的负责人。同时在她较为亲近的圈子中，弗朗西斯科·哈维尔·迪亚斯、罗德里格·佩尼亚利略和胡安·卡瓦哈尔在努力研究是否需要承认错误。

3月23日星期五，总统从危地马拉、墨西哥和巴拿马访问归来。其他部长如比特朗和埃斯佩霍也参与到她与政治委员会的会议中，埃

---

① 这个观点出现在《驱逐：2010年为什么中左翼政党联盟必须离开》（El desalojo: Por qué la Concertación debe irse el 2010）一书中，该书出版于2007年，作者是参议员、民族革新党人安德烈斯·阿尔曼德。

斯佩霍完全保持沉默，同时听取众人讨论寻找一名公共交通系统负责人的必要性。安德烈斯·韦拉斯科提名基督教民主党中举足轻重的勒内·科塔萨尔为负责人。尽管他是一名杰出的经济学家，但在帕特里西奥·艾尔文政府执政期间担任过劳动部长，之后成为国家电视台领导，然而总统表示她对此人不是太了解。有些人对此感到震惊同时认为这是她又一个软肋：她不属于左翼富人精英团体（redset），这个圈子里全是因为社交聚集起来的左派和基督教民主派富裕阶层精英。米歇尔要求获得更多背景资料，她需要知道关于他的一切。她不能在这方面重蹈覆辙。

财政部长离开会议，他给科塔萨尔打了一通电话，试探性地询问后者是否准备当交通界的沙皇。

"街上现在存在的问题，"这位经济学家坚定地表达了自己的观点，"必须要政府内部以明确的立场去面对，不能只是创建一个职位，应付这些问题。"

"这不是创造什么的事情，"韦拉斯科解释说，"我们在拉莫内达宫和总统以及一些部长讨论了这个问题。"

"我认为这不是一个好方法。"

科塔萨尔很了解政府，他知道除了给他这个高帽子外，若没有一个政府立场或者受认可的签名、办公室、预算以及人员，那他只是一个空壳。他记得在拉戈斯总统执政期间，社会学家赫尔曼·科雷亚曾炫耀其"畅通圣地亚哥"项目的总协调员这一头衔，但他从未获得职权和资源来进行操作，甚至都无法自主租赁一套公寓。

政治委员会的会议一直持续到深夜。研究紧急引进新公交车的办法，但根据比特兰的说明，只能从巴西和捷克引进，但都没办法在短时间内办到。大家一致同意同巴西采取外交行动。巴切莱特借此提醒在座的各部长不能提前大崩溃。对于所有人来说，显然巴切莱特访问归来后已经为这场重要政治行动中的最后一击做好了准备。

与国防部长一样敏锐，保利娜·贝洛索在总统访问期间就已经分析清楚了局势，并在总统回国的前一天开始整理办公室以腾出给继任者。她取走画、照片和书，甚至与她团队的部分人开会以说明她的分析。为了克服这场如此深刻的危机，变革必须要彻底，为此，必须有一名部长离开拉莫内达宫：虽然许多人将这场灾难归咎于前总统，里卡多·拉戈斯·韦伯是前总统的儿子，贝利萨里奥·韦拉斯科虽然同埃斯佩霍一样都是基督教民主党人，但他也是唯一公开反对"畅通圣地亚哥"项目的人，而且他于几个月前刚刚就职。

尽管收到谈判缺乏灵活性并稍显笨拙的责难，但是总统总秘书部部长并不怀疑她的处理成果。在这一年期间政府颁布了 76 条法律（争取民主联盟政府取得了最多的数量）① 其中对于总统来说有象征意义的，例如调整最低养老金这一重大举措，承认迪亚吉塔民族，制定分包和临时工作的规则，制定国家高等教育质量保障体系，扩大职场母亲的权利，允许她们在没有哺乳室时也可给小孩哺乳以及改革宪法建立二次转型阶段的幼儿教育。但是，她也知道任何成绩都不会影响她离开拉莫内达宫。

即使已经在这个时间点了，但是安德烈斯·韦拉斯科在结束周五的会议后又给科塔萨尔打去了电话，并请他于第二天到总统位于布尔戈斯街的家中会谈。

米歇尔独自一人，热情地接待了他，一刻也没有耽误地直奔

---

① 根据国会图书馆文档，在米歇尔·巴切莱特和爱德华多·弗雷总统执政期间的第一年颁布了 76 条法律，而同一时期的帕特里西奥·艾尔文总统则为 73 条，里卡多·拉戈斯政府为 50 条。

主题。

"对发生的情况你是怎么想的？"

"事实上，总统阁下，我只知道已被公开的资料内容。"科塔萨尔承认道，"我不了解具体细节，但是我觉得这件事非常特殊。智利建立了很好的公共政策并以此为特点，无论在某些方面认同与否，但确实做得很好。而这事却非常不像我们的所作所为，令人大失所望。"

谈话以一种坦诚的基调展开，达成了明显的共识：这是严重且复杂的困境。他们俩谁都无法自欺欺人也没有弱化问题。米歇尔观察并评估着这位专业人士，科塔萨尔几乎和她同龄，是一位水平高，思维敏捷，反应很快，不偏主题的知识分子。最后，她问道：

"如果有需要，你是否准备好担任政府职务？"

"是的，当然。"这位经济学家回答道，他明白总统已经知道他不愿成为沙皇或者恺撒，仅仅是想当好部长而已。

在走出总统府时，他面对了几十名记者，但众多媒体人最终没从科塔萨尔口中撬出一句话。他虽不太清楚总统对于这个职位是否还握有其他牌，但是这位经济学家一秒都没有迟疑地就表明了他接受的态度。

在他驱车离开此处时，思量着这场灾难到底有多大规模：受影响的人有五百万！他在想如果这项挑战失败了他绝不会原谅自己。对失败的害怕，是他拒绝承担这个职务的唯一理由，而非个性问题。但他乐意接受没有保障结果的风险测试，尽管近段时间他和私人企业有联系，但他清楚自己的任务方向只是满足公共服务。犹记得在 1990 年担任劳动部长时，那时他刚 38 岁，国家已经恢复民主而他的工作就是平复几乎二十年间劳动者被抑制的需求。也就是从那时起他学会了谈判的艺术。

在周末的时候，米歇尔仔细阅读了媒体关于《交通界沙皇》的推测文章，同时她还注意到，二人之间的对话内容并未被泄露，这令米歇尔非常满意。

26 号星期一这天在拉莫内达宫中是紧张的一天。米歇尔于上午八点抵达总统府，走近已经等待着一群记者的房间。她仅向记者确认当天有多场会议安排，按照惯例，悬念会留到最后。部长们猜测着，但是并不了解最终的方式是怎样。然而，在这种情况下各党派领导人于下午四点被召进总统办公室。有些人甚至没有能够去到她的办公室，因为就在几分钟前他们才刚结束与贝利萨里奥·韦拉斯科举行的长时间会议并离开内政部。

巴切莱特突然这么严肃地并以这一特殊的方式接见他们，完全没有一点往常的幽默和微笑。她甚至没有开场白，她对当前面临的困难和毫无帮助的评论感到困扰。她告诉他们将会有大变动而且涉及所有党派，这时候她需要展现魄力，同时还需要整个联盟的明确支持。

几分钟前她打电话给勒内·科塔萨尔让他负责交通和通信部并告诉他宣誓时间在今天下午。但是，由于时间紧张所以无法完成所有计划的流程仪式，必须得推迟到明天。

在无法得知谁将继续留任谁得离开的情况下，部长们在约下午六点钟陆续抵达总统府。

筋疲力尽，垂头丧气，塞尔希奥·埃斯佩霍伤心地离开了，但是他仍然认为在这场迟到了几十年的改革中自己已经尽力做好了，而其中需要付出的政治代价也是不可避免的。不仅国防部部长薇薇安·布兰罗特，还有拉莫内达宫入驻的第一位女部长保利娜·贝洛索，看上去都很肯定自己将会离开。

米歇尔明白调整是否见成效将直接关系到她的影响力。让内阁两位最有权势的女部长下台并加入新成员并不是件小事，此外，政治委员会其他离任成员有司法部长伊西德罗·索利斯，事实上她和这位从未有过很好地沟通。

但是她想要的远不止重建内阁，在将四名下台的部长替换成各党派有经验的人士后，她还建立了两个新部门：安娜·丽娅·乌里亚特律师负责环境部门，而伯克利大学经济学家、医生，同时也是争取民主党人的马塞洛·托克曼则负责与矿业部相关联的能源部。①

按照总统保密惯例，完整的名单在晚八点过后才会公开，因此已经很难组织新任部长的宣誓仪式了。在蓝色大厅里，发言人里卡多·拉戈斯·韦伯将资料公布给已经期盼了一整天的记者们。除了关键人物（勒内·科塔萨尔）加入内阁的还有负责司法部的激进派人士卡洛斯·马尔多纳多；从墨西哥大使转到国防部的争取民主党人何塞·戈尼，以及社会党人何塞·安东尼奥·维埃拉-加约，他曾是萨尔瓦多·阿连德总统执政期间的司法部副秘书长以及民主时期最初十六年的议员。

但是在动荡不安的那天还少了一个令人大吃一惊的压轴人物。九点过后不久，米歇尔出现在镜头前向全民承认错误。

"很少会有一名总统站在全国人面前说：有些事确实没有做好。但这却是我今晚就'畅通圣地亚哥'系统要说的。"她坚持道。

她身着红色衣服，戴着项链和珍珠戒指，看上去悲伤而感动，带着感性而略微颤抖的声音。她承诺永远只讲事实，那个夜晚就这样结束了，最终感动了她的许多同胞，但是却惹恼了政界。在推出了破坏

---

① 凯伦·波尼亚奇科仍留在矿业部。

上百万人民生活的公共政策，并对此承认自己领导的政府所犯的严重错误后，可能很少有统治者能继续维持权力的。

总统对没有分清设计（出自前政府的构想）和建设是两回事而承担了责任，但是她还补充说到企业家并没有履行他们的合同。这是一次符合她身份的演讲，对大众的疾苦感同身受，同时又充满着驾驭坦克般的能量和韧性。此外，她下令并要求获知具体的结果。

电视镜头前，未来的部长勒内·科塔萨尔在仔细听着，当总统（正如他们之前谈到的）指出所有都很糟糕而她的工作要从多个方向来开展时他松了口气。他现在确定了在镜头面前巴切莱特正如他私下了解的一样是如此强硬而直接。

米歇尔知道她拥有的最有价值的东西就是她的信誉。她清楚地知道环境会让人否定自己所处的戏剧般的生活，正如在和平与宁静中发展的智利，曾有成千上万个家庭正在饱受人权的侵犯却不为人所知。她不想弱化人们正面临的问题与忧虑。

该死的迷宫

"畅通圣地亚哥"所产生的危机开始后一个半月，勒内·科塔萨尔担任了交通部部长。与此同时危机不但没有缓解反而继续加深。他很快得出结论，即这种程度的问题不是仅仅将所有细节集合在一起就能解决的。

但这并没有打击到他，他坚信所有的公共政策都可以成功，因为这不取决于参与人是谁而取决于游戏规则是否适当。"难道我们智利人民在80年代和90年代间都基因突变了吗？"他常常会产生这样的疑问，然后又会自己回答，认为哪怕是同一拨人一旦使用不同的规则，智利就会发生相应的改变。带着这样的信念他坚持认为在世界上没有哪个社会被认为注定是失败和贫穷的，需要发现的关键点在于哪些才是产生积极协同作用的正确方式。

在分析"畅通圣地亚哥"项目时，他觉得几乎所有的规则都是错误的。部长不是交通方面的专家，但是从他看上去有点书呆子气的娃娃脸上，其实是可以感觉到他是有能力制定一项有效的公共政策的，甚至他仿佛有能力和恶魔谈判而使所有人都能共同回应这一计划。但是，目标，对他来说还是有些难以实现。

老的交通系统如同纠缠在一起的面条，人们在糟糕的迷宫中通行还会碰上没有出口的死胡同。错误和谬论的数量几乎在众议院调查委员会①的报告中占了超过700页的篇幅。现实甚至超过了小说家卡夫卡的想象力。

自项目启动伊始，就联合了一群包括交通专家、商业盈利专家以及政治权威，但要命的是尽管他们都有良好的愿望，觉得自己无所不能、人定胜天。可是这就好像抽奖一般，没有一个高职位的人既能起到真正的协调作用，又有纵观整体的客观目光，虽然职位高的人可以做出决定，但同时又取决于在每个关头谁更有权力。

科塔萨尔就像落在一片燃烧的荒野中，火焰从四面八方向他袭来。缺少面包车，因为已经将原始计划的6500辆车降至4500辆以便获得更多的商业利益，同时吸引企业家。减少了出车频率并将出车线路减少至220条而实际却需要320条。为了照顾到每个经营者的利益，主干道增加的公交车不能从一个区域行驶到另一个区域，从而人为地成倍增加了转车次数。更糟糕的是，现有公交车不在街道上，车

---

① 2007年6月5日，以82票赞成，众议院通过了特别调查委员会的建立，该委员会致力于分析在"跨圣地亚哥"的设计和实施中所犯下的错误以及因这些错误给首都公共交通服务的用户以及国家资产所带来的伤害。

辆只是从车站出发以便让监督员看到，随后就转个小圈再从后面偷偷地溜回车站。此外还承诺支付运营者固定的费用，为此，如果你是生意人，为何还干活并且浪费钱在燃料和司机的劳务费上？初期，上路行驶的公交车还不到 2000 辆。

没有方法来确定哪条线路出车而运送的乘客又有多少。"跨圣地亚哥"财务管理局（AFT），只是简单地没有履行合同。既没有安装 GPS 系统来核查出车线路，也没有车辆控制系统来确定每辆车的收费金额。直到最后关头，"畅通圣地亚哥"财务管理局（AFT）仍向官方肯定地表示只差几天就一切就绪了。但是三年以后，仍然没有完全履行当初的承诺。制裁可能会让其吃苦头，但是也不能获得最终的解决办法。

好像运营中的错误还不够似的，通信公司在没有告知的情况下就承诺提供一个田园般美好的公共交通。使用足球明星伊万·萨莫拉诺为其官方形象代言人，"跨圣地亚哥"变成专为商务人士在首都提供舒适交通的工具。而那些形象只会增加愤怒和失望。

科塔萨尔现在手上既没有胡萝卜也没有大棒，既不可能提高收费也不可能收取罚款，因为没有 GPS 就无法证明公交车是否出车行驶。但是即使假设该技术已投入使用，而公交车的数量也是不够的。同样也没有足够的专用车道，没有足够的带 BIP 卡检票器的候车站。在成为部长的第三周他发现了一个新的意外情况：用来运作"畅通圣地亚哥"的资金到 5 月 10 日就要用完了，也就是还有不到两个月。

一切都如此紧急：购买公交车，安装高科技设备，更改合同，建造隔离道同时获得更多的资金！但是其中没有一项是可以一天就搞定的。而且也不可能现在就停止这个疯狂的项目回到从前，就好像它从来没有发生过一样。

科塔萨尔从周一到周日不停地工作着，几乎没合过眼。这位虔诚的天主教徒，祈祷能够维持平衡。直到最后时刻他都不愿意问自己为什么会走到这一步。他要做的就是让系统运作起来。

巴切莱特一如既往地直接和这位新任部长进行沟通，在前几次会议中他惊讶于她所获得的资料水平之高。在经历了最初的两个长时间会议后，他们确定两人每周都要进行会谈而且这也不仅仅只是官方会面。她完全进入到会面内容中去，听着，问着，要求具体的资料，在她必不可少的笔记本中记录着，同时回应科塔萨尔在街上所见到的所听到的内容。

她深入了解人们的日常生活，了解埃尔博斯克区候车站的细节、地铁某些站台窄小的面积、还有必须准备好的隔离道为什么还未开始投入使用等内容。

面对人们的焦虑和不安时她会流露出悲伤。她坚持强调当前正在受到影响的是中下阶层民众，而他们始终需要更多的支持，也正是他们始终相信跟随她生活质量会变得更好。正常情况下（无论冲突的大小）一位总统都不会每周单独会见一名行业部长一个小时。科塔萨尔理解巴切莱特会一直按照这个方式和他会面的。二人一致认为当前形势敏感而脆弱。

民众愤怒的身影一再出现在每个电视报道中；同时，纸媒在2007年，仅第一季度就刊登了超过850篇关于"畅通圣地亚哥"的文章。这种舆论压力能在任何时候触发大规模的社会反应。

5月14日星期一，一大清早，部长在专心准备必须上报给总统的工作进度表。现在他的想法是由他在5月21日之前来宣布这一内容，因为她必须在全会上面提交她的第二份工作报告。

"我想向你提供一份有措施和日期的详细计划。"几天之前科塔萨尔对她说道，"我认为必须是由我来公开这份计划以将焦点从'畅通圣地亚哥'上面转移到我这儿，同时减轻您在演讲中的压力。"

"你确定能完成？已经没有重蹈覆辙的余地了。"总统回答道，她知道自己的民调从三月起就急转直下。

"我会尽一起可能。但是，就我看来，当前走出危机最重要的一步是给民众一个明确的答案，一个最终且可信的期限。我以为，总统阁下，地狱之所以是地狱并不是因为其本身，而是因为它的永无休止，地狱也因此而成为最可怕的地方。"

然而，那天早上恐怕更糟糕。八点半过后，电视开始直播报道民众已经爆发且无法控制的愤怒。因为一节车厢门损坏（乘客过多导致的结果）导致圣巴勃罗和洛斯埃罗斯之间的地铁站关闭。大量人群开始涌上地面，与此同时因为无法继续通过地下和地上前行而导致民众情绪激动。

电视报道显示成千上万的人为了让交通瘫痪堵住了阿拉米达街道，同时宣泄他们对于"畅通圣地亚哥"的愤怒。拥堵是以公里计算而武警们选择使用催泪瓦斯来驱散人群，这引发了更多的愤怒、打砸、昏迷和哭喊。

科塔萨尔静静地观察着，拉莫内达宫也如是。现在民众的不安情绪已经到了一点就着的边缘，会在一瞬间演变成灾难。一个摔跤、一场意外，就有可能引发伤亡。幸运的是，细致的贝利萨里奥·韦拉斯科贡献了有效的工作成果。但是所发生的一切也证明了人们已经不能再等下去了。米歇尔和她的部长也都明白这个道理。

然而，对于其他人来说这不是时间问题。对于公交车生产商，对于科塔萨尔协商更改合同的运营商，对于没有采用最低技术的"畅通圣地亚哥"财务管理局，对于一方面叫嚣着情况紧急而另一方面比起真正解决公交问题更关心竞选红利的政界来说，这都不是时间问题。

5月19日，科塔萨尔肯定地表示"畅通圣地亚哥"将在年底正常化，同时宣布未来的方向，包括在高峰期增加公交车数量，确定夜晚运行时间，灵活安排线路，为地铁局投入新的列车，建设2700个候车站，大规模安装GPS同时要求到九月份90%的车辆要投入工作。

尽管成功将压力减下来，但是部长不想自欺欺人：当前所做的工作如同沧海一粟。现在重要的是还未公开的消息，即关起门来协商如何修改合同以便不再束手束脚。

没过多久他明白如果只有更多的公交车和更多的出车线路却不控制其运营，则一切仍将毫无改善。他的主要目标是"畅通圣地亚哥"财务管理局。然而，他没有找他们的总经理恩里克·门德斯，而是直接找到提供承诺服务的中标方：不多不少正好是本国四家主要银行——国家银行、桑坦德银行、智利银行以及信贷与投资银行，零售信用卡最大运营方CMR法拉贝亚，以及松达科技公司。

科塔萨尔召见了这六家公司的主席，彼时他们还隐藏在"畅通圣地亚哥"财务管理局背后并且在这场灾难中被忽视掉。他们才是没有按承诺提供服务的责任人，他们需要让公交运营者的公交车上路，以确定车辆在哪儿行驶，行驶速度如何，载客数量，应该给每个企业支付多少。的确还缺少公交车辆，但是如果该有的技术设备都装上那至少还可以让它们上路行驶并且调整出车路线。他们承诺到2006年一切准备就绪，然而到2007年5月甚至都还没有安装足够的GPS。

作为开场白，他向"畅通圣地亚哥"财务管理局要求了两份保证书并以强硬的口吻告诉他们当前的情况。

"当前发生这一切的责任不属于中小企业的公交车公司主人曼努

埃尔·纳瓦雷特先生，而属于国家银行、智利银行、桑坦德银行、信贷与投资银行，是你们占用了资源。现在做你们该做的，24小时内要安装好GPS。如果有必要你们甚至给我把它们安装在商务椅上！似乎你们还不知道这个社会压力意味着什么。"

部长不想和负责提供技术支持的合伙人"畅通圣地亚哥"财务管理局以及松达上级谈话。也许你会认为一名官员没有仔细工作或者没有足够能力工作，但是你却不会想到最大的领导也是无知的。"今天甚至连街头卖花生的船形小车都装GPS了！"他向合作方吼道。

"畅通圣地亚哥"财务管理局成员视畅通圣地亚哥项目为吸引上百万低收入新客户的契机，然而到现在都还没有吸引到这些客户。野心有时只会让人得不偿失。国家财务系统每天约有75万笔交易，而畅通圣地亚哥项目则涉及1000万到1200万笔交易，其中一半集中于上午两个小时的高峰时刻。在国际上很少有公司能够管理如此大规模且复杂的运作而不让"系统崩溃"。尽管很难相信，但是这种规模的项目招标竟然不是国际招标而只是银行简单地押注，他们认为松达是水准足够高的公司。但事实并非如此：该公司没有聘用任何在这方面受到国际认可的技术运作方。不只如此，2007年2月10日，车辆管理系统说明书还没有从葡萄牙语翻译过来①。

在与银行官员的会议中，勒内·科塔萨尔用人们自己说的话描绘了当前的情况："最糟糕的是我到了候车站，同时经过了三个面包车，我都错过了，而我却等了二十分钟后才又来了一辆！"

"然而这是只需一套车辆管理系统就能解决的事。"他如是判定道，"必须通过GPS来建立它，通过特殊计算机、无线电、负责通知

————————

① 资料来源：众议院用来分析"跨圣地亚哥"项目在方案设计和实施过程错误的特别调查委员会的报告。

的人员以及有效的组合！但是现在，你们不能再让拥堵继续下去，也不能让公交车都走同一条线路。我们还有时间来最终安装一套世界级的系统。"①

约谈的各位已经清楚地知道如果不想让他们久负盛名的公司被指责为这场灾难的主要负责人，那么他们必须要全力投入并协助解决问题。

在最大可能的监督下，公交车公司一点一点慢慢地更改其合同。这不会很容易也不会很快。在八月中旬签订了新的游戏规则：三周以后，行驶的公交车奇迹般的从 4600 辆一跃升至 5500 辆。这个，当然，是没有引进新公交车的情况下，因为此时还在为新公交车办理手续。

如果某人可以从某项决定中收获利益颇多，但要说服他放弃这一决定而换成获得较少收益的决定，不得不说这几乎是不可能的。最不愿放弃收益决定的人不是老到而圆滑的智利企业家们反而是外国人。

这几个月，科塔萨尔接待了从伦敦或东京过来的高层向他们解释不能更改合同的原因，是因为合同与银行多个信贷捆绑在一起。冷如冰山，部长像恐怖片一样冷冰冰地回答说：要么修改条款，要么就让投资者陷入泥淖、最终失去一切。

米歇尔每周都听取部长的报告。他用数据肯定了事件的进展情况，分析出需要清除掉的阻碍，与此同时，在需要公共资金推进的时候观察政治领导们（不管他们的意识形态立场）是如何为他添砖加瓦的。

前总统爱德华多·弗雷在其党内获得支持，同时公开建议公共交

---

① 在巴切莱特政府结束时，"跨圣地亚哥"系统启动三年后，交给德国公司 IVU 的最终系统仍然没有运行，该公司在柏林，罗马和维也纳等城市提供该类性质的服务。

通国有化。尽管万分苦恼，但是巴切莱特清楚如何调动政治利益。许多时候国有化听着好听，但是解决不了任何问题。政府不是魔术师，能在瞬间变出更多的公交车、改善技术和减少开支。

面对可能全线崩溃的紧急状况和风险，科塔萨尔向地铁局申请借款八千万美元，但被告知审计署认为这是不当之举。地铁局主席布拉斯·托米克同样不同意这样运作并辞去职务。整个政府致力于协商出一项新的法律以保证提供资金来完成第一年的运行。

军政府时期的前财政部长罗尔夫·吕德斯明确地说道："因为项目实施糟糕而需要批准资金的这个想法让我感到厌恶。"在争取民主联盟内，争取民主党人帕特里西奥·阿莱斯毫不客气地说他的投票"不是为了填补财务漏洞的，而是为了确保系统能够运行。没有确定的事，不要和我说"。

在一场又延长五小时的马拉松式的参议院会议中，老练的协调员何塞·安东尼奥·维埃拉-加约部长发现这些协议与前任政府的协议不一样。现在，正如基督教民主党人阿道弗·萨尔迪瓦所做之事，甚至两名执政联盟中的议员都可能在最终时刻投反对票。经过曲折的协商，终获得需要的 2 亿 900 万美元。但是国库拨付升至 5 亿 8 千万美元，因为政府不得不承诺开发类似金额的地方项目。这获得了右翼独立人士麦哲伦地区参议员卡洛斯·比安奇、塔拉帕卡地区参议员争取民主党人费尔南多·弗洛雷斯的投票支持，而后者已经因为组建自己的组织——第一智利，而离开了该党派。

在他的参与下，基督教民主党参议员要求财政部和公共工程部部长辞职，同时宣称："为了五百万因'畅通圣地亚哥'项目而饱受侮辱和折磨的智利人民，我投反对票。"

米歇尔入主拉莫内达宫时已经尽可能与领导基督教民主党的萨尔

迪瓦保持良好关系。她甚至断绝与索莱达·阿尔韦亚尔的关系，而索莱达在第二轮选举也没能担任其竞选阵营的委员长。然而，阿道弗·萨尔迪瓦始终想要更多，他也认为自己可能是总统背后更有权力的男人之一。

萨尔迪瓦并未遵守支持政府的决定，很显然他希望自己能从基督教民主党中被开除。索莱达·阿尔韦亚尔也很明白这个结果，而她已经将背景资料递交到最高法院并准备重新夺回其在政党的领导地位。几个月后，萨尔迪瓦如愿以偿，在 2007 年 12 月被开除党籍。①

巴切莱特提醒道对她领导的政府的猛烈抨击不会影响"畅通圣地亚哥"项目的发展。科塔萨尔交给她的客观数据不是用来改变人们的看法，更不是用来安抚政治情绪。

2007 年 6 月至 9 月，等待面包车超过十分钟以上的民众比例从21% 降至 11%；等待超过二十分钟以上的比例则从 4.4% 下降到2.1%。与此同时，通过 BIP 卡支付车票的次数从每日的五百万次增加到六百万次。然而，在同一时期（取决于不同的评估方式）超过三分之二的民众仍然继续反对新系统。沮丧感和情绪的影响非常深以至于在六个月后，即使系统有了改善，但是对它的评价依然在恶化。

同一时间，巴切莱特的支持率直线下降到其最低水平，而反对其继续执政的民众数量远大于支持她的人民。②

"畅通圣地亚哥"变成了贬义词，而政府内部没有人再提起这个项目；只是简单地称其为圣地亚哥的公共交通。也有不少媒体从业人

---

① 2007 年 12 月 27 日，在经过六个小时的审议，最高法院因为"已经与联盟达成协议"以及认定其"非法联合"并"勾结腐败"而在索莱达·阿尔韦亚尔的带领下，下令将其开除党籍。

② 根据 Adimark – GfK 公司的每月调查，2007 年 9 月总统米歇尔·巴切莱特的民调水平到达最低，支持占 35.3% 而反对占 46.1%。在圣地亚哥，支持比例更是仅到达 26.9%。

员建议更改其名称。这类事情也让部长心力交瘁。他甚至不想在这种事情上费脑子。"这不仅是对民众的嘲笑，"他对建议者说，"而且可能在没有明确改善的情况下成为危险的导火索。"

随着时间的流逝，和勒内·科塔萨尔的谈话除了有关交通以外还包含了其他内容；米歇尔知道部长自己没有日程簿，她开始越来越重视他的政治观点。因为尽管"畅通圣地亚哥"对她领导的政府来说是最坏的打击，但是巴切莱特还要遭受其他冲击，例如对政府官员和中左翼政党联盟中各党派成员腐败行为的长期检举，科德尔克公司分包商的暴力抗议行为，多个劳动冲突的爆发，托科皮亚北部城市 7.7 级的地震以及导致巴塔哥尼亚全部民众疏散的沙伊顿火山喷发。①

大量的高价铜矿使得国库充盈，但这也刺激了许多领域，同时也向企业家们发出了警示。天主教堂声称需要为更多贫穷的劳动者提供"道德工资"，而大企业家们则非常气愤，把当前的形势描述成世界末日。人们谈论权力真空，谈论共同参与执政的议员们，还谈论总统缺乏作决定的能力，表示已经无法再对她抱有任何期待了。

这些观点中的大部分和中左翼政党联盟中各党派领导人的意见如出一辙。在高度机密的会议中，米歇尔没有压抑住心中的怒火。一般情况下她都能坚忍承受轻蔑，哪怕争取民主联盟的领导们直言不讳地表达他们希望获得更多的权力和声望时，她也只是皱下眉。

面具掉落

大多数政界精英都认为：与总统及其领导的政府紧密相连的"畅通圣地亚哥"项目像没头苍蝇一样不可理喻，也意味着争取民主

———————————

① 2008 年 5 月初，考虑到所有沙伊顿居民以及在富塔莱乌和帕莱纳区可能遭遇到的巨大风险，内政部下属的国家紧急情况办公室疏散了八千民众。

联盟的权力终结。

巴切莱特必须面对反对派，而他们的唯一的目标就是入主拉莫内达宫。这已经不是提供几餐美好的食物就能达成共识的事了，如同自从重回民主时期以来所发生的事情，右翼一直觊觎 2010 年选举，而其也确实是一个强硬的对手，如果要他们交出自己的选票则需要付出高昂的代价。

直到她执政的最后时期，畅通圣地亚哥项目对于反对者来说就像一匹战马，但是对于同盟者（或者说是所谓的同盟者）来说也同样如此。

科塔萨尔没能为畅通圣地亚哥项目在 2008 年的预算中争取到资金。议会对于该项内容仅批准了"一千比索"，同时强制探讨针对公共交通系统的一条特殊法律。然而，每当协商委员会准备将一项协议正式成文（甚至已经被审核至最小的细节时）某个反对派领导就会准确地发现某一点，并从这点出发推翻整个协议。问题不在于技术层面而是政治层面。右翼在想办法"驱逐"，而软弱的协商人员之一、民族革新党人议员克里斯蒂安·蒙克贝格[1]也对此公开表示承认。为了朝这个方向继续前行，右翼会不停施压直到获得该胜利，他们的战略是强迫政府使用备留给大灾难的 2% 的宪政权力。

米歇尔拒绝接受这一压力。勒科塔萨尔向国家银行请求信贷，然后向一家 BID[2] 银行申请，而这导致出现丑闻使得信贷申请被多延长了一年。尽管其实审计署对此操作并无异议，但是反对党仍找到宪法法庭并成功使得该笔贷款被贴上违宪的标签。

2009 年 1 月，畅通圣地亚哥项目的损失超过十亿美元，迫使米

---

① 《信使报》，2008 年 7 月 13 日。

② 泛美开发银行。

歇尔不得不使用抗灾基金。在最终批准该公共交通系统救济款上，右翼仍然拖延了好几个月①。八月初，总统大选前差不多五个月时，这个话题令反对党候选人塞巴斯蒂安·皮涅拉极为不适。

仅仅是拖延似乎还不够，当具体履行承诺的时候，皮涅拉先于政府宣布了最终解决方案，并独揽功劳。在全面竞选活动中，勒内·科塔萨尔知道这不仅伤害了总统还伤害了整个争取民主联盟。然而，他没能撼动塞巴斯蒂安·皮涅拉的主角地位。在塞巴斯蒂安的弟弟、国家银行总经理巴勃罗·皮涅拉的组织下，塞巴斯蒂安召开了一场紧急会议，表达了愿意和解的态度。如果这场会议能在 8 个月之前就召开，那么只是选举中的一个小插曲而已，拖到现在却成为了大事。

然而，在执政党中，从巴切莱特执政开始混乱就一直是不断加强的主旋律。在第一个阶段米歇尔就尽可能履行执政联盟领导的角色。她定期与四个党派领导会谈，在赛罗卡斯蒂约宫举行工作会议，一直都尽她最大的努力，但是结果却不尽如人意。

"畅通圣地亚哥"项目的打击是如此巨大，它撕掉了所有人的面具，包括争取民主联盟里的所有人。筋疲力尽的党派团体全都暴露无遗，没有方向、脱离民众、投身格局小气的内部争斗以获取劳动和选举利益，并将其本末倒置地用在选举机制中。

除了执政联盟中最小的激进党，其他三个党派都面临血淋淋的瓦解。争取民主党没有了参议员费尔南多·弗洛雷斯，同时也没有了主要成立者之一、前众议院主席豪尔赫·绍尔松。在基督教民主党中，参议员阿道弗·萨尔迪瓦带着五名议员出走②。社会党人之间也逐渐

---

① 2009 年 9 月 1 日颁布了 20.378 号法令，该法令确定了"跨圣地亚哥"项目的补助内容，规定提供长期资金以补偿学校和转乘费用直到 2014 年。

② 佩德罗·阿拉亚，爱德华多·迪亚兹，海梅·穆莱特，卡洛斯·奥利瓦雷斯和亚历杭德拉·塞普尔韦达。

分崩离析。第一个带人离开的是参议员亚历杭德罗·纳瓦罗，之后是历史性领导人豪尔赫·阿拉特。最后是年轻的议员马尔科·恩里克斯-欧米那尼，他单独参加了总统竞选，但最终因揭露糟糕的中左翼政党联盟成员（事件）而结束。

这仅仅是可以窥见的冰山一角。帷幔背后，米歇尔尽可能保全她优先发展的政策焦点，同时还要带领着政府前行，而政府中的议员和领导人们不仅不是完全忠诚的，甚至还有一些针对她搞阴谋的人。因为当他们没有对总统的重要项目投赞成票时，那岌岌可危的就不是议员或参议员的个人名声了，而是整个政府的稳定。这种情况之前也发生过，例如，社会党人卡洛斯·奥米纳米，基督教民主党人阿道弗·萨尔迪瓦以及激进党人尼尔森·阿维拉就资本加速折旧投了反对票，使得财政部长栽了跟头。不只于此，在她早期的内阁中也有部长做出了类似的行为。

政治圈（初衷是为了重获民主）最终却精疲力竭，就连最精明、最有口才的人都无法将已经涣散的集团凝聚起来，因为他们甚至不相信她领导的政府会取得成功。

争取民主联盟的前十年主要是让少数有权威的领导人带着他们的政党集中起来，为了让所做出的决定能够被遵守，同时也为了所有党派在这些决定背后能有序共存。在里卡多·拉戈斯总统执政期间这种方式已经开始发生动摇，对于这位总统来说，在其执政的前两年，当执政联盟很难再继续走下去时，要领导命令这些议员们也就不是一件容易的事了。随着千禧年的到来，争取民主联盟不再是具有凝聚力和不可渗透的政治核心，个人利益高过了集团的凝聚力和整体目标。

第一次警钟敲响于 1997 年的议会选举时，当时超过一百二十万人选择投空白票或废票，杰出的领导人例如基督教民主党的玛丽安娜·艾尔文和社会党的卡米洛·埃斯卡洛纳没能再次当选议员，而争取民主党议员尼尔森·阿维拉和吉多·吉拉尔迪，因公开检举而成为亮点，最后获得压倒性的投票支持。面对这样出人意料的现实，由或多或少激进的势力（无论信奉天主教与否）组成的争取民主联盟中出现了一道分水岭：一方是"自我满足"的代表，他们为前进的道路感到满意和自豪；另一方是"自我鞭策"的代表，他们面对盛行的资本主义仍感到不适。双方之间的争论因为亚洲金融危机和社会党人里卡多·拉戈斯的总统竞选而日趋白热化。

巴切莱特被认为是自我鞭策派的，同时，如同其在总统竞选时上百次重复提到的，准确地说她若成为共和国总统，会让社会政策有所进步，会削减不平等。然而，她对这方面的关注不足以平复联盟的分裂，而联盟已经与她想要代表的社会不在一个步调上了。来自各党派的蔑视越来越多，而吸纳新的理想和忠诚的党员却变得越发不可能。他们已经不是人民与国家之间的中间人，而领导人的力量几乎完全依赖于小型集团以便能够在国家政府和市政府内安插最多数量的政客。为了获得某一岗位配额，一位具备高抗压能力的议员完全可以独立于自己的党派。

总统试图向党派领导人传达她在整个国家中看到的问题。人们已经不迷信权威，人们要求解释，希望被关注，希望公共政策能符合他们的需要和权利。然而，领导人们对此并不感兴趣，他们被关在围墙中玩起了永远的政治游戏。巴切莱特提倡全民参与，但是这却碰上了一堵不可逾越的围墙，这堵墙是由那些不愿意放弃一丁点儿权力的政界精英建立起来的。不让步人民动议权，不让步地区委员会的直接选举，不让步分配法，当然，也不让步能揭露内部行为的政党法律。

这就是米歇尔·巴切莱特在她执政初期一年半内所受到的欺凌，

在一次采访中①巴切莱特对《句号》（Punto Final）杂志的记者曼努埃尔·卡比艾塞斯的论点表示赞同。这位记者认为当前正在掀起一股反对巴切莱特的"扼杀女政要"②的运动。这种观点引发了两类人的强烈关注。一类是一直对巴切莱特持批判态度的人，认为她试图用受害者言论来掩盖其自身所犯的错误；另一类是对被暗杀的女性这一话题高度敏感的人。每年有 70 多名女性仅仅因为其女性身份而惨遭杀害。

米歇尔直言不讳地对她所谓缺乏权威和领导力的评价表示，这完全是"无稽之谈"，她将这些断言归咎于智利社会中根深蒂固的大男子主义。她表示自己完全有能力做决定，她不会为了展现权威而怒骂、叫喊，也不会粗言以对。

她已经表达了选择：在男性领地上，做一位能产生巨大影响、开创事业道路的女性。当巴切莱特政府经历其最关键的时刻时，女性同胞则成了直接的归罪对象，无论是否担任某个职务，宛如她们是一个整体。一位信誉扫地的人士在其主要的分析中竟公然得出一个结论即：不能再让女性掌权。难道有人会认为男性因为其领导的政府有些事没做好或者更糟的是，在其执政时人权遭到了侵犯就无法继续事业了吗？这类愚昧的人本就应带着他的丑闻立刻被摒弃。然而相反的是，他似乎还觉得完全有理并肆无忌惮地不断重复这一观点。

米歇尔眼见用来保护总统们的传统铠甲连同给予他们的某种尊重在她面前消失了。就她的情况来说，这些问题都带有她的个人色彩，不是因为她做了任何人都有可能做错的选择或者下错的决定，而会简

---

① 记者克劳迪娅·阿拉莫采访，杂志《事情》（Cosas），2007 年 10 月。

② "扼杀女政要"，曼努埃尔·卡比艾塞斯，杂志《句号》（Punto Final），2007 年 8 月。

单地归咎到她的软弱、无能、平庸或者不称职。

在一些最紧张的时刻，她会发现埃斯特拉·奥尔蒂斯给她的一本书、一盒巧克力或是一张鼓舞人心的便条。在如此打击下这无疑是一种莫大的安慰。

但是，她远比她的评判者看到的更顽强和决断。她坚信她的女性风格不是问题所在，在对 2007 年的惨败进行分析时，她不仅指出明显糟糕的"畅通圣地亚哥"项目的问题，此外，还反复地强调她没有凭"直觉"来阻止这个项目是个错误。

参照女性直觉而非理性这一言论再次引起政界的一片哗然，有如八个月前当她第一次在电台采访①中说出这样的话时。他们觉得"直觉"的谈论不应出自于一位统治者之口，当然，除非能凭直觉走上正确的道路。她的简单坦白并不符合一名传统的领导者身份，为此她受到了负面评价，尽管如此，这却是得到了民众的欣赏和尊重。

下半场

带着扎实的科学基本功，事实上巴切莱特医生比起相信直觉更趋向相信理性原因。在 2007 年 11 月她已经清楚地明白必须重新掌舵以维持并面对其政府的第二个阶段。罗德里格·佩尼亚利略极其慎重地维护着总统的名望同时慎重地为总统组织会议。当前需要高效的专业人士来进行灵活管理，特别是能够面对激烈的政治斗争的重量级人物。与她执政初期的承诺相反，这次有不少"重复的菜"。

本应在她结束武装新团队之后才做的变动突然提前了。第一位离

---

① 帕达乌艾（Pudahuel）电台，2007 年 4 月。"在我还缺乏相关信息的时候，我的直觉告诉我'停下来，还没有做好准备呢'，但是我没能听从我的直觉。相反，有人向我们保证，一切都会准备就绪的，一些小的细节也会被迅速解决，而且主要问题会是一个文化性的问题。"

开的是发言人里卡多·拉戈斯·韦伯。尽管他和总统的关系亲密且互相信任，但是他知道在自己和媒体主管胡安·卡瓦哈尔持续的争论下总统不会选择他。他决定争取议会中的一席之位，他不想和那些被认定不称职的人们一样离开内阁。① 12月6日，米歇尔同意他不得不做出的请辞，同时立刻宣布了新发言人的名字：弗朗西斯科·维达尔。

许多人对此感到惊讶。维达尔被认作是前总统拉戈斯手下的铁腕人物之一，甚至在拉戈斯时期担任过同一职务。然而，米歇尔优先需要一名忠心且经验丰富的且能够防御哪怕一丁点儿挑衅行为的护卫者。此外，他已经成为值得信任的朋友，对他也可以放开地说："记住你现在是巴切莱特的部长而非拉戈斯的。"

事实上在她的智囊团中还有前总统最具权威的顾问埃内斯托·奥托内。从她还在国防部起，米歇尔就知道他是一位聪明且敏锐的政客，他还是一位值得信任能够将敏感问题交代给他而不会有半点泄露的人。对于他们两人而言，谨慎和保密几乎都是一样重要的。

尽管提前发生，但是拉戈斯·韦伯的离任得到了谨慎的处理，没有出现贝利萨里奥·韦拉斯科突然请辞的类似情况。

内政部长也被逐渐地疏远。他不仅反对"畅通圣地亚哥"项目，同时还向财政部长宣战，认为在经济良好但伴随着社会冲突的时期就应该遵循"打开钱包"的准则。但是，除了所指的这些情况，事实上他不像一名真正的内阁领导那样有能力来推动政府的前进。他到任没多久，佩尼亚利略和卡瓦哈尔就断言他们能不费吹灰之力就阻挡了他的道路，也能让总统的亲信继续发挥比他还大的影响力。

财政部长赢得了一席之地，但贝利萨里奥·韦拉斯科却在持续地

---

① 2009年12月13日，里卡多·拉戈斯·韦伯被选为瓦尔帕莱索地区参议员，获得33.18%的最高得票数。

失去地位。总统留给他的时间越来越少，直到他最终离任。

当年最后一次政治委员会的前夜，他接到通知：第二天的会议不是往常的八点，而是上午十点。在去总统办公室时他遇到了何塞·安东尼奥·维埃拉-加约和卡洛斯·马尔多纳多两位部长，他们已在那里恭候多时。

"似乎我们到的早了点。"贝利萨里奥以问候的方式说道。

"不，他们已经会谈过了。"维埃拉－加约解释道。

"都有谁？"他吃惊地问道。

"有安德烈斯·韦拉斯科，科塔萨尔和阿雷纳斯①。"

半个小时后政治委员会正式开始，没有提到"畅通圣地亚哥"项目，这个话题显然之前的会议中已经谈到过了。贝利萨里奥·韦拉斯科断言有一位连发生什么事情都不清楚的内政部长是毫无用处的。

他尝试与总统进行对话，但并不成功。他连续好几天都去总统秘书克劳迪娅·埃尔南德斯的办公室，强调他以个人身份请求见面。在过道中流传着内阁变动以及市长和省长级别调整的传闻，而牵扯的这些人都是他的部下。

1月4日星期五，贝利萨里奥·韦拉斯科终于走进了总统办公室。他感受到了羞辱，并不得不接受要尽快请辞的现实。他情愿摔门而去，尽管听着声音响了点、看上去有点难看，但是也好过等着内阁的巨大变动然后就如他的前任安德烈斯·萨尔迪瓦般被羞辱和降级。"我已经当过23次共和国的副总统而我必须照顾到自己名声"，在他的亲信们试图说服他再等等看时，他直截了当地对他们说道。

宫中硝烟弥漫。总统周围萦绕着窃窃私语，一旦绳子拉得紧到无

---

① 阿尔贝托·阿雷纳斯，财政部预算主任。

法承受时，将以糟糕的方式断掉。对前部长的处理或许欠缺些考虑和尊重。

然而，没有时间再惋惜，当务之急是填补新内阁中的空缺。

罗德里格·佩尼亚利略和正在秘鲁度假的塞尔希奥·比塔尔进行了沟通。这位争取民主党主席态度勉强，他知道政党现在很脆弱，同时也不确定离开他现在的职位是好是坏。此外，还要考虑是否参加总统竞选，因为现在整个形势不像大选之前那样明朗。

"塞尔希奥，你不能和总统说不。"他的党派同僚向他坚持道，"她希望你能负责公共工程部。"

在接到总统直接打来的电话后，比塔尔感谢总统给予的荣耀并接受任命。

按照往常惯例，所有成员在宣誓前几小时才得以最后揭晓。1月8日星期二，部长们犹如往常一样开始自己的工作，但是也试图弄清楚媒体上的哪条消息最为可信，并紧张而又渴望地猜测着未来。

外交部长亚历杭德罗·福克斯莱，约见了正在智利度假的驻德国大使玛丽恒·霍恩科尔。

在外交部前下了出租车后，大使接到了自己丈夫豪尔赫·萨拉斯的电话。

"克劳迪娅·埃尔南德斯女士刚刚给你打过电话，给你留了个电话号码让你打给她。你认识她是谁吗？"大使丈夫问道，同时把电话号码给了女大使。

大使答道："我也不认识，但是我现在要进去部里了。"

午饭时间，在瓦尔帕莱索参议院的食堂里，偶然遇见四位社会党派的部长：克拉丽莎·哈迪、安娜·丽娅·乌里亚特、奥斯瓦尔多·安德拉德以及何塞·安东尼奥·维埃拉-加约。四位都不知道变动的事而同桌的党派主席卡米洛·埃斯卡洛纳，则完全保持缄默。在国会的还有部长马塞洛·托克曼和勒内·科塔萨尔。

在结束与福克斯莱的约见后，玛丽恒·霍恩科尔充分利用待在圣地亚哥的时间连续与不同的朋友喝咖啡吃午饭。这是她唯一用来工作同时在市中心的一天。快到六点时她返回外交部和副部长阿尔贝托·范·克拉韦伦会面。

她刚进门，秘书主动上前告诉她有两个留言：一个是她丈夫的，而另一个来自总统阁下。她先和豪尔赫通了电话。

"喂，你仍然不知道谁是克劳迪娅·埃尔南德斯吗？！"

"是，是，我现在知道了。"

这时，她想起了几天前，她所在党派的主席索莱达·阿尔韦亚尔问过她是否可以担任政府职务。

当她联系拉莫内达宫时，总统直接让她负责农业部。霍恩科尔很惊讶又有些迟疑，但是这个时候米歇尔毫不犹豫地说：

"我完全了解你在德国做的与食品、创新以及调查实施等有关的事情，所有这一切都意味着农业的现代化。

"好的，总统阁下，非常感谢。"

"宣誓时间就是现在——晚上七点，你来得及吧？"

女大使、即将赴任的女部长站在拉莫内达宫前，身穿参加外交部会议、剪裁优雅的黑色套装。她向范·克拉韦伦解释说必须立刻离开。她穿过宪法广场，坐下来望着拉莫内达宫。

她在拉戈斯执政的最后三个月中已经担任过教育部副秘书长甚至是部长，但是最让她感动的是，今天能够加入第一位女性总统的内阁当中。她本以为会是她的朋友索莱达·阿尔韦亚尔……此时，她看到一大群记者带着摄像机等在拉莫内达宫门口，她想着自己在柏林的幸福时光，政府的这前两年又有多复杂以及她在未来几周内有多少东西需要学习。"如果你想要它，那你就必须得先接受任何东西都有好的一面也有坏的一面"，她对家人如是说道。

记者们看到她抵达后，纷纷猜测："啊，这位一定是教育部长。"她只是笑了笑，而摄像机也在不停晃动然后转向了他们更感兴趣的焦点艾德蒙多·佩雷斯·约马和他的夫人帕斯·维尔加拉一起下了车。毫无疑问，佩雷斯·约马将是第三任内政部长。宫殿护卫立刻陪同他们前往总统办公室。

会议十分短暂，巴切莱特温暖但又特别坚定地告诉佩雷斯·约马她很高兴能由他来承担此职务。

佩雷斯·约马还未从震惊中恢复过来。尽管自同僚贝利萨里奥·韦拉斯科辞职以后他的名字曾多次出现，但他认为这只是无端的猜测并认为传闻中最有可能的应该是豪尔赫·布尔戈斯或者阿尔多·科尔内霍。佩雷斯·约马有着直白和出言不逊的风格，曾连续数月全力抨击巴切莱特和她领导的政府，也曾毫不犹豫地公开指责她要对"畅通圣地亚哥"项目负责，指责她缺乏队伍，手下的部长们也缺乏关注能力。[①]

然而，那个周二的早上一位朋友给他打电话问他是否愿意接受任命。

"是的。"他不能相信地说道，"但是我有我做事的方法，我的特点。我猜总统也知道这个情况。"

"她知道。"他的朋友安抚他道。

大约下午五点他接到正式的电话。

---

① 见《第二日报》参访，2007 年 9 月。

"你好，艾德蒙多，我是米歇尔。你已经知道我为什么给你打电话了吧。"

"是的，当然，我们该怎么做呢？"

"你什么时候能到这里？"

"我在游泳池里，给我一点时间。"

"太好了，那么我在拉莫内达宫等你宣誓。"

下午六点时分，各个在职部长也陆续抵达红色大厅，等候着总统对他们的去留做出决定。

这是她执政以来最惨痛的一次内阁变动。

部长们等了几个小时，与此同时记者们也正在根据抵达的新面孔而做出谁将会辞职的猜测报道。激进党人塞尔希奥·冈萨雷斯如猜测的一样代替了矿业部长凯伦·波尼亚奇科，而胡戈·拉瓦多斯则成为经济部长亚历杭德罗·费雷罗的继任人。晚上差几分钟九点的时候，维达尔部长通告新内阁组成。

几分钟后，在蒙特港巴拉斯大厅举行新任部长的宣誓仪式，除了三天后才能从秘鲁返回的比塔尔。主要的电视媒体直播了新任部长们的笑容和离任部长们的悲伤。

亚丝娜·普罗沃斯特在媒体前感谢总统的信任"让自己继续辅佐她"。在拉莫内达宫中人们都认为她是一名幸存者，因为很多人都觉得她已经到了离开的时刻，但是她及时地改变了这种可能。如果巴切莱特在早上早点和霍尔诺克谈话……毫无疑问教育部比农业部更适合她。

对于大多数人来说，最意想不到的是规划部长克拉丽莎·哈迪的离任。这个部委与社会改革休戚相关，同时对总统来说也十分重要。而哈迪不仅与总统的步调特别一致，而且她也花费了数年时间投身于这项领域。在她的管理下，规划部也受到了自争取民主联盟第一次执政以来从没有过的关注。她的继任者保拉·金塔纳同样也是社会党人。

从政艰难，理由也并非都冠冕堂皇。米歇尔试图直接面对每一位必须要离开的人，特别是对于自竞选时就陪伴她的女性同胞们。这次变动的决定性因素是出于对政治的平衡以及与各党派之间加强关系的需要。激进党再次获得了一个部长职位，而哈迪和费雷罗的离开，与社会党和基督教民主党的各项指令不无关系。

五　治理就是保障

值　得

在开始向拉莫内达宫发起竞选攻势时，尽管很多人对其女性竞选者的身份露出了嘲讽的笑容，米歇尔却对她弱小的支持团队反复强调，他们唯一的任务就是在智利社会留下不可磨灭的印记。这是她的目标。

尽管在她执政期间爆发了"企鹅革命"以及"畅通圣地亚哥"危机，动摇了政府、致使执政联盟中党派分崩离析，但这些都不曾撼动她要实现社会领域执政目标的雄心。

作为社会党中的左翼社会主义者，她对民主变革寄予厚望。同时，她也被看作争取民主联盟政府的积极参与者，她还坚定地为该联盟自1990年以来取得的巨大进步而喝彩。经济持续增长和贫困人口的大幅减少是米歇尔无可争辩的执政成果。2006年全国经济社会特征调查（CASEN）显示：自1990年起，贫困率从38.6%下降到

13.7%。其中赤贫人口降至 3.2%。① 尽管如此，米歇尔仍然对国家现状阴暗面保持警惕。这一面无法从高速公路上和大型商场里看到，但仅仅离这些地方数米之遥，成百上千的家庭却在贫困和绝望中挣扎。别忘了，作为那代青年革命者中的一员，她和萨尔瓦多·阿连德一样，也渴望建设一个社会平等和公正的国家。如果有任何可以向在军事政变中牺牲的朋友们致敬的方式，那就是全心投入这一事业中。

"如果不是为了帮助人民当总统还有什么意义！"里卡多·索拉里、卡米洛·埃斯卡洛纳，尤其是弗朗西斯科·哈维尔·迪亚斯，无数次听到米歇尔如此说，在弗朗西斯科·哈维尔·迪亚斯为她草拟过的演讲稿中的竞选承诺，"为了这些才有成为总统的价值"被数次提到。

米歇尔提出建设一个惠民的国家，消除歧视和排外，提高养老金和失业救助保险，减少社会不平等，建立覆盖民众从出生到死亡的社会保障网络……践行"为了这些才有成为总统的价值"。

竞选中美妙的诗歌和这位亲切、大方又勤勉的女性是如此的契合。她用田园诗般的演讲俘虏民众，而听着她演讲的精英们对其如此这般的个人魅力，感到茫然失措。米歇尔确信，她的竞选主张也该是她执政政府的标志。虽然没有人能够在四年内建成梦想中的国度，但她不会罢休，直到将社会保障如火种般传承下去。

她认为治理不是令历史上的名人们为之着迷的工程设计，也不是大型水泥作品，而是就那些人们日常生活的头等需要进行快速有效的改善。如果佩德罗·阿吉雷·塞尔达总统用十几年的执政让大家记住"治理就是教育"，那么人们也不会忘记她所坚持的巴切莱特式的

---

① 根据 2009 年拉加经委会的预估，在全球金融危机后贫困指数将上升。CASEN 2009 表明，赤贫率达到 3.7%，贫困率上升到 15.1%，主要是由于食品价格急速上扬和失业。

"治理就是保障"。

这并非临时起意，也不是自我意志的产物，而是一种政治定义。自她同意成为总统候选人的一刻起，她便就可能采取的措施，进行广泛而细致的研究和讨论。

社会保障概念在里卡多·拉戈斯总统执政时期提出，当时的政府为极端贫困家庭制订了"智利团结计划"（el Programa Chile Solidario），并开始执行全民医疗保障项目（AUGE）计划，针对患有某些疾病的患者提供支持，但不与受益人的收入挂钩。作为卫生部前部长，巴切莱特非常了解这些举措，但她希望做得更多。她认识到这些变革具有深远意义，并决定将其作为执政的工作重点。

甫一入主拉莫内达宫，她就向团队重申了她的执政重心。在首次内阁会议上，她带着些许幽默，明确表示社会政策决不能缺少资源：

"总统，"财政部长安德烈斯·韦拉斯科告诉她，"几天前我去了趟超市，有两位可爱的老太太走近我对我说'部长，请看好我的那些银子'。"

"啊，一定是马塞尔和阿雷纳斯假扮的！"她大笑着回应他，话里面提到的是前任和现任的预算办公室主任。

虽然在执政初的几年里，巴切莱特遇到的困难极其复杂，但为了实现她理想中的社会政策，她不懈地对改革道路做着全面彻底的追踪研究。

覆盖从出生到老年的保障体系意味着以人的一生为视角。在执政的四年里，她重视开设新的托儿所和幼儿园，从七百所增加到四千多所。要知道，这一措施不仅提供了年幼的孩子们被照顾和接受早教的机会，还让他们的母亲能够外出工作，增加家庭收入。

"什么时候轮到托儿所了，小宝宝们又不投票！政府的成就不能集中体现在幼儿园上。"政治领袖中传出这样的声音。他们没预见到在几年后，正因为那些幼儿园，为他们赢得了竞选集会和街巷个人竞选活动中最多的掌声。

总统和卫生部长索莱达·巴里亚的讨论不但涉及大型投资事宜，还包括如何提升患者权利。她想知道"充足的"婴儿必备用品已经提供给新生儿们使用，从婴儿床、纸尿布、毛巾到指甲刀都包括在内。她还关注孕妇受照料的情况，保障孕妇们在分娩过程可以由家属陪同、使用镇痛设备，选择她们喜欢的或者文化习俗中要求她们使用的分娩体位。

她向帕特里夏·波布莱特部长询问了新的社会住房质量标准；如能增加几平方米，中产阶级的补贴能够增加多少，或者如何保证居住区设施齐全，获得学校、绿地和公共服务供给。

在电视上播出的这类政策是不会有人爱看的。和每个执政者一样，米歇尔抗拒"好新闻，等于没新闻"的新闻逻辑。她向部长们抱怨，只因为不了解政府做了什么，所以媒体们便描述了一个只会出现混乱，腐败和犯罪的令人恐怖的国家。然而，每当走在这片土地上时，你就会从人们愉悦和欢喜的情绪中感知：美好的事情正在发生。

巴切莱特不仅力求提高社会救济福利，还希望基于可行的和民众要求的基本社会权利上制定新政策。但是，这需要以非常细致的方法明确哪些人是当今社会中最有迫切需要的。

任命克拉丽莎·哈迪为计划部长绝非偶然。她作为智利21世纪基金会执行主任曾研究和撰写了大量相关文章。此外，在竞选期间，巴切莱特曾正式收到该中心制定的研究思路。在这一领域，该机构的许多建议都成为马里奥·马塞尔和亚历杭德罗·福克斯莱拟订的政府计划内容。

米歇尔和哈迪部长很清楚，在 21 世纪全球化的背景下，贫困与五十年前相比截然不同。如今的智利，赤贫比率虽较低，但那些渴求国家大力保护且诉求一次比一次强烈的贫困人口却有几百万之多。这类贫困人口有电视、暖气和饮用水，很多人还有自己的房子，但是不安全感、低至微薄的工资，加之不稳定的工作等因素折磨着他们的灵魂，这部分人口主要集中在 29 岁到 50 岁。他们之中，年轻人受教育程度越高越难找到工作；退休人员则希望活得更长；成千上万的女性要独自撑起一个家。还过得去的生活不意味着安全的明天，病人和老年人也活得战战兢兢。

部长知道任务的紧迫性：改革 CAS 记录卡。[①] 该卡用于计算八十年代养老金亏空状况，但已不再适用现代贫困水平的衡量了。

任务很艰巨。旧表格和它里面的内容广为人知，且一直被市政当局和其他用户们使用。它作为以营利为目的工具被自然而然地应用着。

但是，单单进行技术层面的改革是不够的。巴切莱特已经承诺要建立一个公民政府，因此，哈迪明白，不能只是召集一组专家，以向国家要求权利为目的定义新变量。

哈迪走访了全国，与市政当局和社会组织对话，解释对旧机制进行变革的重要性。她发现，CAS 记录卡掺假现象不光在私下被悄悄议论，甚至也会在一些大型会议上被公开讨论。在圣地亚哥南部公社的某次会议上，争取民主党人士拉蒙·法里亚斯议员陪同部长参会。他以当市长时积累的知识和做演员时培养的才能，负责陈述问题：

"早上好！邻居们，"他拿着麦克风大喊，"克拉丽莎·哈迪部长

---

① CAS 记录卡来源于 1977 年创建的社会救济委员会（los Comités de Asistencia Social），通过委员会调查对于某一种工具的需求，并将焦点放在社会计划上。

来到我们中间，给我们带来了非常好的消息：CAS 记录卡改革。"

与会者们热烈地鼓掌欢呼，但让人无法分辨的是：这些欢呼究竟是给著名电视演员的，还是为取消 CAS 记录卡机制的决定的。

"那么，"法里亚斯继续道，"这一体制终于要改变了，恰如我们所知，它是个纯粹的骗局。不是吗，女士们?"他注视着挤满整个会场的民众们问道。

"是的! ……"众人齐声回应。

"我们为什么要用这个东西生活，"议员继续炫耀着他的演技，"假如我还是市长，我就说'嘿，小姑娘们，市政府的社会救济工作者拿着 CAS 记录卡来了，我们赶紧把家里的音响设备和电视搬出来，放到楼梯间藏好，但愿暖气和冰箱也能被藏起来'。"

会场传出阵阵笑声，这是因为他所模仿的是在场许多人的亲身经历。

部长坚信此次出访成果斐然，她召集了来自不同机构的专家，向他们阐明彻底的改革将会带来的挑战。不是完善已经修改过很多次的 CAS 记录卡，而是建立一个逻辑完全不同的新机制：一个符合 21 世纪现状，并适合具有先进物质文明却缺乏安全社会的新机制。

说服专家们也非易事。对于很多人来说，家中装有热水器或不再是泥地面就是衡量贫困的关键。这也许是事实，但不止如此。她花时间做了些假设，有人拥有私有住房，并拿着 5 万比索的退休金过着贫困的生活。抑或一台洗衣机、一台冰箱和一组大音响并不能保证女主妇家的三个孩子不辍学。

转眼间哈迪任职部长已近一年，她不仅制定好了新机制，还让六百多万人真正使用上了它。新社会保障卡不以财产为衡量基础；而是以人为本，由社会风险变量，如：年龄、健康、教育、就业、家庭组成等构建新标准。

这一结果令很多曾经的受益者沮丧。市长、市政府成员和国会议员自动忘记了旧机制是一个玩笑的看法，转而持续猛烈地抨击新机制。

虽然完美的机制是不存在的，但巴切莱特并未犹豫。在新机制投入使用的第一年，当它确实提供了超过两百万的货币补贴时，诋毁者们渐渐沉默了，这是智利历史上数额最大的补贴。米歇尔和她的部长确信这会为数以千计的家庭带来长久的变化。

不道德的鸿沟

补贴毫无疑问是消除贫困至关重要的因素，但在高铜价的社会繁荣时期，极端不平等却在智利人民中日益扩大。与预期相反的现实是，二十多年的持续经济增长并未缩小这一"不道德"的鸿沟。

2007 年 8 月初，"畅通圣地亚哥"引发了社会混乱，随后在为智利国家铜业公司（Codelco）和转包工人们之间暴力冲突的调停干预中，会议主席亚历杭德罗·戈伊克主教阁下认为，社会冲突的爆发是由低工资引起的。他还指出："最低工资应该转变成合乎道德的工资"。

反对派们的反应无须期待。右翼不仅指控米歇尔在经济上的煽动和无知，还指控她鼓动社会冲突。当提到国库资金储备时，财政部长总是吝啬地回应，政府正在采取"一系列措施与贫困做斗争"。

针对总统的反对声还不只这些。但主教阁下的话却讲到了总统的心坎里，于是在不到三周的时间里，米歇尔建立了名为劳动与公正的总统级顾问理事会。

理事会由经济学家帕特里西奥·梅勒主持，48 位来自政界、学界、企业界、工会和宗教界的专家们接受了任务，即通过制订有关就业和社会发展公约的详细计划，实现最大限度公平。

米歇尔以此应对复杂事件，同时，这也是她实现公民政府承诺的方式。

广泛参与的想法深入选民心中；指导竞选的焦点小组（Focus group）如此描述着：智利人已经厌倦了那些闭门造车般的协议；他们想要表达自我、发表意见、影响决策。然而，即使在同一个竞选团队，对公民政府的解释也略有不同。对于弗朗西斯科·哈维尔·迪亚斯来说，公民政府是政府各机构改革的混合产物；对于通信专家巴勃罗·哈尔彭来说，是避免党派间相互干涉的代名词。而对于某些人来说，只是进入政府和花时间取代他人，从而得到自己渴望的职位的契机而已。

米歇尔确实带来了更加务实、有亲和力和公平的执政风格。但是，政治改革从第一天起就陷入了困境，之后总统内阁会议转变为开放和多元的对话形式。首先是养老金改革委员会，委员会的 15 位专家们听取了 73 个组织 240 余人的意见，他们大多来自社会组织。在教育委员会，技术人员与"企鹅革命"的主要领导人进行了积极讨论；在公平委员会，专家、工人和企业家们齐聚一堂。然而囿于政治现实，她无法更进一步。

但是，发生在这些委员会中的争执擦亮了总统的眼睛。它们不是哗众取宠的会议，总统对其非常重视。例如：在对公平的讨论上，她从一开始就明确了必须加强工人在集体谈判中的权利。在需要听取建议的时候，她也会提问和发表意见。

工作结束前，米歇尔邀请帕特里西奥·梅勒和委员会执行秘书奥斯卡·兰德雷奇共进工作午餐。在座的还有弗朗西斯科·哈维尔·迪亚斯。在 45 分钟的用餐时间中，她认真听取了他们的意见。她在笔记本上逐条记录着，并给他们留下了深刻印象。因为她不仅对话题理解到位，而且在某些方面的信息量甚至比他们还要多。末了，她说：

"我仔细听了你们的意见，但既没听到全球化，也没听到竞争力这些词。"梅勒惊呆了。

"好吧，这是自然的，就像我必须告诉你我们此刻在呼吸一样。"这是所有他能想到用来蒙混过关的应答。

他极为震惊。如果他讲的是全球化和具有绝对国际竞争力的国际贸易就好了！他不明白怎么会接受如此的一记重拳。总统难道不是如传闻中的总是满脸笑容吗？显然，她已经纠正了他们的看法。帕特里西奥·梅勒作为一名水平极高的专家，毫不迟疑立即修改了他的分析。

当委员会就辩论结果进行讨论和召开学术会议时，帕特里西奥·梅勒特别指出所有的措施都要适应全球化的现状，因为我们必须具有高度竞争力，总统因此让大部分人深感惊讶。

当财政部长和劳动部长就工会领袖和企业精英之间意见的极度不一致产生冲突时，委员会议陷入了僵局。一些专家认为，这两个部门都有着"十九世纪的眼光，并且将企业内的阶级斗争一直延续了下来"。

当奥斯瓦尔多·安德拉德企图加快改革步伐时，安德烈斯·韦拉斯科却踩了刹车，他认为所有的改革目标不能同时进行，应该要循序渐进。

在公平方面，会议提出将道德的工资转变成最低家庭收入。该提案提出：将一部分补贴发放到 40% 最贫穷人口中的年轻工人们的手上。初步提案是女士优先，男士其次，再逐步扩大非赤贫人口的覆盖范围。

帕特里西奥·梅勒被特邀至拉莫内达宫出席为措施推行举行的仪式。席间米歇尔微笑着走近这位经济学家。

"您还满意吗？我们正在将诸位的提议投入使用。"

"是的，但不完全满意……我以为这届政府中女性具有优先权。"梅勒坦率又讽刺地回应道。

"你不要这样没有耐心，"总统回应时意识到，一个人并不总能得到他想要的，"年轻人之后，就是妇女们了。"

但是没有然后了……国际金融危机来了。

值得庆幸的是，那时已经完成了养老金改革。

成功案例

3 月 17 日，在米歇尔·巴切莱特执政不到一周时，她任命经济学家马里奥·马塞尔为养老金改革咨询委员会会长，给了他为期一百天的时间来完成任务。这看起来更像个宣传的噱头而非严肃的改革。怎么能试图只用几个月的时间来研究如此复杂的改革呢！这样的改革美国用了一年时间，而英国，用了三年！

马塞尔很安静。他和他的朋友，新上任的预算办公室主任阿尔贝托·阿雷纳斯，已花了十年的时间共同研究这个问题。最开始，为了获得必要的信息，他们就像勤快又安静的蚂蚁不得不撬开装有真理的保险箱一样。之后，则只需要政治决策，现在这方面也已开了绿灯。其余的将取决于他们的能力和号召力。

竞选过程中，他们产生了迎面直击最具标志性的右翼机构之一的养老保险基金管理公司（AFP）的想法，与此同时还完成了致力于社会政策的理念建设。

米歇尔、索拉里和迪亚斯都认为：只是解决如托儿所、学龄前教育，或者改善住房质量这些问题，不足以令人们明白，她的社会政策是进行根本性的改革，由全球化和团结一致取代个体化。她试图直截了当地建立一个现代福利国家。这需要某种强有力的、毋庸置疑的改革："这就是巴切莱特在做的。"

2005 年初，卡米洛·埃斯卡洛纳带来了解决方案：养老保险制度改革。

由马塞尔和阿雷纳斯陪同。米歇尔尽管持怀疑态度，却还是兴奋地听着。改革宗旨是团结统一绝对是市场内必不可少的因素，且不能只满足于能够支付人们的健康、教育或退休金。真的有必要与虎谋皮吗？难道只有那些养老保险基金管理公司能够挺身而出担此重任吗？

"我需要诸位向我说明为什么和怎么做，"她并不满足于养老保险基金管理公司就危机酿成做出的理论论述，这一论述甚至可能变成民主联盟的阿喀琉斯之踵。

"您别担心，我们有能力完成此次改革，我们有信息和经验，"马塞尔用他平静而自信的语气说道。

米歇尔谨慎地和他们告别，同时他们充满信心地打开大门，迎接挑战。随着时间的推移，这项挑战已有了如侦探小说般的意味。

1991 年，年仅 25 岁的阿尔韦托·阿雷纳斯加入了由经济学家马里奥·马塞尔牵头的工作小组，该小组归何塞·巴勃罗·阿雷利亚诺领导的财政部预算办公室（Dipres）所属。任职于拉丁美洲研究集团（Cieplan）① 时，阿雷利亚诺是第一位写文章批评八十年代独裁统治时期建立的养老保险制度的人。他不想放弃该课题，并向研究税收效

---

① 该集团创立于 1976 年，旨在促进公共政策的创新。

应的合作者们提出了请求。

在当时，可用信息的获取是非常重要的，养老保险基金管理公司不愿意提供用于精准分析的全部数据。阿雷利亚诺曾通过一定权限获取了养老保险基金管理公司协会的调查报告，该报告指出每十位调查者中就有九位错误地认为，他们退休金数额为他们工作最后六个月的平均工资①。

1998 年，工人们在亚洲金融危机之后不再缴税，当时对养老保险基金管理公司的批评严厉而持久。很显然，与之在军人政权期间所承诺的相反，养老保险制度正在消耗着国家的财富。

1999 年 9 月，在拉丁美洲和加勒比经济委员会（CEPAL）组织的研讨会上，财政部经济学家阿尔贝托·阿雷纳斯，提供了令专家们毛骨悚然的数据。他们发现，养老保险基金管理公司的大额储备低于他们应该做出的支付，因此，国家将不得不承受沉重的负担。由于主办方会前就知道了这份细致的调查分析，拉丁美洲和加勒比经济委员会做了一次前所未有的决定，限制媒体进入会场。②

作为私营部门，养老保险基金管理公司定期提供鼓舞人心的数据，制定微小的改革以安抚舆论。随着里卡多·拉戈斯执政的到来，马里奥·马塞尔担任了预算办公室主任，并继续和阿雷纳斯一起研究养老金问题。

他们把研究网扩展到了其他机构。2002 年，社会福利机构副秘书长玛丽恒·霍恩科尔，在财政部预算办公室和智利大学微观数据中心的支持下，进行了首次社会保障调查。那是一次持续近两年的广泛

---

① 阿尔贝托·阿莱纳斯·德·麦萨，《智利养老金改革史，民主在公共政策上的成功经验》（OIT，2010）。

② 出处同上。

调查，总受访人数超过 1.7 万人。结果是：男性平均每十年缴税 6 次，而女性，只有 4 次。因此，通过个人的努力获得一份体面的养老金事实上是不可能的。

他们在这条路上已经行进了许久，所以当巴切莱特能够给予他们为了开启近年来最为重大的改革的背景资料时，他们便毫不犹豫地聚到了她的身边。米歇尔详细分析了信息，并于 1 月 28 日在她宣布成为党派总统候选人时，提出将开展"保障所有工种最低养老保险"的改革研究。

承诺博得了在场者的欢呼和掌声。但是，竞选活动刚一结束，那些社会党的重要人物们对着她最亲密的合作伙伴们做出了激烈反应：各位疯了吧！你们会毁了竞选人！你们怎么想到攻击养老保险基金管理公司的！和民间机构有所联系的那些严肃的议员，如卡洛斯·蒙特斯，这样的大众部门中的代表们，想象着令人胆战心惊的失败。

米歇尔正相反，她已经预料到，社会养老保险改革会成为代表社会保障网络的典型案例。

两个月后，在《首都》(Capital) 杂志就"平等议程"所召开的研讨会上，女候选人进一步直截了当地宣布了一项"社会保障计划，计划包括养老金制度改革"。

在她的团队中，许多人深信候选人不用做出成绩也会脱颖而出，刚刚结束的首轮竞选投票给了他们如此的信心，当时索莱达·阿尔韦亚尔和她的人认为他们是唯一有竞争力的团队，但这种妄想将会不复存在。

改革最早由计划协调员，争取民主党人士豪尔赫·马歇尔负责，随着基督教民主党的加入，这一职责随后由亚历杭德罗·福克斯莱接替。这位前财政部长用特别赞许的态度看待改革。这毫不奇怪，因为早在几年前，他就曾将其称为"改革中的改革"，并指出未来40%的退休人员的将无法获取最低额度养老金①。

巴切莱特和她的竞选团队知道，福克斯莱代表着支持改革的绝对力量：中心和经济界的智慧。

几个月后，她任命了首届内阁成员，自由党派的安德烈斯·韦拉斯科取代了同僚马里奥·马塞尔出任财政部长，当时有些人认为改革已经失败。特别是当马塞尔被强制要求用仅仅可笑的三个月时间完成如此艰巨的任务时。

但是，总统知道在这方面她可以镇定自若。她在任命部长之后指派的首个任务是给预算办公室主任阿尔贝托·阿雷纳斯的。韦拉斯科虽然是自由党人士，但是他与米歇尔完全不同；他很清楚什么是核心，同时还能兼顾财政需要。

110天刚过，巴切莱特就从马里奥·马塞尔手中接过了顾问委员会无可挑剔的养老金改革报告书。读后，她果断放弃了将女性退休年龄延长至65岁的选择，并成立了一个部级委员会，拟定法律草案提交国会。

委员会由劳动部长主持，成员有财政部长、总统府秘书长和全国妇女服务部部长。会上，众人目睹了奥斯瓦尔多·安德拉德和安德烈斯·韦拉斯科之间的激烈内部冲突。只有少数人知道，作为委员会执行秘书的阿雷纳斯才是真正引导改革发展路线的人。两位部长对听众强调他们之间的差异性并争夺权力空间，但是总统明确指出阿雷纳斯在委员会中的角色不只是财政部预算办公室，还是养老金问题的专家。他的任务只有一个：建立个人缴费和国家支持相结合的养老金制

---

① 意见栏，《第二》日报（*La Segunda*），1998年12月。

度，以保护没有任何收入或收入极少的民众。

米歇尔逐份分析报告，消除分歧，有条不紊地引导着智利向更加现代化和进步的方向前进：缩短过渡期，向全体女性无一例外地发放儿童补助券。① 总统非常了解女性群体，在 2009 年社会保障调查中，这项福利在民众中是远近闻名的。

改革第二阶段，制定法案工作飞速完成，并于 12 月 15 日米歇尔执政第一年进入国会。

但是，准备工作完成是一回事，将改革通过议会辩论变为现实却是另外一回事。在政府官员们要求更多的利益和企业支持的同时，右翼政党下令阻止法案通过。街道上，"畅通圣地亚哥"综合公交系统持续进行；铜业公司则流露出越来越多的贪婪，继续要求将铜价升至每磅 3.5 美元。

一些参议员，如卡米洛·埃斯卡洛纳，紧锣密鼓地开展协商工作。当法案到达参议院委员会时，巴勃罗·龙盖拉收到右翼党派否决法案的命令。这其实不太难：随着费尔南多·弗洛雷斯和阿道弗·萨尔迪瓦的离开，2007 年 9 月民主联盟已经失去了参议院的大部分席位。"'如果巴切莱特的改革法案通过了'，反对党领袖们对他说，'争取民主联盟将永远大权在握'"。独立民主联盟的一名参议员这样透露道，他是位在国家面临重大问题时的极端独立主义者。推迟国家福利政策是不可行的，它将是一次载入"史册"的改革，不仅所涉金额巨大，而且易得民心。②

法案最大的争议点在于：是否能对一家养老保险基金管理公司设

---

① 意见栏，《第二》日报 (*La Segunda*)，1998 年 12 月。
② 表述出自阿尔贝托·阿雷纳斯的著作《智利养老金改革史》(*Historia de la Reforma Previsional Chilena*)，2009 年 4 月 16 日。

立方案，通过国有银行支行开展养老保险基金管理公司的国有化，并且让银行业务介入养老金业务。独立民主联盟女参议员埃韦林·马太尝试摆脱争议，但奇怪的是，正是右翼政党反对银行，希望国家取消养老保险基金管理公司，才让它像噩梦般徘徊在民主联盟内。

米歇尔检查着每一个环节。在那些辩论中，执政政府实际上是在冒险。2008年1月16日晚，执政团队形势最复杂和薄弱的两年结束了，她宣布国会一致通过养老金改革法案。此前一周，她已完成了内阁大换血，并且对接下来的两年充满了信心。

六　右翼

挽起袖子

如果有谁会在米歇尔·巴切莱特执政期间无条件追随她，那一定是作为财政部长的经济学家马里奥·马塞尔。不仅因为他优异的专业知识和经验，他们还是同一党派的朋友和亲密战友。然而，一旦当选总统，对巴切莱特来说，一切都不再是想当然的或必然的。在做决定前，她的想法、问题和分析都要更加慎重。不确定性极度困扰着她，即使这只是因为她的成熟和责任感。

选择财政部长无疑也是如此。她清楚地知道在这个部门，任何错误都会比其他部门更加严重。

任命曾在马塞尔和安德烈斯·韦拉斯科之间徘徊。2006年1月26日星期四，当时的财政部长尼古拉斯·埃萨吉雷来到她家，与她谈了三个多小时。他们彼此信任，相识于青年时期。那段充满欢笑声和吉他声的年代，曾是他们革命生涯中的一部分。米歇尔聆听了他对国家经济形势的细节分析。更重要的是，她愿听取他对两个同事的看法。马塞尔是预算办公室主任，就像她的右臂，而韦拉斯科是当代最杰出的经济学家之一，是哈佛大学教授。

一年多前，安德烈斯·韦拉斯科曾受弗朗西斯科·哈维尔·迪亚斯的召唤，加入刚刚成立的竞选团队，该团队力主推举首位女性总统。

他们二人在美国结识，当时迪亚斯在匹兹堡大学攻读政治学博士学位，这让他没有错过结识韦拉斯科的机会。事实上，他也很快就参与到竞选中。就在几个月前，里卡多·索拉里向他介绍了女候选人，之后他便开展具体事务，起草演讲稿。

在2004年传统全国企业见面会（Enade 2004）之前，迪亚斯和女竞选人一起待了好几个小时，认识她、了解她真正的理念、她计划投身于哪些方面、她更倾向于哪些想法。对米歇尔来说，她喜欢迪亚斯写的稿子，但她却没能出席和企业家们的见面会并念给他们听，因为她罹患肺炎而住院了。演讲被简化为对基本概念的介绍，女候选人的妈妈，安赫拉·赫里亚在弗朗西斯科·哈维尔·迪亚斯的陪同下，亲自出席了见面会。

竞选团队人员不足到令人震惊。迪亚斯联合了记者玛尔塔·汉森和胡比·阿尔瓦雷斯，这两位从巴切莱特在卫生部任职时起就跟随她，此外，还包括一位前军事社会主义活动家，弗朗西斯科·莫阿特，他曾当过厨师兼秘书兼保镖①。政治领导人们来来去去，抛出想法，实际上一直在观察是支持女竞选人，还是宜早不宜迟地赶紧转而

---

① 弗朗西斯科·莫阿特·胡斯蒂尼亚诺于2007年12月16日因结肠癌去世。他曾是社会党重组、地下组织、流亡和东德的关键人物。这位绝对忠实于领导者的男人，曾是卡米洛·埃斯卡洛纳和贡萨洛·马特内尔的内阁长官。当米歇尔·巴切莱特入主拉莫内达宫时，他成为了总统团队的成员。

支持索莱达·阿尔韦亚尔或者何塞·米格尔·因苏尔萨。

埃斯卡洛纳和索拉里最终决定将赌注下给巴切莱特。这个弱小的竞选团队和联合国开发计划署的社会学家佩德罗·格尔、公共意见专家们，如里卡多·拉戈斯的左膀右臂哈维尔·马丁内斯，以及通信反馈企业的专业人士们一起，紧锣密鼓地工作起来。根据最终调查结果，需要孤注一掷的时刻到来了。由于经济增长，就业情况良好，拉戈斯政府高评价度，智利民众非常乐观，并愿意迎接新事物。政治阶级消耗的后果显而易见，因此，正如恩里克·科雷亚、欧亨尼奥·蒂罗尼和埃内斯托·奥托内在考虑索莱达·阿尔韦亚尔时所做出的选择一样，这些人认为成功的钥匙握在一位女性手中。不同的是，巴切莱特是位更为杰出的竞选者，拥有无可比拟的个人魅力和经历。

随着时间的推移，弗朗西斯科·哈维尔·迪亚斯发现演讲涉及的某些内容超出了他的能力范围，由于他不是经济学家，他因此在经济领域上担着极大的风险。米歇尔告诉他，可以通过马里奥·马塞尔和阿尔贝托·阿雷纳斯进行了解。

女候选人的呼声在民意调查中越来越高。她唯一的威胁是右翼。

作为人权受害者，米歇尔曾流亡国外，她的对手们给她贴上了地下党和极左人士的标签。因此，竞选获胜的关键是，强化巴切莱特睿智的温和派属性和对政治界有足够吸引力的全新形象。然后，安德烈斯·韦拉斯科的名字蹦了出来。

这一微竞选团队敏感地认为，如果韦拉斯科加入，将立即吸引所有以扩张政策为研究中心的无党派团体。其中包括优秀的专业技术人才，如丹特·孔德雷拉斯、奥斯卡·兰德雷奇、爱德华多·恩赫尔、豪尔赫·马歇尔、凯伦·波尼亚奇科或者皮拉尔·罗马格拉。有了他们，等于有了一个具有计划性的和坚实后盾的选举团队。

迪亚斯在劝说韦拉斯科上没费劲。这位经济学家将他的分析完全共享，而且想法非常激动人心。和团队其他成员在家共进晚餐足够使团队更有凝聚力。正如之前预料的，主张扩张主义的其他成员很快就到位了。不久后，米歇尔和她的优秀团队不再被看作联盟精英中的少数天真派了。

在对竞选方案的辩论中，无党派观点和中央集权派观点产生激烈冲突。争执没有影响韦拉斯科，他以一贯的彬彬有礼，沉着科学地解释他的观点。他思维敏捷，似乎了解所有的问题和可能的答案。他带着挪威口音，谈论着逆周期的储蓄需求。

米歇尔用了一年时间观察这位颇具威望且机智优雅的专家，他全心投入了政治工作。起初在思想上，她怀着极大的信任将发言稿拿给经济学家和政治家们。那时，她发现了他批判性的观点和他的黑色幽默。她看着他如何规划和控制好每天从早上九点到深夜的工作，怎么挽起袖子完成他职责以外的所有任务。他任劳任怨，把竞选放在首位。他的到来就是为了赢得选举，就是为了满足所有选战的需求。

马里奥·马塞尔也全身心地投入到了选举中。尽管他还要为政府政策投入时间、精力和创造力，完成财政部预算办公室主任的工作。事实上，没有人比他更了解米歇尔的执政目标。

1月26日，将内阁成员公布于众的四天前，米歇尔听取了尼古拉斯·埃萨吉雷的建议，并尽力捕捉其中的所有细节。

"在公共政策方面，谁也不如马塞尔，"米歇尔的朋友肯定地告诉他，"而韦拉斯科是位知名学者，他的学术生涯是所有人都梦想得到的。"

"艰难的选择……"

"主要的区别不在于专业与否，"尼古拉斯补充道，这进一步引起了她的兴趣："马塞尔非常独立且不容易服从别人。韦拉斯科正相反，将无条件地服从你。"

埃萨吉雷如朋友般开诚布公。对马塞尔，他除了喜爱和尊重，还了解他的倔强、执着，知道他有足够的能力执行拉戈斯总统的命令，但他在之后使用资源时，会有个人偏好。

米歇尔以军人的眼光，最终从战略角度做出了决定。她从朋友的描述中了解了这两位要员。他们二人在财政方面的能力都很强，马塞尔在经济管理上有自己的关系网和丰富的政治经验，相较于社会主义者，韦拉斯科更能够令企业家们感到安心，他作为无任何支持党派人士，为了完成任务只会依赖她。

安德烈斯·韦拉斯科结束了用于参与竞选的休假年，他在辞去哈佛大学教授职务后，出任了财政部长。

大型火药桶

巴切莱特没有时间静下心去考虑整合七零八落首届内阁的方法。反对韦拉斯科的刻薄评论从未停过，但是由于阿尔贝托·阿雷纳斯坐镇财政部预算办公室，她很安心。

从 1997 年开始，争取民主联盟分成了两派，分别被冠以"自我鞭策"和"自我满足"的绰号。历届争取民主联盟的政府都曾想方设法平衡这两派。

当恐惧开始消退，不满情绪毫无征兆地在一次高弃权率的议会选举中爆发，联盟突然破裂了。这不是左派和中间派之间、非教会者和基督徒之间的老矛盾。也不是党徒的老牌逻辑，而是一个全局性的分裂。这更应该是全球化引发的不安，它随着首届民主政府的经济所取得的成就过早地以矛盾形式呈现出来。当帕特里西奥·艾尔文总统用残酷一词来评判市场，并保证绝不践踏一家商场时，也许只有他表现出了"自我鞭策"的初期症状。所有这一切伴随着国家发展，贫困人口减少，社会政策与市场和谐相处，直到穷人们长期享受可以支付的消费。

在爱德华多·弗雷和里卡多·拉戈斯执政期间，两届政府办事含混不清且转弯抹角，不把矛盾摆在明面上。正相反，米歇尔选择了对内阁实施仲裁，这样两个争取民主联盟的阵营无遮掩地坐在一起：清晰的自由主义经济和更大的社会进步。

局面鄙俗而混乱。初期，由于执政经验不足加之爆发了学生运动，财政部和劳动部自然而然地成了两派的中心。安德烈斯·韦拉斯科全面维护宏观经济的平衡，这对于融入全球化是必不可少的。奥斯瓦尔多·安德拉德，作为后社会主义代表，成为了社会需求的代言人和捍卫者。

总统对矛盾和冲突采取放任态度，而不加以阻止，直到巴切莱特完全确认。也许有些晚了，甚至为此牺牲了自我形象。她也许可以拖延，但是处在民主集中制中的其他人，绝不允许在没有巴切莱特裁决的情况下，以直接协商的方式解决分歧。

韦拉斯科必须接受有争议的措施，接受媒体的无情抨击。尽管财政部的权力众所周知，但是安德拉德毕业于天主教大学，他以机敏律师所具备的严谨态度和独有口才，傲慢且毫不留情地使他在元首和其他同事面前颜面尽失。韦拉斯科的回应克制而耐心，他知道安德拉德和"女统领"有着共同的经历，他是埃斯卡洛纳领导的新左派的核心人物，有着他所缺少的党派的支持。

米歇尔遇到的是一个不寻常的大型火药桶。近几年，铜价已经超过了3美元一磅，国库也因此充盈。

期望难以约束，各地的人们感觉到他们的时代终于到来。如果说，之前是怯生生地恳求，现在则是高声疾呼和日益强烈的表达诉求。我们第一次真正变成富人！在街头，示威者们要求政府的回应。游行队伍里有渔民、煤矿工人、分包商、住房债务人、公务员……

各方对于政府支出观点各异。国外奖学金、电脑进口、中小企业的"债务免除"，甚至还有前总统爱德华多·弗雷的极端坦诚，为了"畅通圣地亚哥"进行的国有化，他宣称："我们难道要把拥有两百亿或三百亿美元储备的政府交给右翼吗？这简直是疯了！"①

社会党内有人叫嚣，巴切莱特政府会因为安德烈斯·韦拉斯科的新自由主义政策而彻底失败。在贡萨洛·马特内尔被任命那一刻起，他就把马里奥·马塞尔受到无端排挤的事情，直接归罪于卡米洛·埃斯卡洛纳。

除了党派内部和议会利益团体间的斗争，她还了解到，经济游戏的规则是不允许一下子处理所有悬而未决的问题。安德拉德和其他支持者牵着前进的缰绳，而韦拉斯科和他的小组则在急刹车。

总统分析了每个人的看法，虽然她内心渴望给予更多的包容，但韦拉斯科的才干和坚持比起大家的期待更深地影响着她的理智。她还察觉到安德拉德用他的智慧和愿望，推动着自己的主张。

费利佩·哈尔伯作为内政部副部长，帮助平息某些情绪，阿尔贝托·阿雷纳斯作为财政部预算办公室主任成为巴切莱特和韦拉斯科二人间必不可少的枢纽。

韦拉斯科不理会那些脱离政治现实的讽刺漫画，他用他的观点劝说总统，当总统走在大街上时，总能发现他的观点言之有理。在无数

① 全国基督教民主党委员会，2007 年 5 月。

情况中，经济学家必须抛开正统理论和自身的信念。米歇尔对这位部长的信任在一点点加深，同时他也证明了自己对她的忠诚和毫不动摇的支持。

韦拉斯科和安德拉德之间的斗争是相当血腥的。和所有的争斗一样，总有阳谋和阴谋。间谍、告密、假情报和背叛都掺杂其中。阿尔贝托·阿雷纳斯、弗朗西斯科·哈维尔·迪亚斯和卡米洛·埃斯卡洛纳尽可能让总统知晓来自财政部、拉莫内达宫和议会各方的不同观点。

斗争也是不平等的。虽然财政部长拥有无可比拟的技术知识团队，而劳动部长在议会也有一个强有力的团队。但安德拉德用错了战术，或者他只是把目标定得太高。为了获得更大的权力和拉莫内达宫的支持，他加入了肮脏的游戏。他煽动领导人和议员们对财政部提出越来苛刻的要求。提高最低工资标准，重新调整财政部雇员……韦拉斯科被冠以"坏人"的名号。民主联盟内议员暴动，内阁中甚至有部分官员背信弃义，这些行为超越了底线，危及了政府的运行。因此，劳动部长失去了他的重要盟友——卡米洛·埃斯卡洛纳。

虽然小型公共性冲突一直持续到 2008 年底，直到奥斯瓦尔多·安德拉德离职并成功进入议会①，冲突也仍未完全消失，一直持续到米歇尔执政的第一年才结束。

面对自己阵营议员的背叛，卡米洛·埃斯卡洛纳极度警觉。仿若萨尔瓦多·阿连德曾遭遇过社会党的可怕动荡卷土重来，这让他毫不犹豫地行动起来。他准备消灭所有挡路者，捍卫巴切莱特政府的稳定。他不允许有人认为社会党要脱离元首。他告诉所有愿意聆听的

---

① 2009 年 12 月，奥斯瓦尔多·安德拉德被选为议员，以 29.88% 的得票率位居所在选区第一。

人，执政政府不属于社会党，而属于争取民主联盟。他回忆道，在第一次民主选举时，社会党赢得了6%的选票，然后停滞在了11%，也就是说，如此微弱的民意支持率导致任何领域都不可能发生革命。他的党派以令人惋惜的分裂告终：他的两位战友，豪尔赫·阿拉特和马尔科·恩里克斯-欧米那尼，在2009年的总统大选中与民主联盟的竞选者竞争。许多人指责他是斯大林主义者，而另一些人则称赞他是以国家为重的领导者，他的忠诚经受得起任何考验。米歇尔从执政开始到结束，都将他视为忠实的顾问。

当何塞·安东尼奥·维埃拉-加约取代保利娜·贝洛索成为了总统府秘书长时，奥斯瓦尔多·安德拉德觉察出入主拉莫内达宫的可能性越来越小。随着2007年的到来，他意识到自己在政府内的威信在下降。总统越来越重视韦拉斯科的意见，他则意识到了自己在相关问题上的孤陋寡闻。

米歇尔选择财政部长作为她坚实的后盾，这位部长认同她对经济的掌控，以此确保有力实施她希望的社会保障制度。

埃斯卡洛纳也与安德烈斯·韦拉斯科结成了同盟。

然而，对于这位部长来说，前行的道路仍然曲折。米歇尔从来没有正式与安德拉德撕破脸，他们之间的关系非常深厚，一直保持着对彼此的喜爱和尊重。此外，总统有最终决定权，即便她不是经济学家，也不会像艾尔文总统和他的部长亚历杭德罗·福克斯莱那样，因为她绝不会放手对经济的掌控，更不会交出全权委托书。

米歇尔理解韦拉斯科经历过的人生起伏：在青年时期，他父亲被迫流亡，他本人深受人民团结政治经济动荡辩论的影响。正是为了寻找答案，那些年里他游荡于各个美国重点大学（耶鲁大学、哥伦比亚大学、麻省理工学院、哈佛大学），攻读哲学、政治学、国际关系和经济。但是，正是由于他害怕发生民众游行，他才毫不犹豫地在正统理论和满足人们需要间寻求平衡。

米歇尔同意加强自有储备，即所谓的结构性盈余，以保证财政管理的稳定；她还指出，今后的支出不能受包括铜价在内的资源周期性价格变动约束；她虽然估算了困难时期的储蓄标准，但是她确信，唯有充盈的国库才能真正支配更多支出，这一点再严肃的投资者也会认同，因为国库储蓄也能积累一定财富。在听取各方意见、研究和思索后，她得出结论：在拉戈斯总统执政期间制定的 1% 的结构性盈余政策，可以降低风险。

内政部长贝利萨里奥·韦拉斯科是政治委员会里的措施倡导者。安德烈斯·韦拉斯科为自己辩护，拿出强有力的论据说服那些妖言惑众之人和灾难预言者。和所有财政部长一样，他规避风险，害怕任何市场误读的迹象。但总统并没有让步。

成为财政部预算办公室主任后，阿尔贝托·阿雷纳斯提出成立高层委员会，研究减少支出的可行性。马里奥·马塞尔、爱德华多·恩赫尔和帕特里西奥·梅勒，这三位具有国际专业水平的经济学家深入研究了这一问题。他们起草了多份草案并进行了细致的修改，甚至连逗号都修改了。之后，最终报告提供了总统合理的理由。财政盈余可以下降到 0.5%，并在不久的将来变为零。由专家们担保，韦拉斯科陈述了自己的决定。他从没有听到过对总统的批评，连最私密的圈子里也没有。

遏制支出总是很难的，尤其是在生活富裕的时候。米歇尔可能不属于政治精英范畴，但她比许多杰出的领导者更了解世界。她很清楚在 21 世纪，优秀政府的标志既不是右翼党派也不是智利企业家们给予的，而是可以在国际舞台上炫耀良好的财政情况。当她的声望降到最低时、当"畅通圣地亚哥"危机出现时、当对某些立法项目的抵制动摇了韦拉斯科、当许多人直截了当地要求她下台时，米歇尔选择坚持己见。

逆水行舟虽不易——因为每个人都希望利用繁荣——但这似乎无法作为冒险进行经济管理改革的充分理由。接近左派民粹主义的形象也带来了很多问题。她更愿意把赌注继续押给韦拉斯科，表明作为社会党人士，她能够负责任地协调财政管理，并力促真正有效力的社会政策。

坦诚相待

2008 年初，一切似乎再次回到正轨。随着艾德蒙多·佩雷斯·约马成为内政部长，何塞·安东尼奥·维埃拉-加约成为总统府秘书长，弗朗西斯科·维达尔成为发言人，争取民主联盟正在回归传统，人们感觉到对新风格和新面孔的尝试渐渐被人遗忘。民主过渡时期的著名人物，如：恩里克·科雷亚和欧亨尼奥·蒂罗尼，再次成为内部讨论和未来规划的重要成员。

在内阁构成中，米歇尔广泛纳入各个党派。她希望摆脱令人恐惧的"畅通圣地亚哥"年，组建更协调的团队，并计划在十月市政选举前和联盟建立更为密切的关系。

民意调查显示：政府政绩略有好转；针对"畅通圣地亚哥"的尖刻言辞，主要指向的是勒内·科塔萨尔而不是总统。尽管动荡无休无止，她仍保持着很高的信任度、尊敬和爱戴。

在假期开始前，总统在赛罗卡斯蒂约宫与整个团队召开了一次工作扩大会，参会人员包括副部长、顾问和一些服务部门负责人。元首再次强调了解决民生问题的紧迫性，她尤其谈到了对秩序和效率的迫切需要。总统、佩雷斯·约马、比达尔，所有人都就此发言了。但是，由于拉莫内达宫一直是男权制的，米歇尔不得不花几分钟的时间提醒大家关注性别问题相关议程，强调相关待定立法的重要性。

夏季的瓦尔帕莱索湾壮丽的景色是调剂官员心情的理想场所。伴随着首届内阁成员们的幽默和温情，总统在热烈的掌声中结束了一天的行程。能量和乐观重新在权力的长廊中流动。

总统很肯定，与执政下半程所面临的主要内部冲突相比，调解安德烈斯·韦拉斯科和奥斯瓦尔多·安德拉德之间的矛盾如同儿戏一般简单了。艾德蒙多·佩雷斯·约马，这位和他父亲四十年前所担任职务一样的人，也认为这些游戏规则和他的想象不一样。

佩雷斯·约马生在由政治家、企业家和将爱德华多·弗雷推向总统位置的"铁人圈子"的世界，他是一个不惧怕风险挑战的男人，敢于独自驾驶游艇在太平洋冒险，敢于处理那些棘手的政策问题。例如：在里卡多·拉戈斯执政期间建立圆桌对话，寻找失踪的被拘留者。

虽然新内阁令人印象深刻，但是巴切莱特政府与其他政府是不同的。有任职于内政部并负责维持秩序的内阁首领，但这还不够。指挥权和总统宝座只能交由一人管理。

对于被认为是传统型的政治家来说，"巴切莱特现象"完全超出了他们的行为准则，适应过程不容易。约马明白，在内政部最常使用的词是"是"和"否"，对急件的处理，要做到迅速分析，即刻决定。出现问题再说。

然而，偏向一方或另一方则需要信息、政府运作下的强势地位和视野清晰的前进路线。佩雷斯·约马所处的政府已经拥有解决各种问题的惯例和程序：经济方面有安德烈斯·韦拉斯科；媒体宣传方面有胡安·卡瓦哈尔；公共政策战略方面有弗朗西斯科·哈维尔·迪亚斯；总统行程安排有罗德里格·佩尼亚利略；安全政策方面有弗朗西斯科·维达尔。重大决策已经做出，相关政策正在落实或已经提交给议会。

尽管如此，佩雷斯·约马却过分自信，他自恃了解总统府执政策略并坚持己见。米歇尔很快发现，她的这位新内阁长官具有田园主的特点。内政部长不和其他人进行磋商，没有一丝咨询顾问圈子的意思，就自行制定了议案：国家现代化，政治改革和支持备受争议的伊德罗阿伊森（Hidroaysén）水力发电厂①。总统的亲信们无比惊惧，迅速设法化解他的承诺所造成的混乱。佩雷斯·约马是直接和固执的："我是来做事的，要么认同我要么就完蛋。"

在财政部，当天的日程是"征服佩雷斯"。韦拉斯科有足够丰富的斗争经验来同这位比他前任们都要强大的内政部长为敌。上任不久，佩雷斯就在他位于拉莫内达宫内的办公室里接见了韦拉斯科，之后是副部长玛丽亚·奥利维娅·雷卡特以及预算办公室主任阿尔贝托·阿雷纳斯的。

艾德蒙多·佩雷斯客气地听着，但没有太多反应：他不同意财政部的看法。甚至于，他确信总统将会换掉韦拉斯科，而马里奥·马塞尔将是更适合的人选。他倾向于更积极活跃的国家运作；与那些希望增加公共支出者们的看法一致，他觉得只有女人才会热情地采纳用于困难时期的过度储蓄政策。

然而，上任两个月后，他发现韦拉斯科并没有离职，而且他的权力难以抗衡。在不到 24 小时的时间里，他必须公开收回曾讲过的支

---

① 在智利最南端的贝克河（Baker），建立几个重要的水力发电中心的项目。

持基督教民主党（由反对党和企业家们支持）议员所提出的将附加
增值税从19%降至18%的话。他不得不在媒体面前澄清，财政部长
早已告诉他要就现有机制来实现类似结果。"只有驴子不会改变自己
的想法"，他说。他不再干涉财政事务，他只是接受了事实：韦拉斯
科是一位正统的经济学家，拥有总统和社会党中最权威人士卡米洛·
埃斯卡洛纳强有力的支持。

内政部长明白，他不能对巴切莱特已经制定好的政策以重击，但
是他也不准备只当一个装饰品。他的个性不允许他成为这样的角色。

危机毫无预警地爆发了。佩雷斯·约马没有召集周五的政治委员
会例会，而是在为周一和总统开会做准备。部长们吃惊地给他打电
话，他们收到了同样的答复：

"我们为什么要继续做这些自欺欺人的事情"，部长直截了当地
对其他人说，"我们聚在一起，探讨应该作的决定。同时，我们所有
人都知道还有一个平行的政府。事情在其他地方已被敲定，某些部长
与总统直接就某事进行讨论而不必经过我们。我对此没有看法，但是
我们也别在这儿浪费时间。"

"埃德蒙多……"一些人嗫嚅道，但佩雷斯·约马已经耐心全
无，并且继续直言不讳。

"每个星期一，我们都和总统坐在一起，总统带着一本也许已经
由某人写好的笔记，过来传达某些决议。我不认可更不喜欢这一做
法。"韦拉斯科和比达尔立即提醒了总统。第二天，她单独会见了
他，一如往常般平静而热情。尽管他们势同水火，米歇尔仍亲切地对
待这位讲究实际、说话不拐弯抹角的男士。她仔细听了他的抱怨，并
且在听到他说她笔记本上记的都是打着官腔、缺乏政治分析的东西
时，她忍不住笑了起来。

有那么几个星期，笔记本被放置一旁，再次回到人们视线中时，笔记变得更简明且没有任何官僚特点，甚至也成为了笑谈。

总统在内阁会议重申，内政部长是协调政府事务的负责人。尽管一些人试图反对并继续寻求与她直接接触的机会，但大部分人最终还是承认了佩雷斯·约马是内阁第一人。但是，他的权力还远远没有达到一位强大而独立的内阁领导所应具有的。

佩雷斯·约马和安德烈斯·韦拉斯科之间的冲突更为严重。他不想只在政治委员会作为听众，他要能够给出重要信息。

"如果这是你的工作方式，"他斥责道，"这样的会议你就别来了。做你自己觉得合适的事情，自己干自己的事情就得了。"

财政部长察觉到，他们之间的冲突可能会比与奥斯瓦尔多·安德拉德产生的任何一次分歧都要尖锐。虽然他向佩雷斯·约马解释了他对国库储备金的担忧，但佩雷斯不是新来的，他不接受别人以怀疑的眼光来看待自己。

他们之间的矛盾很严重。佩雷斯希望一劳永逸地开源，他在政治委员会上直言不讳地表达了自己看法。韦拉斯科不为所动。渐渐地，他们开始彼此尊重并建立了某种共识。财政部长谨慎地避免内阁长官从媒体上知晓任何经济信息。佩雷斯·约马是一位讲求实际的人，他喜欢事情有进展，厌恶陷入意识形态的争论和烦琐的程序中，但是在面对有道理的论据时，他会坦率地改变自己的看法。即使如此，他还是觉得不舒服。他认为，总统从未向他亮出她所有的底牌。

政治氛围日益紧张；争取民主联盟讨论了在市政选举时使用分列名单的可能性，一面是基督教民主党和社会党，另一面则是争取民主党和激进派们。

巴切莱特试图从中调解以避免争取民主联盟的分裂，而联盟的分裂无疑是错误的。她邀请四个党派的党主席在拉莫内达宫共进晚餐。可惜，当谈判以某种理性的方式进行时，气氛早已今非昔比。此外，总统没有耐心去听那些沉浸在自我愉悦中的演说者们的佛罗伦萨式演讲。不少人还记得，为了就此事达成共识，前内政部长何塞·米格尔·因苏尔萨甚至在睡到一半的时候起来，在之后的几个小时里拟定一份计划书提出可行性意见。在这次晚宴上，他们刚一坐在桌旁，米歇尔就直奔主题。还没有用完第一道菜，她就被领导者们拒绝了。

虽然之后，他们也曾受邀出席总统府的正式晚宴，但米歇尔没有再召开新的党派政治会议。自就任总统以来，她尝试了各种方法：或亲近或疏远、或正式或非正式、或大或小的各种会议。她一直未找到协调与她理念不合且瓦解迅速的执政联盟的办法。市政选举的结果只是进一步证实了她的观点。争取民主联盟失去了五十多个城市，这些城市大部分具有象征性意义且人口众多：圣地亚哥、康塞普西翁、比尼亚德尔马、瓦尔帕莱索、伊基克、特木科和阿雷纳斯角。①

米歇尔听说内政部长想成为北部城市的参议员，便匆匆和他确认。如果是的话，他必须在年底前离开政府。

"艾德蒙多，你对参议院的席位感兴趣是真的吗？"

"我还在考虑。"他简短地答道，他知道不需要说更多的话。

事实是，他只是在寻找一个合适的体面的离职机会，但是却未能离职。

在他还没意识到的时候，他就已经开始心情舒畅了。摩擦和矛盾不断减少。最初的几个月中，他的努力还是有所回报的，尽管那时

---

① 在2008年10月26日的市政选举中，争取民主联盟获得了38.43%的市长级别的选票，而智利联盟获得了40.49%的选票。四年前，民主联盟的得票率是44.79%，而反对党只达到了38.67%。

候，他还在反对她制定的程序，在他心烦意乱的时候称呼总统那位"女士"，并且拿"在这里只有卡瓦哈尔和佩尼亚利略说了算"这样的话刺她。

米歇尔越来越重视他的意见，认可他的批判和在重大事务上毫不犹豫的行动力。甚至，她欣赏他性格中的冲动和好发号施令，这和她的复杂敏感太不一样了！也与她善于捕捉细节和消化各种情感的能力格格不入。她会笑那些保守的言论，而这些言论散发出来的都是对他激进的处事方式，甚至日常最细微小事的反对。对于她的内政部长来说，任何事项都是明确而简单的：措施是否管用，其余的不需拿到台面上。绝对别拿私事烦他！和历届内政部长相比，他与米歇尔之间正用信任和欣赏建立更加坚不可破的关系。

尽管内政部长没有得到"随意出入的权利"——这只是极少数人的特权——但是每当佩雷斯·约马说要来到米歇尔办公室的时候，她都会接见他。

当他在部长专用椅上安坐无忧时，全球经济危机的警报响起。韦拉斯科的储蓄计划获得了认可，挑战是刺激的，他感到总统需要毫无保留的支持。

大危机

米歇尔仔细研读了全球经济信息。韦拉斯科在 2008 年初就警告过，美国次贷泡沫的影响会比预想的更为严重。十月全球金融市场的崩溃，随着下半年事态的发展，很显然已经到了实施著名的逆周期政策的时刻了。为此，储蓄计划已经施行，该政策反规律而行，在繁荣时期强行进行财政缩减，以便用于困难时期的支出。这项政策最早由前任财政部长尼古拉斯·埃萨吉雷提出，并由韦拉斯科初次证明了政策具有成效。

恐惧和不安笼罩整个国家。对许多人来说，从八十年代初至九十年代末的亚洲金融危机还记忆犹新：当时，失业率飙升，独裁者发明了令人屈辱的就业计划。专家估计，这次的危机会更严重。

总统确信她的财政部长所提出的理论会获得预期的结果。

2008年11月7日星期五是个关键的日子。内政部长将政治委员会搬到了他位于瓦尔帕莱索的芭比多附近的罗斯金多斯庄园。

他还邀请了预算办公室主任阿尔贝托·阿雷纳斯，以及顾问弗朗西斯科·哈维尔·迪亚斯和罗德里格·佩尼亚利略。他告知总统，这将是一次长时间的工作会议，而且要远离忙碌的拉莫内达宫，以便在周一时将适当的计划书放在她的办公桌上。

谈话是坦率而明确的：2009年不被看好。对于这次比预期还要严重的经济危机来说，市政选举的结果作用极坏。这仿佛还不够，更严重的事情贯穿在下届总统选举的竞选活动中，作为候选人的前总统爱德华多·弗雷无法令领导者们和选民们感到鼓舞。

韦拉斯科知道展开支出政策周期的时刻到了。结论是明确的：确保政府尽一切努力对困难进行预估，并避免不知道会持续到什么时候的危机影响民众。

米歇尔接受了团队的建议：开展促进就业计划，采取措施降低获取信贷的标准，加快政策立法：建立国有养老保险基金管理公司，矿业双轨制改革，执行海外智利人投票权，自动登记和自愿投票。她觉察到，罗斯金多斯的氛围会给部长们带来灵感：政治委员会是一杯令人镇静的牛奶。安德烈斯·韦拉斯科和其余人不置可否。佩雷斯·约马和比达尔却非常兴奋，好像危机是一个慰藉品。在危机面前对现状的不同看法没有了；全球经济衰退是非常强大的敌人，大家都明白这时候需要团结的团队，尤其是大选即将到来。

即使会面临更加尴尬的冲突，总统也坚信应更加靠近群众。巴切莱特带着对安德烈斯·韦拉斯科的全部信任来到人民群众当中，坚定地传播她的理念：智利遭受的打击不会像其他国家那样残酷，政府是尽责的，赤贫人口将从社保政策中受益，也因为她不会让人们再像以往一样，在危机中陷入困顿。

随着春天的到来，她的声望开始小幅回升。然而，研究表明，她在社会政策上所作出的努力只是被当成了简单的援助。民众没能看出巴切莱特政府的不同之处。养老金改革自 7 月 1 日启动；智利与你共同成长（Chile Crece Contigo）计划包括托儿所和幼儿园；增设奖学金；全民医疗保障项目计划包括增加病人住院床位。所有这些措施是散乱的，没有构成一个整体框架。因此社会保障的概念还未形成。

2008 年 9 月，前计划部长克拉丽莎·哈迪，作为总统的社会政策顾问重回政府任职。米歇尔向她下达命令，将之前所做的努力变为实实在在的东西服务于大众，直到所有智利人都明确自己的权利并知道如何行使它们。让人们在危机中能保证生活所需，并且由克拉丽莎研究现行政策中的薄弱环节是否有改进的可能。就在此期间，社会保障制度形成了。

在韦拉斯科准备面对近八十年最严重的危机时，右翼觉察到了提高当选概率的可能性，对峙的气氛愈发浓烈。反对派的分析很简单：执政政府因"畅通圣地亚哥"受到打击，各种腐败丑闻和大规模的经济危机最终将摧毁这届政府。

作为一位称职的追随者，弗朗西斯科·比达尔动用他所有的力量猛攻反对派。他维护总统，浴血奋战。战线不断扩大，反对派不放过任何猎物，每天都会发现新的攻击目标。而他则将精彩的演讲能力用在了战斗中，仿佛挽救生命一样激烈地攻击对手。

民调显示，他是所有被任命的部长中最受欢迎的部长之一，但拉莫内达宫内对他的评价却在不断下降。

总统府总秘书部内部，何塞·安东尼奥·维埃拉-加约认为，对峙对推进立法不利。韦拉斯科—佩雷斯·约马联盟也不赞成比达尔的做法。他们二人倡导国家团结一致面对经济危机。发言人已造成了政治上的不适感。

罗斯金多斯会议后，总统开始酝酿进行内阁变动的可能性。她预计执政的最后一年，她会比历任总统更加艰难。

在议会中，争取民主党议员卡洛琳娜·托哈，作为争取民主联盟中最有天赋的年轻女性领导者之一，宣布将不再参加下一年年底的选举。她对议会工作感到厌烦，认为她的权限太少无法真正有所作为。在她周围，总有议论说，国会里只有派别，没有团队。米歇尔给她打了电话，想知道她是否可以提前辞职并担任发言人的职务。

"我最近正在思虑这个选择，"米歇尔讲道，"但是，我想知道我是否能这样选择。"

"当然，总统。"托哈热情地回道。

然而，几个星期后却没有任何回信。幸运的是，女议员没和任何人讨论过此事，包括她的丈夫，社会党议员富尔维奥·罗西。这无疑保障了她就任的可能性和总统对她的高度评价。

直到年底，米歇尔才和她的朋友兼追随者弗朗西斯科·比达尔谈话。

"你已经为维护我做出了巨大的努力，"她对比达尔感谢道，"你值得去做你喜欢的事情。等你从休假回来就去国防部吧。"

事实上，她并未和他谈起他的继任者。

二月，当米歇尔结束了争议不断的古巴之行回国后，她觉得应该将外交部加入更换的行列。亚历杭德罗·福克斯莱部长重申他想离职投入到其他的活动中去。

三月初，在拉莫内达宫的一场仪式活动中，卡洛琳娜·托哈和总统偶遇。

在一片嘈杂声中，当她如常般地想和米歇尔合影时，米歇尔带着顽皮的笑容对她说，"我回头给你打电话。"

议员不确定总统要说的是不是同一件事。3 月 11 日，在米歇尔政府执政三年之际，罗德里格·佩尼亚利略在晚上大约十点半的时候把电话打到了她家。

"总统请我给你打电话，因为明早十一点要进行内阁改组。"

这绝对是令人惊讶的。没有什么可以令总统更加高兴的了。驻英国大使马里亚诺·费尔南德斯代替了他的同事亚历杭德罗·福克斯莱成为外交部长，弗朗西斯科·比达尔担任国防部长，而卡罗琳娜·托哈成为了第一位担任发言人职位的女性。这也是首次议员离职担任部长一职。米歇尔在拉莫内达宫任命了一位女部长。

政治委员会为托哈的到来拍手称赞。她的政治洞察力和团队工作能力是对今后工作的保障。她不会迁就反对派，她的性格也与比达尔大相径庭。她不会与人发生激烈的冲突，从而破坏和右翼达成一致的可能性。

安德烈斯·韦拉斯科宣布了应对危机的经济措施。艾德蒙多·佩雷斯·约马和财政部副部长玛丽亚·奥利维娅·雷卡特赴全国各地和企业家们开会，要求地方政府行动起来，以加快促进就业委员会的运转。内政部协调各部委并反复强调一件事：智利已经准备好，政府正在尽一切努力使百姓尽可能少的受到危机波及。

3月24日，内政部长的工作热情被硬生生中断。早上五点钟，他家的电话铃响了：

"我们有一名捐赠者的器官与您相匹配，可以进行移植手术，"安德烈斯·巴尔迪维索医生告诉他，这些年，他一直负责治疗部长伴有糖尿病的慢性肾功能衰竭。"您必须立刻来医院。"

刚过七点，艾德蒙多·佩雷斯已经等在了天主教大学临床医院的手术室里了。虽然他在移植等待名单上已经待了九个多月了，但他并没有抱太大希望。尽管他的肾脏只有20%可以运行，透析日益频繁，并且他的医生也不太鼓励一位七十岁的老人进行移植手术。但他感觉很好。

总统请他出任内政部长时，他一点也没有想过他的病。当医生告诉他是时候考虑本以为会拖好几年的移植手术时，他只是把情况通知了她，同时给了副部长帕特里西奥·罗森德一些建议。即使他顺其自然地认为"我处在肾衰竭中期，将在透析或移植中终结生命"，但是他从来没有真正想过那一天。他只有六个月的时间，这件事从未被他放在心上。

这一令人意想不到的手术震惊了所有人，大家担心不已。但是医生出身的巴切莱特亲自告知公众，这不是一次紧急抢救，而是内政部长等待已久的手术。从第十大区——拉斯罗格斯大区视察回来后，傍晚时分，米歇尔与病人聊了十分钟。

在随后的日子里，她曾非常谨慎地被安排过几次探病。她像个专业医生一样来到他的床前。她穿着白色套装，检查他的生命体征，抚摸着他的头，低声对他说着，一切都好，让他安心。五天后，在赴卡塔尔和俄罗斯访问前，米歇尔过来和他告别。她的部长已经脱离危险；在某些关于她行程和副总统的安德烈斯·韦拉斯科的玩笑中，两人感慨万千：她看着他痊愈；而他记住了面前的这位女士不是礼仪性地出现在他的病房，而是因为真切地关心着发生在他身上的事情。就像数百万智利人一样，艾德蒙多·佩雷斯·约马成为了她的绝对拥护者。这位男权主义者已经是一只温顺的小猫了。

他的移植手术非常成功，恢复迅速。三周后，这位部长就回到了拉莫内达宫。4 月 30 日星期四，他在罗斯金多斯组织了第二次会议。发言人托哈报道说，根据分析，政府工作重点有两个：保护就业和加强社会保障。

当年第一季度，智利失业率已经超过 9%。在国际金融危机背景下，所有预测都不乐观。然而，在政治委员会上，大家却比上次在庄园的时候要更加充满希望。显然，他们走在了正确的道路上。所有的民意调查表明，自 11 月以来，对总统和政府的支持在持续上升。

安德烈斯·韦拉斯科部长不再是电影里的反派角色，而且得到了内阁成员的一致好评。只有政策持续走低。

总统坚持认为，在宣传这些计划，应对危机的同时，一定要让民众明白目前所有的一切都要归功于繁荣时期的储蓄政策，尤其是自她上任第一天起就在建立的社会保障体系。

第三部分 辉煌和苦痛交织的日子

一 为之着迷的民众

对巴切莱特的高度认可以悄无声息和意想不到的方式发生着，令她势不可当地从候选人成为总统。从 2008 年 12 月到任期结束，她的支持率上升，上升，再上升，打破了所有法律界定的可能性。似乎无论在她身上发生了什么事，不管她做了什么或说了什么，都没有关系，人们对她的爱戴、信任，以及最后对她领导能力的认可持续增加，直到超过 80%。①

经过近三年的努力和坚持，巴切莱特终于迎来了收获。其他领导者再次不知所措。包括反对派、政府官员、企业家和工会在内的所有人不得不接受事实，经济指数上升的情况会在一段时间内保持不变，

---

① 根据 2009 年 10 月智利公共研究中心（CEP）的全国民意调查，78% 的民众赞成米歇尔·巴切莱特领导政府的方式。2010 年 2 月智利民调机构 Adimark - GfK 的政府管理评估表明，对政府的认可度 84%，对总统的爱戴和尊敬达到 93%。益普索（IPSOS）集团在她的任期结束后突然进行的调查显示，在 2010 年 3 月下旬，对她执政的认可度达到了88.5%。

而不仅仅是昙花一现。

正因如此，在她结束执政的第三年，右翼最高领导者们毫不犹豫地将她的执政政府形容成民主联盟中表现最差的。此外，为庆祝这一日子，当总统把一万五千台电脑发给了40%最贫困人口中成绩优异的七年级学生时，他们（右翼）毫不客气地辱骂她。独立民主联盟党主席胡安·安东尼奥·科洛马，把她比作莱昂纳多·法尔卡斯，一位在大街上把钞票当礼物送的古怪百万富翁——民族革新党主席卡洛斯·拉腊因则坚称："这些电脑都安装了选举干预病毒，会给使用者们带来无数邪恶的事情和乱七八糟的文章，它们还带有西里尔或东德的字母。"

然而民众越来越喜爱她，越来越崇拜她。

2009年，随着全球经济的崩溃，引发了世界投资者的焦虑，数百万工人忍饥挨饿，米歇尔·巴切莱特继续扶摇直上。

智利无法在此次全球悲剧中幸免，连富人们也在这里哭泣了，失业残忍地打击着最贫困的人民。最终，总统的理念深入国民灵魂，与之前的灾害相比，智利人感受到的伤害要小得多。

她和她的执政政府，则在经济危机不断加深时声望大增。

那些原本指责安德烈斯·韦拉斯科是吝啬和痴迷储蓄的言论，变成对其经济复苏行动的热烈赞扬。韦拉斯科的一位亲密合作者写道：对很多人来说，这就是"与丑妇共舞"，但是对他——一位国际金融专家来说，则是"邂逅美女"。

90年代初，30多岁的韦拉斯科获得了在公共服务部门任职的机会，并成为恢复民主后的第一任财政部长亚历杭德罗·福克斯莱的内阁长官。当时争取民主联盟应当证明不会给国家造成重大损失。作为一名好学生，他从福克斯莱那里学到，政府必须一开始就勒紧裤腰带才能到最后得心应手。直到执政末期的几个月，人们才能记住他们的所作所为。而巴切莱特政府从一开始就是如此计划的。

但是，无论是总统还是部长，他们根本没有料到执政初期的巨额财富所带来的异常冲突以及空前的经济危机带来的打击。

虽然分析家们对政府的财政管理手段拍手称赞，但他们拒绝承认巴切莱特取得的成就。他们认为总统的支持率具有相对性，认为她虽然受到极大的拥护和民众信任，但在她还有一年执政期的时候就下定论为时过早。他们甚至强调，在面对灾难时，人们往往会团结在他们的统治者周围。

事实上，他们最后所强调的论点与全球经济危机根本没有任何关联。只要放眼望向全世界，尤其是如英国、法国、德国和西班牙等发达国家，就会知道这些国家领导人一般都是在危机中民望暴跌。这更说明他们的看法是返祖愚论，是为了影响睿智的领袖和经验丰富的分析家们无法察觉到巴切莱特正在传播的理念。

全球危机迫使人们承认储蓄用于困难期支出是一项伟大的决策。专家们结合发生在全世界的事情对这一决策的分析也各不相同，它并非仅停留在技术认知层面，而是意志力、洞察力和政治的稳定性的反映。

正如一些人说的，这并非是懂得储蓄的家庭主妇做出的在繁荣稳定时期进行储蓄的决定；而是智利民众选择的总统进行的决策，选择她是因为他们信任她的方针、她的承诺、她的严谨以及对日常生活问题的了解。在此情况下，巴切莱特以非比寻常的坚韧和不屈，支持着她经济团队的建议，而没屈服于比花言巧语还有诱惑力的简单道路。

危机爆发后，她要求企业家们承担社会责任，帮助解决就业问题，降低危机的影响，她还加快了社会政策的实施进程。她的声望犹如春天盛放的花朵，不仅是因为她深刻理解千百万家庭的恐惧和不安全感，更重要的是因为人们开始切身体会到了她承诺的重量。

大量特殊救济券被拨下来，覆盖面前所未有①，为了让成千上万的智利民众从中获益，失业津贴被彻底取代了，并且住房预算也大幅增加。国库被毫不吝啬地打开，而这在很多方面违背了财政部长的意志，他表示反对并认为这些支出比起需要来更像是民粹主义。

但最重要的无疑是养老保险制度改革。在执政后期，成千上万从未缴纳过养老金，且在年老时不可能有任何收入的民众，从基础性共济养老金中获得了每月七万五千比索②。区别于传统养老金制度，这样做受益群体不仅是最贫困人口中的 20%，而且还在扩大，并已经覆盖到了 50%，总数超过 50 万人。另外 40 万在其工作年限中进行了缴费的工人，还会得到补充性共济养老金，他们的养老保险金总额至少为每月 15 万比索。③

米歇尔承诺，这场危机尽管是近八十年中最严重的一次，但不会像之前的危机那样，对智利民众造成重大打击。她真的做到了。

2009 年，国内生产总值（PIB）比 1999 年亚洲金融危机时，下降了两倍多。然而，失业率却从未达到过 1999 年冬天所达到的 11%。④

随着 2009 年的临近，她的民望不但没降，反而极高，各个部门都选择让巴切莱特远离批评的旋涡。在她执政最后一年的竞选活动之中，似乎没有理由与民意唱反调。虽然右翼的攻击仍然猛烈，但是意

① 2009 年 3 月和 8 月，政府提供给每个老幼病残家庭成员价值 4 万比索的救济券，也就是说，如果一个家庭有三名老幼病残成员，将会得到 12 万比索，约 240 美元。

② 大约相当于每月 140 美元。

③ 大约相当于每月 280 美元。

④ 根据智利中央银行数据，1999 年国内生产总值同比下降 0.7%，2009 年则下降了 1.5%。而智利国家统计研究所则表示，1999 年 8 月的失业率达到了 11.9% 的历史最高水平，2009 年 8 月，百分比也很高，为 10.8%。

在破坏民主联盟，而不是针对总统。

米歇尔以如此的方式闪闪发亮，而她周围的传统政治世界却还是那么沉闷、怪诞和庸俗。在智利历史上从未有任何一位共和国总统确实地获得过如此高的民众支持。她的治理理念和独有的个性令她在每个社会部门都获得了超过 65% 的支持率，而这与她的社会地位和政治身份无关。① 自入主拉莫内达宫开始，米歇尔就赢得了所有阶层、政治倾向和肤色的智利民众的支持。他们是如此爱戴她。

心驰神往的靠近

虽然她多次以认真严肃的态度谈论国家问题，例如就"畅通圣地亚哥"事件道歉，更换部长或暗示经济危机的严重性；但是，每个人想到她的时候都会不自禁地想起她清澈而自然的笑声。米歇尔很多次哈哈大笑时的样子深深刻在了智利民众的记忆中。她有感染力的微笑总是在出乎意料的时刻油然而生。

她作为国防部长时就非常夺人眼球，当她在里卡多·拉戈斯身边时——在整个国庆日庆典上——她陷入总统座驾的座椅上，不能像这种场合要求的那样起身保持站姿。2008 年 11 月，在特木科的赫尔曼贝克尔体育场的开幕式上，她穿着优雅的黑色裤子和橙色外套将开场球踢出去时，同时飞出去的还有她的鞋和她的大笑声。在纽约美国对外关系委员会②的一次极具影响力的大会上，她用流利的英语演讲，微笑着面对 50 名高层执行官，并用一个古老的笑话回应提问："诸位知道在美国从未发生过政变的原因是什么吗？因为在美国没有北美洲

---

① 2010 年 2 月智利民调机构 Adimark – Gfk 的政府管理评估表明，90% 的民众肯定了总统处理危机情况的能力。同时，65% 的民众支持政府正在制定的工作方式。

② 美国对外关系委员会（Council on Foreign Relations），总部设在纽约，是美国国际政治思想方面最具影响力的中心之一。

国家的大使馆"。她认为，幽默是最强大的武器。当时，为了避免冒犯，她提到这是一位来自北美洲国家的大使讲给她的。

正如尼采所说，"一个人潜在的智慧是由他所能运用的幽默分寸来衡量的"。[1] 如此看来，毫无疑问巴切莱特的智慧超群。她的幽默既体现在淳朴的玩笑中，也在她尖锐的讽刺里，或许这也正说明幽默是苦难生活最好的、唯一的解药。

在面对生活中的各项职责时，这份天赋，虽从未减轻米歇尔所担负的巨大责任，但却似乎能够令她征服任何人。

虽然许多人一直将她看作社会党党员，和她的党派紧紧地捆在一起，但自成为公众人物起，她所展现出的是对旁人无比的尊重。巴切莱特一直坚信作为一个人，他永远值得被关注，这不因他们本身的性格、信念，甚至他们的过去。

当她作为首位女性国防部长出现在公众视野中时，一个刚刚成立的女性团体的诸位领导请求她的接见，该组织的成立旨在表达职业女性的诉求。米歇尔想知道她们都是谁，因为仅从社会学家玛加利塔·玛丽亚·埃拉苏里斯和记者玛丽亚·埃莱娜·伍德那儿了解到的成员姓名，并没有更多有用的信息。

"一群富婆。"她的顾问们回答。后来还被巴切莱特当成逸事提起。

部长不仅接见了她们，还欣然接受邀请出席由她们组织的市民友好交流活动中的采访环节。活动中，在听着她不带一丝怨恨、无限乐观地讲述她的苦难时，成员们无不被她的坦诚和才能所折服。巴切莱特成为团体名副其实的标志，并作为重要嘉宾出席她们的每场活动。

---

① 阿维拉·雷米迪奥斯：《尼采的幽默和快乐》(*El humor y la alegría en Nietzsche*)，西班牙世界出版社 (El mundo) 2000 年版。

正因如此，一些成员——倾右翼党派人士——认为有必要对团体领袖提出警告，这位领袖是希望高地（Esperanza Cueto）律师事务所负责人："如果这位女士成为总统，一切都是诸位咎由自取。"

巴切莱特热衷于关注他人的本性，所以她刚刚就任总统就被众人熟知了。夏天在卡布瓜湖度假时，她接到了各种各样的邀请，甚至还包括一些邻居们，尽管他们之间无论思想还是生活轨迹都截然不同。

在香肠业巨头阿尔韦托·卡西斯庄园出席午餐会几乎成了一种传统。庄园主人是位阿拉伯社区的领导者，他在家中招待了她和同一社区的其他杰出企业家们，如勒内·阿布莫奥尔、塞尔希奥·萨尔基斯和马塞洛·萨拉盖特。房主也是皮诺切特总统基金会的董事之一，在午餐会上还有不少皮诺切特的追随者，如他的财政部长兼内政部长，经济学家卡洛斯·卡塞雷斯。米歇尔无疑是进了虎口。

他们所有人携家人和元首欢聚一堂，为她的魅力所折服，和其他人一起成为她的崇拜者。

在这些满是佳肴的诙谐聚会中，米歇尔的表现和访问一个城镇、一家医院或者一座采矿中心一样。她穿着夏装、脚踩中产阶级样式的凉鞋，不做作也不虚伪。她的母亲也是如此，有时会陪同她出席。好几位出席聚会的人仍然记得，在暑假愉快和放松的氛围中，安赫拉·赫里亚和卡洛斯·卡塞雷斯谈起了军事政变后发生过的最严重的侵犯人权的事件。她在面对那些磨难时所表现出的坦率、自尊和宽容打动了对方和之后人们又听到了卡洛斯担任部长时期的事情。也许有些人会认为他们的这种精神与独裁时期炫耀和支持独裁的那些人的精神是多么不同啊！

2009年4月23日，总统的主要日程是会见"教育2020"组织的负责人，该组织发动的公民运动在几周内就已经募集了数十万的签名，目的是为没有歧视的高质量教育而战。诉求来自"企鹅革命"，由马里奥·魏斯布鲁斯教授，以及智利大学和天主教大学工程学院的学生领袖们解说并牵头。

组织成员们表现得很紧张，所有人穿着代表运动的绿色 T 恤衫。魏斯布鲁斯有 20 分钟时间就必要措施说服巴切莱特，以便实现平等的受教育机会。

智利大学工程工业学院的学生领袖巴伦蒂娜·基罗加，坐在总统对面，开始紧张起来。那次经历令她永生难忘。她后来回忆道："我很感动，我并不是在一位重要人物的面前，她的眼神不带探究，但也不冷漠，反而充满人情味……就仿佛当一个人陷入困境时，出现了一种温暖而熟悉的眼神，这令你感到放松，因为感受到了家庭般的温暖。就仿佛她在说，'我是总统，但在这个大厅里我更是一个普通人'。她谦逊地注视着所有人。"

在解释了他们的提议后，魏斯布鲁斯指出正是由于这些青年们推动了此次运动，所以他把陈述的机会让给他们。巴伦蒂娜觉得她无法在这位如此特殊的女士面前开口。

他的朋友马蒂亚斯·雷韦斯表示，能够在一所私立学校中学习是幸运的，但看着他的弟弟妹妹却只能接受差劲的公立教育却是痛苦的。玛丽亚·费尔南达·拉米雷斯感激她出生的家庭能够让她有机会成为一名工程师。令人意想不到的是，弗朗西斯科·赫里亚站了起来，将自己妹妹写的信交给了总统，信件的内容无人知晓。组织中年长的负责人们温柔地注视着她。① 随着学生们的陈述，大家的情绪越

---

① 除了马里奥·魏斯布鲁斯，出席会见的还有塞利亚·阿尔瓦里尼奥、克劳迪娅·博瓦迪利亚、帕特里夏·马特、亚历杭德拉·米萨拉、海梅·埃斯特韦斯和罗德里戈·霍尔丹。

来越激动。

在那次会议上，是女性掌权做主。总统身着黑色套装搭配宽大的白领衬衫，陪同人员有教育部长莫妮卡·希门尼斯，发言人卡洛琳娜·托哈和财政部副部长玛丽亚·奥利维娅·雷卡特。这是她执政时期的一个明显标志。

希门尼斯在会上发言，赞赏了他们的倡议，但同时，她还向他们解释了这个问题的复杂性。巴切莱特打断了她，认为还不是平复情绪的时候，她想继续听那些年轻人充满激情和理想的话语。

轮到巴伦蒂娜了。她带着颤抖的声音说道，她一直带着责任在学习，她知道如果她占用了一所大学的名额，那么另一位青年则会失去这个机会。"我来自有深远信念的家庭，"她说，"我们认为占人口五分之一的富裕阶层应对其他阶层的人负起责任。从这个意义上来讲，教育问题的根本是打破从初生婴儿开始就存在的不平等。如果国家资源配置有先后次序，那么首先要是人，这是一个国家最宝贵的东西，只有这样我们才能进步。我知道我还是个孩子，但是当我老了，我希望那时的国家将是不同的，并且我参与了其中的变化。这样我的存在才是值得的。我还清了我的社会债务。"

在场人对学生们的话语无不动容。所有人都热泪盈眶。米歇尔讲述了自己年轻时的经历，她也曾怀揣着同样的梦想。巴切莱特也落下了眼泪。会议持续了一个半小时，此时此刻其他任何事情都不重要了。

这就是巴切莱特的风格。展现自身魅力，和他人产生共鸣，以此触动人们的心灵。作为女性，她能够打破阶级和条条框框的限制，却丝毫不影响她身为总统的权威。她甚至还经常脱离随行人员或跨出围栏拥抱任何需要她的人。在 2009 年圣地亚哥书展的时候，也发生过类似的事，在发表演说前，她走下舞台，穿过马波乔火车站文化中心的艺术品大厅的贵宾席，走上前与国家文学奖得主何塞·米格尔·巴拉打招呼，只因主持人忘记提到他的名字。

在华盛顿韦斯特兰中学她也是这样做的，孩提时代她曾在那里学习，那时候她的父亲被派驻到美国。中学为迎接她的到来做了几个星期的准备。这是第一次有总统来参观。乐队学习了智利国歌，智利风铃草也从加利福尼亚州运了过来，当天早上学生们也把牛仔裤脱在了家里；一切安排就绪，细致入微。直到她到来，所有人都为之疯狂，尤其是对安保负责人来说，她和成百上千的学生合影握手，回答他们的问题。很多孩子们将永远记得这位满头金发身穿红色外衣的女士曾告诉他们她也曾像他们一样在这里学习，然后她还补充道："我现在是一名总统，这意味着你们也可以成为你们想要成为的人物。如果一个人努力地学习，有远大的理想，那么他将有无限的可能。"①

很难找到一个和总统在一起却能够表现得无动于衷的人。人们说，她是强大的，也是亲切的和真实的。正如年轻的工程师巴伦蒂娜·基罗加所言，一位与众不同的人物。

这也解释了她有如此坚不可摧的声望的原因，超出了任何政府自身的错误或缺陷。

二　世界在她脚下

得知米歇尔·巴切莱特成为总统候选人的时候，全世界都为之疯

---

① 2009 年 8 月，在巴切莱特总统访问过后，该校负责人丹尼尔·福格尔曼和马霍雷利·洛佩教授访问智利，参观了佩妮洛伦斯（Peñalolénz）的埃莫索河谷（Valle Hermoso）中学，并和该校建立了亲密合作计划。

狂。她的传记在全球范围内一版再版。她的人生经历仿佛迷人的传奇：阿连德，人权，流放，单身母亲，儿科医生，国防部长……

妇女运动者、欧洲政治阶层和拉丁美洲的精英们忽然对"巴切莱特现象"产生了兴趣。对美国军界来说，她是熟客。她不仅作为国防部长访问过华盛顿，而且毕业于泛美防务学院。自她上任第一天开始，《纽约时报》（*The New York Times*）就把她放在了国际新闻的头条。

米歇尔既明白全球化的重要性，也知道"这片土地上没有先知"这句谚语在智利深入人心。要在国内得到尊重必须取得外交的胜利，因此在这方面她一直在不断努力工作。她利用所有可能，到不同的地方以各种目的进行访问。她的随行人员来自各个领域，受邀者们在之后都会传颂巴切莱特走到哪里都会收获仰慕与友谊。

她与外交部长亚历杭德罗·福克斯莱的相处并非完全顺利。总统的喜好是至关重要的，在他成为其政府计划协调者和选战中的关键人物后，她却从未让他进入自己的亲信圈子。也许这对于两个完全不同的人是不可能的。虽然他们都具有讽刺的幽默感，但她是完全拉美式的，而他则是个严肃的外国佬。"苏格兰人"，她在朋友们中这样称呼他。虽然她尊重他的专业性，以及在其他领域的看法，但是她必须就每一个国际事务征求不同的解决意见。尽管福克斯莱负责处理国家重大事务，但是涉及巴切莱特与外国元首的私交时，多交付顾问马科斯·罗布莱多和议定书办公室主任费尔南多·阿亚拉处理，而后者的重要性早已超过了她所担任的外交部部长下属的职位。

以往的争取民主联盟政府把重心放在开辟新市场和自由贸易协定上，与之不同的是，米歇尔选择把重点放在拉丁美洲，特别是与南锥体国家的关系上。她的首访国选择的是阿根廷、乌拉圭、巴拉圭和巴西。事实上，所有的美洲国家她都去过。

另外，秘鲁向海牙国际法庭提出海疆划分问题，虽然智利政府无法阻止，但智利重新夺回了几十年前失去的海域。为了获得尊重，并在争端问题上有话语权，智利摒弃了一贯的高傲。

福克斯莱聪明，有足够的政治经验和美洲各国的人脉，严格执行美洲的政策规定；同时，他还打开了东南亚国家、澳大利亚、新西兰或芬兰的外交通道。他的宗旨是大力促成经济共识：人力资本的投资。因此，在达成智利—加利福尼亚计划等协定的同时，还制定了智利奖学金计划，该计划保证了数以千计的年轻人在国外受教育的机会。

外交部长总是保守而又谨慎，他做不成总统的至交，为此有时他甚至感到气恼，但也会行事低调和有所保留。从另一方面来讲，他会为巴切莱特感到骄傲并且会为她的演讲所感动。在听到米歇尔·巴切莱特在国外的传奇经历时，他不止一次地热泪盈眶。她的经历总是会和那些年充斥着的侵犯人权事件联系在一起，但是也总会有一些人如她一般，坚强地生存着。

当听到那些讲演时，福克斯莱会忘记和元首的任何不快，并迅速恢复成她优秀的外交部长。

米歇尔在智利国内的执政道路虽然坎坷难行，但在国外她却闪闪发光。她几乎和国际舞台上所有的政要交谈过，无论是日本明仁天皇，还是英国伊丽莎白女王。在一场会议中她令大家无法忽视，无论会议的规模有多大。她的个人魅力征服了所有人，智利处在了与以往相比更加至关重要的席位上。

类似情况在越南曾发生过，那是 2006 年 11 月在她第一次参加 APEC①峰会之时。这是政要们真正聚在一起的会议之一，而她是唯一一位出席会议的拉丁美洲国家女性首脑。她立刻加强了同各国重要领导人的关系，如中国国家主席胡锦涛、俄罗斯总统弗拉基米尔·普京和美国总统乔治·布什，最后一位她已经在华盛顿见过了。她同日本就自由贸易协定磋商完毕，首相安倍晋三兴奋地说道："明年我们东京见，用智利葡萄酒举杯庆祝。"

她的个人魅力不只体现在双边会谈上，还体现在她的即兴演讲的能力上，她在演讲中把自由贸易的重要性——如 APEC 的某次相关会议上——和回忆冷战时期那一段艰苦岁月中越南的重要作用相结合，那时，她曾作为一名卷入军事政变的流亡者流亡东德。

执政后，她在峰会前抵达河内，并对该社会主义国家进行国事访问。越南领导们感慨地忆起萨尔瓦多·阿连德在 1968 年战争期间的访问时曾走访越共游击队的事情。

根据安排，巴切莱特会见了越南国家主席阮明哲和其他政府高官，并最终与真正的掌权者越共中央总书记农德孟进行了会面。

会谈中，她精准地谈起了自越共时期起世界的变化是多么的巨大。米歇尔更想知道自 20 世纪 90 年代越南转变为世界上增长最快的经济体之一的动力是什么。于是这位党的领导人向她授业解惑道：

"我们认识到，如果我们一直在岸边钓鱼，只会钓到些未成年的小鱼。如果我们想要大鱼，就必须走向大海。或者我们向世界开放、去竞争，去海洋中冒险，或者我们永远长不大。"

尽管听起来有新自由主义的意味，但 21 世纪的一个纯粹而简单

---

① 亚洲太平洋经济合作组织。

的事实是：要么进入全球化的游戏，要么出局。两个月后，越南社会主义共和国成为世界贸易组织第 150 个成员国。

在米歇尔和随行人员离开越共总部的同时，另一个代表团正在赶来的途中，并将与该国秘书长进行会见。这就是美国总统乔治·布什。

尽管全球化世界被新逻辑理由解读，但她那颗社会党人士的内心捉弄着她，令她坚定了对古巴进行国事访问的决心。那次出访让她最终放下了青年时期的念想。

菲德尔的背叛

从来没有人和外交部长亚历杭德罗·福克斯莱协商过是否该出访古巴，但他以绝对的专业性成为官方发言人，无论是宣布具有争议性的出访，还是对菲德尔·卡斯特罗在总统心口插刀表示失望。

米歇尔和访问团队于 2009 年 2 月 10 日星期二晚抵达哈瓦那，团队成员包括政治家、企业家、科学家和艺术家。在智利，不仅反对派，甚至政府官员都对此行表示不满。她坚持访问这个社会主义国家并按古巴的外交规定没有会见古巴政府的反对派，这一举动遭到了强烈的谴责。费尔南多·阿亚拉和智利驻古巴大使加夫列尔·加斯帕尔进行了激烈的磋商，只为获得与枢机主教海梅·奥尔特加的会谈许可。这对于基督教民主党国家委员会来说还是不够，委员会要求该党议员们拒绝元首的陪同邀请。阿亚拉政府其他官员努力的结果是只能邀请一位基督教民主党人士随行，即议员何塞·米格尔·奥尔蒂斯。

此外，在知识分子间也有言语交锋，因为巴切莱特被隆重邀请出席哈瓦那书展开幕式。豪尔赫·爱德华兹和罗伯托·安普埃罗等作家强调了他们的著作在古巴被禁，但是大多数人还是愿意与古巴同行相会。

尽管行前诸多困难，米歇尔还是高兴地动身了。此次出访令她很兴奋，因为在萨尔瓦多·阿连德之后，再没有智利总统到访过古巴。

根据例行访问传统，她来到革命广场向何塞·马蒂像敬上花圈，向古巴献上祝福，赞扬了古巴的卫生水平，她还参观了基因工程和生物技术中心，她抨击美国的封锁，并与奥尔特加主教见面，和劳尔·卡斯特罗主席进行了长时间的私人会谈。除此之外，还有传统的未知安排，即不知道是否会被菲德尔接见，甚至保密到不知道什么时候和如何接见。

第二天，接近下午一点时，她参加了纪念萨尔瓦多·阿连德活动，就在这时……最终总司令等着接见她。当伊莎贝尔和安赫尔·帕拉兄弟，以及阿尔瓦罗·恩里克斯正在演唱时，她尽可能低调地离开了墓地。劳尔·卡斯特罗由一队安保人员陪同亲自来找她，只是为了将总统送过去，没有任何人陪同。

会谈进行了一个半小时，米歇尔喜出望外。她和媒体强调，菲德尔非常活跃，记忆力精准，掌握各类数据，了解重要细节。除此之外，她的情绪还反映在她生动的姿态，满意的笑容和幸福的表情上。

那天晚上，在智利企业家马克斯·马兰比奥（古巴政府蓬勃发展的食品企业萨萨河的合伙人）的房子，女总统、福克斯莱外长和一组被选定出的代表们庆祝这次令所有人无可挑剔的访问。唯一没有进行的告别午餐也会在第二天由劳尔·卡斯特罗主持。

马兰比奥和他的妻子埃斯佩兰萨·奎托，在一个坐落在米拉马尔区拥有 50 年历史并建有花园的美丽别墅里，接待了诸位来访者。那是一个朋友间的聚会，只在泳池旁放了两张桌子，三位音乐家弹奏着热带节奏的音乐活跃气氛，所有人载歌载舞，不谈公事。

大多数客人都是自 20 世纪 60 年代那一段激荡岁月就认识的老熟人，如胡比、费尔南多·阿亚拉大使、加夫列尔·加斯帕尔大使和胡安·加布里埃尔·巴尔德斯大使，卡洛斯·奥米纳米和海梅·加斯穆里议员，编辑巴勃罗·迪特伯恩，还有企业家代表拉斐尔·吉利萨斯蒂。当然还聚集了一些较之他们相对年轻些的客人，如《诊所》（The Clinic）的导演帕特里西奥·费尔南德斯和马尔科·恩里克斯-欧米那尼议员，后者开办了一家以他父亲的名字命名的学前儿童教育中心，他的父亲米格尔·恩里克斯曾是左派革命运动（MIR）这一政治组织的创始人。

在为数不多的古巴客人中，还有总司令的大儿子，科学家菲德尔·卡斯特罗·迪亚斯-巴拉特偕妻到访。两三年前米歇尔在智利认识了他，当时他作为核物理学家，参加了瓦尔迪维亚省科学研究中心的开幕式。

晚宴中，古巴外交部长费利佩·佩雷斯·罗克和他的妻子塔尼娅·克隆贝特意外现身。他们不仅前来共同庆祝，还带来了她访问期间的照片，甚至包括和菲德尔的合照。每个人都发表了意见，并选出了最好的照片，大家开着玩笑大笑着。

友好和欢乐的气氛持续了几个小时，吉利萨斯蒂甚至忘记了他的行业代表身份和他身后的葡萄栽植和酿酒的企业家们，他被怀旧的气氛所感染，回忆起他在统一人民行动运动党①的党员生涯，并发表了激情的演讲。仿佛那段激荡的革命岁月还未过去，没有了终结时的悲伤和孤独。

但现实总是不尽如人意。出乎所有人意料，记者保拉·沃克尔靠

---

① 统一人民行动运动党（MAPU），于 1969 年 5 月创立，是从基督教民主党分裂出来的政党并和人民团结党相结合，支持萨尔瓦多·阿连德的执政政府。

近总统，告诉她菲德尔·卡斯特罗亲笔撰写的《菲德尔同志的思考》专栏最新一期题目为《和智利总统米歇尔·巴切莱特的会谈》一文中，卡斯特罗支持玻利维亚的海洋疆域划分请求，坚称在一百年前玻国遭遇"历史屈辱"，并暗指"智利是复仇般的寡头政治和法西斯"。

米歇尔什么也没说。亚历杭德罗·福克斯莱和胡比开始紧张起来，他们意识到狂风暴雨将至。几分钟后，总统只是起身离开了。

第二天早上，消息不胫而走，加深了紧张和愤怒的气氛。代表团一部分提议做出激烈回应，另一部分则倾向于调解。米歇尔没有在古巴国土上发表看法，她直截了当地要求福克斯莱做出回应。外长驳斥了菲德尔的话，将其作为已经退出政坛人士的个人意见。在智利代表团告别午宴上，劳尔·卡斯特罗做出了前所未有的举动，修改了他兄弟强有力的文字。

飞机刚抵达圣地亚哥，米歇尔就表达了她的极度愤慨，但她知道即将面临的指责会比出访前更加强烈。

由于独裁的不透明性，仅仅几个星期后古巴外长费利佩·佩雷斯·罗克和执行秘书卡洛斯·拉赫被免职，并被指责背叛革命。一年后，企业家马克斯·马兰比奥（现居住在智利）在古巴因行贿、贪污和诈骗被起诉。

虽然米歇尔在国内还是国际上的声望都未因此事受到影响，但是她却感受到背叛的沉重打击。

希腊人的礼物

想知道菲德尔的目的是什么很难，但根据不同分析家的看法，这是对民主联盟的报复。一个出过两位社会党派总统的中左联盟，证明了社会民主屈辱的成功道路。

也许委内瑞拉总统带来了同样的困扰。在出访古巴一个半月后，乌戈·查韦斯毫不犹豫地指责巴切莱特在刚刚于比尼亚德尔马结束的第六届进步治理峰会后令南美洲的团结陷入危机。在整个经济危机中，当市场力量遭到严重质疑时，总统首次在拉丁美洲会见了中左派的各国领导人们。参会者中有何塞·路易斯·罗德里格斯·萨帕特罗、路易斯·伊纳西奥·卢拉·德席尔瓦、克里斯蒂娜·基什内尔、塔瓦雷·巴斯克斯，以及令查韦斯愤怒的英国首相戈登·布朗和美国副总统乔·拜登。

执政初期，米歇尔有些同情地看着那位独特的委内瑞拉总统。与亚历杭德罗·福克斯莱和执政党联盟中的大部分人的意见相反，她犹豫是否支持他进入联合国安全理事会的请求，而不是危地马拉。但事实上，米歇尔在这些问题上足够精明，在这一国际争议问题持续发酵的几个月之中，她从未公开过对查韦斯政府的看法，甚至连她的外交部长也不知道她的想法。

进行表决时，智利弃权，并协助推举巴拿马为候选人。在接下来的伊比利亚美洲首脑会议上，巴切莱特就委内瑞拉和危地马拉撤回候选资格的事向两国表示了感谢，她强调拉丁美洲在安理会应该有一位强有力的支持者，这样他们的声音才会被明确地听到。

尽管乌戈·查韦斯经常把米歇尔描述为"朋友"，但因为他刺耳的声明和某些不当的花招，使总统对查韦斯的感情迅速降温。就在她访问委内瑞拉前夕，委国总统对智利参议院大肆攻击和辱骂。

让查韦斯对他的对话者失去耐心并不难，就像西班牙国王胡安·卡洛斯在智利访问时所遭遇到的。查韦斯那句"你为什么不闭嘴？"享誉全球，当时，在伊比利亚美洲首脑会议期间，国王陛下无法容忍他对何塞·玛丽亚·阿斯纳尔过激的批评，和对罗德里格斯·萨帕特罗首相一而再再而三的打断。作为东道主，巴切莱特被迫调解和安抚现场的气氛。

米歇尔是社会主义者，她以社会主义者的方式发言，在国内外，都以同样的激情捍卫社会政策和人道主义政策。同时，她行事自由没有拘束，和任何人都说得上话。因此，她在世界各国领导人之间的国际声望日盛。

将重心放在拉美大陆上这个愿望有了一个意想不到的实现机会——建立南美洲国家联盟（Unasur）。联盟建立前期有大量的工作要做，直到2008年5月《南美国家联盟组织条约》终于在巴西利亚签署。有人认为第一年执掌工作的将是哥伦比亚，在处理与厄瓜多尔和委内瑞拉之间的问题令哥伦比亚不可能成为一个刚刚成立的组织的主席。但按照字母顺序，智利荣幸地成为了东道国。

在外交部里，大家把这件事比作希腊人的礼物。南美洲不是可以随意炫耀的一杯牛奶，它的现状不可预知，寻求共识的成本也许非常高昂。当事情进展到此时，亚历杭德罗·福克斯莱召集了外交部高级别官员分析现状。在听取了如阿尔贝托·范·克拉韦伦、胡安·巴勃罗·利拉、安赫尔·福里斯菲斯和埃德加多·伯宁格等经验丰富的外交官和政治家的建议后，得出了因风险过高，智利不应该成为南美洲国家联盟的领头人的结论。

分析会刚一结束后，规划办公室主任安赫尔·福里斯菲斯就来到了外交部长的办公室。

"我一直在想"，他说，"我相信向总统提出这样的建议是不可行的。她喜欢风险，并对拉丁美洲有着浓厚的兴趣。她不会让这个机会擦肩而过。"

亚历杭德罗·福克斯莱和安赫尔的意见不谋而合，事实上，巴切莱特已准备好接受挑战。几天后，安赫尔·福里斯菲斯接到了与总统共进午餐的邀请，并在之后成为了南美洲国家联盟的临时秘书长。没有成本，只有桂冠。

九月时，米歇尔打出自己的牌：如果接受了职位，那么风险就是不容忽视的。玻利维亚正处于巨大的危机中，几乎在内战的边缘，已有30多人死亡。这是自她出任南美洲国家联盟主席以来，该地区首次爆发的严重冲突。在询问了埃沃·莫拉莱斯、其他各国领导人，以及美洲国家组织（OEA）秘书长后，她召开了紧急会议，协调和平解决冲突，防止政变。乌戈·查韦斯以他一贯的另类方式，借助之前的协商，不仅在巴切莱特正式宣布前连夜通报会议，而且还致电玻利维亚武装部队保卫总统莫拉莱斯，这激怒了玻利维亚和智利的反对派们。

独立民主联盟和民族革新党的领导人试图破坏会议，而争取民主联盟则惊恐地注视着政府出现的新麻烦。然而，无论是米歇尔还是埃沃都没有迷失方向。会议被敲定在15日周一下午三点。在不到三天的时间里，为了使会议能够成果斐然，外交部必须要起草好文本，总统府工作人员将奥希金斯和蒙特-巴拉斯大厅打扫得光亮如新，更有超过四百名武警被组织起来负责参会的十几位国家首脑的安全。

在推迟了45分钟后，会议开始，九个新加入组织的国家也参与了会议。在超过六个小时的辩论后，巴切莱特总统宣布，会议一致同意通过成立一个委员会来支持玻利维亚政府，帮助其寻找和平解决冲突的办法。埃沃仍是玻利维亚总统，参会者无不为巴切莱特鼓掌。

两位总统履行了米歇尔就任智利总统时双方在赛罗卡斯蒂约宫做

出的承诺。当时，在亚历杭德罗·福克斯莱的陪同下，米歇尔接见了莫拉莱斯总统和他的外长大卫·乔克万卡。一个温暖的拥抱后，埃沃开始憧憬未来：

"巴切莱特总统，"他郑重其事地说，"您是拉丁美洲第一位女总统，而我是第一位印第安人总统：我们两位必须有所建树。我将尽我所能地支持你。"

"我，"她兴奋地说，"也将尽我所能地支持您。"

这是他们之间友谊和信任的开端，这也感染了他们的外长。福克斯莱和乔克万卡忘记了已经进行了那么多小时的会谈，对彼此的理解已经远远超过了指导两国关系的 13 点议程。

对于亚历杭德罗·福克斯莱来说，这是他作为外长三年以来最令他高兴的经历之一，尽管这三年也不乏乏味之事。出访古巴后不久他从外交部离职，他对总统在处理国际性事务方面的工作能力、做出的承诺和条理性给予非常高的评价。米歇尔深情地向他告别，肯定了她对这位"苏格兰人"忠诚的绝对信任。

巴切莱特用她的人格魅力征服了全世界的统治者，尤其是她想什么就说什么的个性更是为她加分。2008 年 9 月，在经济危机期间，她站在联合国大会上，坚称："少数人的贪婪和不负责任，再加上一些人的政治冷漠，已经将全球拖进了具有极大不确定性的状况中。"

几个月后，当她访问白宫时，极具个人魅力的奥巴马总统明确表示久仰她的大名，无论是在特立尼达和多巴哥召开的美洲首脑会议，还是在无数次的电话交谈中。这虽是题外话，但却肯定了一件事：他将她看作"西半球乃至全世界，最令人信服的领导人之一"。

三　失败的噩梦

可以将米歇尔四年的执政生涯比作一个童话故事。但不是那些简单天真的故事之一，而是一段惊心动魄的经历，它布满荆棘、充满曲折、充斥着食人魔、女巫，还有引领她的臣民们的公主，仿佛丑小鸭变成美丽天鹅的故事。童话故事的结局都是皆大欢喜，然而，这个故事的结局却截然相反。

2010 年 1 月 17 日星期天，在不到下午四点钟时，米歇尔走进了内阁长官罗德里格·佩尼亚利略的办公室，他正在和弗朗西斯科·哈维尔·迪亚斯谈话。在一台双屏大电脑上逐渐呈现出了与内政部相同的信息。每 50 秒更新一次结果，迅速地显示出 30 个、40 个、50 个选票台的信息。不到四点半的时候，随着微小但似乎已经具有代表性的结果的出现，三个人悲痛地对视着。结果是 54% 对 46%，右翼竞选人塞巴斯蒂安·皮涅拉获胜。没有人希望这样的结果。

"我们输了"，总统低声说着，迪亚斯和佩尼亚利略无声地点头。

在官方数据被持续公布的同时，电视里播放着第一批选票台统计出来的信息。人们看起来就像每次在选举日时一样的高兴：两派都很乐观，投票人为己方竞选者鼓掌欢呼并嘲笑对手。

米歇尔感到心脏紧缩了一下，看到自己脸上的悲痛映在了另两位眼中。选情是严峻的。在第二轮投票中仍然还有希望，数千名追随者已经被调动起来，每个席位都有代表。这唤起了大家的勇气和喜悦，人们将那些选举专家们悲观的民调数据和计算抛在了脑后。在智利，虽然人们也会把选票投给爱德华多·弗雷，但他们已经知道，下一届政府将是属于右翼的。

迪亚斯收到他在裴涅罗伦（Peñalolén）的妻子的消息。"我们会胜利的！"她高兴地告诉他。他却无法反驳她，尽管她正在估算的选票其实已经没有任何意义。

"很多次我们做着同样的事……"米歇尔一边说，一边开始就接下来的工作做出指示。

当埃德蒙多·佩雷斯·约马和他的秘书长卡洛斯·拉蒂尼克上来时，已经将近五点钟了。

"你们的看法和我们一样吗？"部长问。

"是的，"总统回答，"确定无疑了。"

没有太多的抱怨和分析。其他顾问陆续过来，但米歇尔已经提前制订好应对方案。作为一名曾经的急诊室的医生，她会安排好方方面面，而不去浪费时间讨论事故是怎么发生的。

"和竞选团队沟通，看看弗雷什么时候讲话。埃德蒙多赶紧去和皮涅拉说一下情况，罗德里格打电话给欣次佩特安排一次电话沟通。诸位再看看我明天访问什么地方。"

她询问了部长们都有什么看法，如何安排即将抵达拉莫内达宫的人。她已完全融入国家元首的角色，她离开办公室为之后的讲话做准备，并在之后和迪亚斯、佩尼亚利略，以及她的新闻官保拉·沃克尔记者进行讨论。针对当前的情况没有任何制定好的协议可供参考，只有共和国的例行传统。

各个电视频道已经把镜头对准两位候选人以及拉莫内达宫。令执政团队惊讶的是，米歇尔不仅坚持要和皮涅拉通话，还有弗雷。这是她的候选人，她不会在此刻忘了他。

失败的噩梦在执政的最后一年一直如影随形。尽管她和她的执政政府的声望日益强大，但这些支持并未转变成对民主联盟候选人的支持。根据最终结果，简直可以说，几乎任何一位总统候选人都可以为联盟赢得五分之一的政府。获得的选票数仅仅 22.3 万张。

爱德华多·弗雷并不是罪魁祸首，他只是一连串错误的承受者。选举失利并不是在第二轮投票中发生的，而是在民主联盟违背逻辑地推举候选人时，只剩下失败的信念——或希望。在左翼民主联盟者中，不少人主张，如果输了，最好把原因归咎于弗雷而非其阵营中的某人。如同命中注定般，联盟中各党领导人不可避免地失去理智，并提出了一个又一个错误的建议，扼杀了所有正确的选择。

20 年并非虚度

2008 年 10 月那场如灾难般的市政选举结果仍然没有让民主联盟中的精英们清醒。之前他们拒绝听取巴切莱特的建议，坚持推出两份联盟提名名单，遭遇失败后却仍然冥顽不灵。她曾无数次提醒他们，民主联盟没有搞清楚选举的意义，呼吁他们注意民众利益和党内人士的利益之间的巨大差异。

爱德华多·弗雷不断努力，展示着他无限的意志力，而其他总统候选人像保龄球一样不断出局，选举工程的泡沫不断幻灭。

索莱达·阿尔韦亚尔是第一个放弃竞选的。自身的理想、选举失利的风险，尤其是会摧毁未来执政政府的政党混乱的可怕前景，种种这些令前总统里卡多·拉戈斯深陷其中无法自拔。里卡多·拉戈斯试图获得社会党党主席和争取民主党主席的明确承诺，但正如发生在总统巴切莱特身上的事情一样，他被断然拒绝。2008 年 12 月 4 日里卡多·拉戈斯明确宣布放弃他的候选人资格。对于社会党人士何塞·米格尔·因苏尔萨来说，选举道路因此变得宽广，他在巴黎一听到这个消息，立刻办理了离职。

经过几个月的操作，在拉戈斯的庇护下，他得到了最终提名。然而，当因苏尔萨有资格竞选时，他必须向许多朋友们做出明确的解释，他们总认为：他从未真正地对这个职位有所准备。他是美洲国家组织的秘书长，而他的家人在华盛顿过得很舒适。

爱德华多·弗雷继续前进，坚信可以战胜执政联盟分崩离析的影响。他准备好与激进派何塞·安东尼奥·戈麦斯在联盟内的竞争。之后，他的对手还有一名右翼候选人和两名从党派中脱离的社会党人士。

议会权力外的左翼寄希望于经历丰富的领导人豪尔赫·阿拉特，他在弗雷执政期间担任过发言人和劳动部长。还有无党派人士，年轻议员马尔科·恩里克斯-欧米那尼，作为一位在竞选中过于大胆的候选人，亲手收获了愤怒和反抗。

有一首探戈的名字叫《20 年虚度》，但此处应该是 20 年没有虚度。至少在政治上，20 年的权力生涯可以腐蚀任何人，全球历史上这样的例子比比皆是。但是反常地，米歇尔·巴切莱特却站在了前所未有的高度上。

2009 年 12 月，爱德华多·弗雷的得票率不到 30%，与此同时，对执政政府的认可度超过了 65%，巴切莱特的支持率更是超过了 80%。这一巨大民调反差，解释了拉莫内达宫和党派领导者们之间巨大的差别。

自里卡多·拉戈斯执政起，争取民主联盟理所当然地成为具有政府力量的党派联盟。前者是维系政府和市民需求之间关系的；而作为联盟，它却从党派领导人到自身的根基都在腐烂着。联盟中主要精英们非常希望联盟可以长久存在下去，强调他们的党员基础，但其中不正之风和唯利是图者遍布，更甚者丧失了人品。

米歇尔的诚实是她俘虏国家民众的优秀品质之一。她从一开始就明白，不能从个人角度看待事物，要注意到民众对更高层次的公共管理透明度的需求。职责权限和几十年前不一样了，许多做法已经不再被大众所接受，人们希望更多地参与和更好地了解国家是如何运行的。

巴切莱特毫不犹豫地推行新政，敦促政府尽快实施新标准。她渴望从根本上改变蒙昧主义文化，为实现由公民掌控国家敞开大门。在制定《公开透明法案》时，她要求所有部委在互联网上公布所有相关人事信息、合同信息和资金转移信息。最后，当该法案进入审定阶段时，遭到下一届执政政府强烈反对。但她已决定在她执政期间将公民的民主控制权付诸实践。在争取民主联盟的各党派和她的执政政府中，许多人认为这和自杀无异。

还有八个月的时间让新法深入民心。2009 年 4 月 20 日前的几天，恐惧的勤奋在拉莫内达宫的走廊上蔓延开来。"周一丧钟真的要敲响了"，各级官员焦躁地重复道，其中甚至包括某些部长。许多人认为总统的举措过于大胆，令自己置身险境，而议会和政党却不用承担责任。

毁灭性的预言并未成真，对腐败的指控和之前差不多，但智利在国家现代化进程中已经有了质的飞跃。很少有人知道，提高透明度是一个深思熟虑的政治选择。难怪人们对米歇尔的信任和尊重不断加深，尽管这令许多人大跌眼镜或大惑不解。

在竞选的最后阶段，竞选者的人格魅力也许是至关重要的，除此之外，爱德华多·弗雷在第一轮投票中极低的得票率无疑也是对争取民主联盟的惩罚，因为联盟没有重视新的民主诉求，认为决策可以继续以不公开的形式内部制定，也不明白领袖和民众之间的关系。

　　但是，巴切莱特的实力如此强大，以至于人们对第二轮投票仍抱有幻想，尽管弗雷的首轮得票结果不理想。如果能够得到反对塞巴斯蒂安的人的选票来抗衡，如果政府再多给些支持，如果鼓动那些想要改变主意的人，如果右翼导致了某种程度的不满，如果……

　　为了第二轮投票，发言人卡洛琳娜·托哈放下了政府工作，成为弗雷的最高统帅。① 毫无疑问，这与巴切莱特的风格非常像。

　　在政府内，失利导致了无可争辩的分裂。选举前的三个星期，大家都处在了歇斯底里的边缘。由于过去整整一年发生的事，总统周围呈现出两个趋势：一部分人将重心放在了以极高声望结束政府任期而不被最终失利所波及上，另一部分人则坚持把政府的成功或失败和选举结果紧紧拴在一起。

　　12 月 28 日星期二，巴切莱特召开了内阁会议，除了讨论年度结算报表和未来三个月的规划，大家还不停地设想塞巴斯蒂安·皮涅拉坐在那张大桌子的中央。弗朗西斯科·比达尔用他强有力的声音激动地说道，政府必须为候选人的胜利尽可能地发挥作用，他还回顾到先前的劳动法改革的讨论对里卡多·皮拉尔·拉戈斯的总统选举起到了至关重要的作用。

　　"总统阁下，"国防部长说，"你的个人魅力不可能转移到弗雷身上，唯一的可能是提供其他内容。我建议您将劳动法改革草案和养老金改革中仍待解决的养老保险基金管理公司国有化建议书给他。"

　　财政部长是最后一个要求发言的。

　　"总统阁下，"安德烈斯·韦拉斯科语气不耐地指出，"当我遇到

---

① 皮拉尔·阿玛内特在政府总秘书部任驻法大使。

厌倦政治的人，当街上一位女士把我喊住时，或是当我走访全国各地和年轻人谈话时，许多人告诉我，他们不会把票投给我们，因为我们腐败，我们渴望把持权力。听了比达尔部长的发言后，我理解了这些人，我想这就是争取民主联盟为什么会是现在这样。"

"你弄错了，韦拉斯科，"比达尔快速回应道，"你把国家统一和右翼对你的赞扬混淆在一起了。"

气氛变得沉重。之前在内阁会的讨论上从未出现过这样的人身攻击。此番争论如此激烈，以前从未有人像这次这样粗暴地互相指摘。大家都不出声了。总统心情沉重，把她即刻解决问题的习惯放到了一边，开始处理其他的事情，没有偏袒任何一方。

第二天，比达尔接到了好几个声援和支持他的电话。好两个部长甚至感觉韦拉斯科的话含沙射影，令他们也感同身受。

安德烈斯·韦拉斯科为他的粗鲁向总统道了歉。

巴切莱特没有为竞选向议会提交任何倡议。没有人知道那样的倡议是否可以赢得 22.3 万张选票。1 月 17 日，塞巴斯蒂安·皮涅拉当选为共和国总统。

当天下午七点半过后不久，巴切莱特在电视镜头前致电皮涅拉祝贺其当选。然而友好的对话只持续了不到两分钟。当米歇尔向他道别时，新当选的总统请她稍等片刻，因为他的妻子塞西莉亚·莫雷尔想要和她打个招呼。

新总统是个简单的人，他还没有适应相应的礼仪规范。但是，他明显的不拘礼节，很难知道强迫总统和他的夫人交谈是否是不正确和不恰当的。如果是两位绅士之间的对话，会让第一夫人会介入吗？

也许因为米歇尔是一位女性，所以终于使人们也想起了突出第一夫人的形象。也或许，正相反，在执政四年后，一些人仍然带着有色眼光看待她。

四 大自然的怒吼

凌晨 3 点 34 分，大地发出沉闷和令人毛骨悚然的怒吼。那是 2010 年 2 月 27 日，智利在满月的光辉下颤抖，晃动绵延数千公里，令人感到在大自然的力量下人类自以为的强大是多么的幼稚。震感极其强烈，甚至影响了地球的轴心和转动，达到了里氏规模的 8.8 级，这是人类科学历史记录中的第五次。

几个小时前，巴切莱特总统在她留学阿根廷的女儿弗朗西斯卡的陪同下，已经从布宜诺斯艾利斯返回。此前，她是平静和放松的，因为离她的任期结束只剩 12 天了。上午，在满是避暑民众的马德普拉塔，她还和克里斯蒂娜·费尔南德斯总统一起为参加今年智利和阿根廷独立二百年帆船赛的十几只美洲和欧洲的帆船加油。到处欢声笑语！阿根廷是她作为总统出访的第一个国家，并且出乎意料地成为最后一个。然而，大自然在怒吼，残暴而极具威胁性。

正如绝大多数智利人一样，米歇尔被这突如其来的灾难震惊得几乎无法站立。惊恐大约持续了三分钟……而这仅仅是个开始：大海的疯狂反应也不会缺席，巨大的黑色水墙冷酷地席卷而来。五百余人死亡，数十人失踪，成千上万的智利人失去了一切，甚至失去了希望。

命运又一次用一场荒诞而痛彻心扉的悲剧考验她，在这场悲剧中，有数百人的死亡从常识上讲有可能避免。然而，灾难的冲击太强烈，导致房屋、树木、船只倒塌和偏移，以至于所有人如坠冰窟、大脑一片空白。

早上五点不到，总统已经在内政部国家紧急情况办公室（One-mi）了。随后，副部长、部长们、其他相关人员以及当值的官员们也都尽快赶到。聚集的人越多，场面变得越发混乱无序。总统紧张得直嚼口香糖，但她保持镇静，并尝试通过获得的可靠信息来做出适当的决定，但是却没有可靠的消息。政府和军队的高官们，仿佛自己才是主要受害者般地瘫在座位上，目瞪口呆地看着元首，毫无用处。

时间不断过去，相关人员还在持续讨论是否会发生海啸时，大海已经吞没了胡安·费尔南德斯岛的中心城镇，以及马乌莱和比奥比奥的海岸。

国家自然灾害局局长卡门·费尔南德斯，亲眼见证了该机构缘何被视若鸿毛。即使近年来有所好转，但在处理这种级别的紧急突发事态时，机构既没有专业人员，也缺乏专业设备。在智利大学地震服务局里，专家们只是周一到周五去上班，却从来不检查设备。在这种情况下，不用任何尖端设备，就算是一个小孩子也能知道事态有多严重，但是海军却无法给出明确和肯定的海啸预警。甚至他们的总司令，海军上将埃德蒙多·冈萨雷斯被告知不存在这样的危险时，随即放松警惕并在下午和国防部长沟通了数小时。没有一个官员把夏威夷太平洋海啸预警中心发出的通知当回事，尽管这条通知已经通过电视和广播发送给了全世界。空军方面直到灾难发生才意识到，为了应对突发事件，直升机必须在遭遇意外时配备必要的轮值飞行员。陆军方面，由于已确认其所辖各机构间的通信未被中断，因此不难推测出军队已迅速确认国家仍处在巨大的灾难中。那么还等什么呢，为什么不向总统通报并支持总统呢？早上六点，国家联席会议负责人克里斯蒂安·列·丹特克将军突然现身，无法就元首提出的问题给出谨慎而严格的回答。

通信被切断了，电话和电脑都没有了反应。恐惧和不安在蔓延。智利，一个以现代化通信覆盖自居的国家，成了孤岛，而总统却无能为力。

从灾难发生的凌晨到发出指令，米歇尔仿佛进入了一个隧道，那里有只有恐惧和为减轻最大痛苦的做出的无休止的努力。

在手机信号全无之前，财政部副部长玛丽亚·奥利维娅·雷卡特设法与她在康塞普西翁（Concepción）的家人取得了联系。所有的人都很好，但是震动是如此的强烈，以至于她妹妹家的房顶都掉了下来。她回去一觉睡到了早上六点，直到她的丈夫奥斯瓦尔多·拉腊尼亚加过来叫醒她。

"地震发生在康塞普西翁，你必须出发去国家自然灾害局，总统在那里"，他说，她需要了解的紧急情况有柴滕（Chaitén）火山喷发、托科皮亚（Tocopilla）的地震和特木科（Temuco）的洪水。

她一边穿衣一边听取奥斯瓦尔多的建议："他们会把你派去康塞普西翁。"她拿了个袋子，装了些衣服、水果、干用肥皂和相机。她去找了劳动部长克劳迪娅·赛拉诺，并一起视察了在震惊和恼怒中迎接黎明的圣地亚哥，整座城市被破坏的程度不可估计。

几个小时后，她和内政部副部长帕特里西奥·罗森德一起乘坐空军直升机飞往康塞普西翁。他们一点点记录下了桥梁和道路的状况。飞行员没有确定的飞行计划。内陆似乎没有那么严重，只有一些瓦砾掉落，雷卡特副部长，作为熟识该地区的人，建议往海岸飞。在靠近孔斯蒂图西翁（Constitución）的地方，树木倒在地上，尘土覆盖山脉，城市被大水淹没。再向南，到处是残垣断壁。帕特里西奥·罗森德和玛丽亚·奥利维娅·雷卡特分别对灾难进行了记录和拍摄，他们甚至连哭泣的时间都没有。迪查托（Dichato）地区一片汪洋。河流为咆哮的大海打开了死亡的通道。他们飞过通贝斯港口、丘里丘纳岛、圣文森特的港口科罗内尔、里尔肯、塔尔卡瓦诺，各类船只被冲进了内陆，像十几个火柴盒似的集装箱漂浮在大海上。尽管已经是正午，街道仍空无一人。飞机着陆后，他们才明白，没有人靠近那片看起来平静美好，却变幻莫测，并在那个夏日夜晚带来不幸的大海。人们都在高处的小山上面避难。

总统乘坐另一架直升机飞至马乌莱，并在那里开始了前所未有的如地狱般的悲情之旅。死亡和失踪者，被毁的房屋，水电的匮乏，饥饿和绝望，在接下来的日子中围绕在她身边。

米歇尔马不停蹄，尽力平复混乱，表示整个政府正在积极采取措施前往灾区以使灾民生活恢复正常。

帕特里西奥·罗森德和玛丽亚·奥利维娅·雷卡特抵达了康塞普西翁的武警驻地，那里正在召开突发事件委员会会议。无法在省政府驻扎。已经有50多名政府主管、军人、警察、消防员，各种公共服务的官员驻扎了。省长海梅·托哈苦恼不堪。

清晨5点19分，通过比奥比奥大区无线电台，省长海梅·托哈明确地告知民众，不存在任何海啸的危险：①

"海军上将罗伯托·马克恰韦约就在几分钟前打电话给我，重申了不再有海啸的事情，不仅是这里，在中部地区也不会有。"

当时，第一波海啸浪潮已经涌入塔尔卡瓦诺港口。海军上将至今仍坚称，他们7点30分②后仍未从海军基地撤离，虽然"他的人"按照既定协议在地震刚刚发生的时候就抛弃了这个地方。托哈那令人

---

① 比奥比奥大区（Bío-Bío）电台的消息由何塞·埃切瓦里亚录到他的手机上。何塞·埃切瓦里亚，26岁，特木科自治大学心理学学生。

② 2010年5月2日，区域第9频道，采访海军第二区域长官、海军少将罗伯托·马克恰韦约。

心安的声明发布后的十分钟，第二个巨浪涌入内陆。早上六点左右第三个，大约 40 分钟后，第四个致命的海浪也到来了。

罗森德和雷卡特立刻明白了形势极其危急。在突发事件委员会议上，所有参会者，无论头衔高低，无论何种经历，此刻每个人也都是灾难的受害者。

在一次简会上，两位副部长向大区区长、武装部队和警察，通报了在飞往该地区时他们看到的景象。

"副部长，请不要继续讨论海啸了，因为这只是海水涨潮"，海军上将罗伯托·马克恰韦约请求道，并且详尽地就两者的差别进行了细致的说明。

巴切莱特当天下午抵达了康塞普西翁。消息仍然是七零八落的。直到日落，当紧急委员会重新召开警署会议时，所有人都无法就海水肆虐可能导致的安全问题给出建议。第一个安全预警信号来自企业家尼古拉斯·伊瓦涅斯，他闯进大厅斥责省长托哈和副部长罗森德。因为，他的名为"领导"的超市正在被洗劫一空。

重建是废墟中的一项艰巨任务，受到许多因素的影响，包括受灾者心理问题在内，众多问题亟待解决，甚至包括历史上的紧张局势，甚至是政治利益。其中，武装部门优先考虑的应是保护自己的公民，确保食物和水，而不是和其他部门协调日常事务。赈灾当局令总统和中央政府信誉扫地，而没有起到协调提供援助的作用。

总统的眼睛和耳朵

地震发生后的第一个夜晚，大区区长向武警、调查组以及武装部队请求派出人员上街巡逻，但是，军方却支援有限。由于没有命令下达以确保可以在某些特殊情况下使用武力，他们不愿意为将来可能发生的问题承担风险。这样的一道命令在第二天中午被签署，与此同时，一支强大的军队被派驻该地区，由吉列尔莫·拉米雷斯将军指挥。从晚间九点开始，对该地区实施宵禁。

在那些日日夜夜里，形势严峻。余震不断，下水道溢出泥浆和粪便，停水断电亦没有食物。宵禁无法令人们待在家中。民众感到恐惧，渐渐失去了理智。一些人开始抢劫，其余人燃起篝火，组织防范抢劫或防止物资受威胁。乌瓦潘市市长马塞洛·里维拉朝天开枪，从电台发出保护民众不受流民骚扰的请求。企业家尼古拉斯·伊瓦涅斯穿着军服在一家超市发放配给粮。

3月2日星期一，罗德里格·佩尼亚利略约见了一群妇女，请求她们前往受灾最严重的地区：前部长索莱达·巴里亚和劳拉·阿尔伯诺斯、全国老年人服务处（Servicio Nacional del Adulto Mayor）负责人保拉·佛尔特斯、智利技术合作服务协会（Sercotec）会长克里斯蒂娜·奥雷亚纳、总统顾问费尔南达·比耶加斯。在拉莫内达宫，心理学家保拉·纳瓦埃斯和她们开了碰头会，她曾是柴滕火山紧急事件总统代表团成员之一。她在圣地亚哥组成了协调小组，告诉她们在任何需要采取行动的地方成为总统的眼睛和耳朵。

所有人毫不犹豫地接下了任务。她们是有行动力、思维敏锐的女性，性格和总统如出一辙。她们的官方职务相较于临场经验而显得不值一提，尤其是勇于面对困难、毫不畏缩的态度，在恶劣条件下生存的能力，凭借对结果的谨慎评估摒弃繁文缛节而进行自主决策的能力。

她们携带着远少于在总统府时被允诺的设备，在没有委任书的情况下全速前往灾区，就连卫星电话都是在很久以后才配备上。没有人真正知道发生了什么。当抵达目的地时，她们几个才发现民众在心理上和身体上的受伤程度一样或者说更甚。当地有关当局早已精疲力竭，无法满足她们的需求。他们需要被倾听，并且他们把大量的时间花在了详细陈述所经历的苦难上。

也许最倒霉的要属费尔南达·比耶加斯。直到那个噩梦般的凌晨到来前，她的担忧只限于如何尽快整修完总统府内米歇尔用来庆祝执政生涯圆满的三个大厅。马塔、聂鲁达和米斯特拉尔这三个大厅，位于府内二层，为纪念智利独立二百周年而修建。但是，在3月2日星期一晚十点时，她已经坐上了小卡车前往迪查托，随行的有保拉·门多萨，总统府总秘书处的一位年轻女同事，以及幼儿园理事会（Junji）的社会学家保罗·古铁雷斯。

托梅市隶属迪查托，政府市长爱德华多·阿吉莱拉迎接了她。虽然她们没有人被吓倒，但欢迎她们的还有两次强烈的余震，以及消防队员和武警发出的海啸紧急预警要求民众转移。人们惊慌失措地朝小山上奔跑，他们不断爬上小卡车直到车里容纳不下，上不了车的人愤怒地击打着车窗。

迪查托被夷为平地，瞬间成了一座鬼城，城内15人死亡，48人失踪，船只被冲到田地中间，所有机构包括军队、警察、消防和新成立的市镇组织都在试图相互协调以尽早推进工作。费尔南达·比耶加斯成立了特殊委员会，每天下午召集在一起布置任务，敲定优先处理的事情。社会学家保罗，披着他的长头发，驻扎在军事基地负责赈灾物资分配中心。所有事情都是困难的，很多任务要同步进行：获取水、食物、通信；清洁和清除瓦砾的同时，还要仔细搜寻失踪人员；发现尸体时及时通知遇难者家属；维持秩序，组织救援卡车，接收企业家的无偿援助，建立救灾物品储存中心，归还成吨没有用的衣物，征集帐篷、石灰和临时厕所等。

对迪查托来说，更为雪上加霜的是在 48 小时内人们还要担心放射性污染的发生。大海摧毁了康塞普西翁大学海洋生物站。需要封闭海洋生物站及其周边，不仅如此，为了避免人们兴奋地捡拾散落各处的几十只装有生化材料的罐子和颜色鲜艳的咖啡瓶，还要打印上百份的传单到处散发。人们不得不等待来自大学、军队和环境研究方面的专家来核实有没有其他危险。把废料运走，由警犬进行检查，之后被集中放置于特殊垃圾处理场，这也骤然成了紧急要务。

费尔南达·比列加斯请求一架直升机飞越该地区，并意识到他们不得不接管科里乌莫和浦达，这两个位于几公里以外的小海湾已被摧毁殆尽。

财政部副部长留在了康塞普西翁。她了解这里和这里的民众。她得到了安德烈·韦拉斯科部长的支持，在采购地区必需品上给予了便利。此外，她早已在托科皮亚地震时就和拉米雷斯将军配合默契。这也有助于开展行动，如：允许卡车在夜间进入城市，军队协助处理燃料，以及重新开放贸易和银行。玛丽亚·奥利维娅·雷卡特没有丝毫气馁，即使她必须要去查卡布科市政议会商讨，并和所有官员的意见达成一致。

第二天，其他几位女性如环境部长安娜·丽娅·乌里亚特和武警队副秘书长哈维拉·布兰科也抵达了该地区。

米歇尔知道她们是不会让她失望的，她们一定会全力应对这次恐怖的地震。她们不是那种走马观花的官员，而是与灾民同吃同住、废寝忘食工作的人。

在地震发生五天后，她不仅要求人们充满信心，自己也在紧张地工作，并将援助送达了最偏远的地区，米歇尔·巴切莱特的声音破碎沙哑，眼睛里充满了泪水。

"我很坚强，"她通过合作社电台（Cooperativa）向所有听众宣告，"我想我没有时间去感受疼痛。"

海啸无预警，抢劫造成动荡，加之援助物资迟迟未到，对这些天灾人祸的尖锐批判全都指向了总统。尽管对很多人来说她的执政生涯始于穿越暴风雨的坦克之上，现在她却被指责迟迟没有下令军队上街进行安保。而她迟迟没有下令的原因是怕军队勾起人民对于独裁时期的回忆。

她的团队对在这样的局势中到地方慰问表示了担心。但是，在卸任前三天，她仍毫不犹豫地再次走访受灾最严重的地方：迪查托和孔斯蒂图西翁。

尽管有所担忧，但她的随行人员和安保人员不能阻止她走进民众之中。她觉得在那样的时刻更应该交谈、倾听和采纳意见。在每个地方她停留的时间都比计划的多出两倍，她有问必答，同时也清楚地向民众表明：她的执政任期已经结束，不能对未来做出承诺。在如此巨大的灾难面前，她感受到人们对她的爱戴不曾消减。

两天前，因她的政绩和对她支持，保拉·佛尔特斯已经令佩尤韦镇充满了感动和赞美。在沉痛的气氛中，邻居们将一份为地震中遇难人士制作的手工艺品作为礼物送给了她。

在迪查托，除了搭建紧急避难所，费尔南达·比耶加斯还命人将广场清理干净，安装电话，搭建学校和警署。人们毫不怀疑，当地的新生活已开始。最初48名失踪人口中，42人通过警局的设备和专家得到身份确认，在她离开后没几天，失踪人员全部被确认。告别时人们用各种方式表达着爱戴之情，地区负责人陆军上校塞尔希奥·雷塔马尔和埃斯特万·瓜尔达，为她准备了梨汁做的小杯鸡尾酒和切成小块儿的火腿，在当时的环境中，它们的味道就像众神之甘露一样。3

月 11 日黎明时分，她回到圣地亚哥。

米歇尔作为总统的最后一晚睡得安稳平静。曾计划的那个愉快的告别招待会早被抛之脑后。然而，第二天早上，成百上千的人等在了拉莫内达宫前，挥舞着手帕，举着贴有她照片的横幅，并高喊"一会儿见"和"我们 2014 再见"，向她道别。她的内心悲喜交织，无以复加。

她穿着皇家蓝色的套装，佩戴着总统绶带，走近民众，和他们拥吻，然后坐上汽车前往国会，完成国书递交仪式。

结　语

谢　幕

记住共济会的教条所教给我们的：要不停学习，即使你已经到达了非常高的高度。

——阿尔贝托·巴切莱特将军

1973 年 11 月 28 日①

在巴切莱特进入国会荣誉大厅时，掌声和欢呼如潮水般向她涌来，就像四年前她接受任命成为智利第一位女总统时一样。

当时她最想得到的是对她女性性别的肯定，她终于成功了。结束时的掌声是对她整个艰苦卓绝的执政生涯的认可。为了使她的执政政府以超出预期的、无可比拟的声望结束，米歇尔必须克服政治障碍、经济障碍，尤其是文化障碍。在作为坚定的社会党人士的同时，她知道如何让智利在全球化世界中处于领先位置。在不背弃曾经的个人经

---

① 这封信是寄给他的朋友，激进派参议员乌戈·米兰达的，这位议员被关在道森岛的监狱中。《巴切莱特将军的信件》（*Las Cartas del General Bachelet*），作者玛丽亚·路易莎·克拉罗和玛丽亚·埃莱娜·伍德，圣地亚哥诺尔玛出版社（Editorial Norma）2006 年版。

历同时，她知道放下个人仇恨，尊重他人，扩大个人自由度，让大家按照自身的原则行事。在保持女性身份特点的同时，她注重增加权威性和领导能力。

当她踏着红毯走向主席台时，许多人喉咙哽咽，忆起那些美妙、复杂而又艰难的岁月。各种情感交织在一起，有钦佩、爱戴、个人意识、满意，同时还有某种程度上的羞愧和悔恨。

在那些热烈鼓掌的人群中，有她的首位内政部长安德烈斯·萨尔迪瓦。他从未忘记离职曾带给他的痛苦，但从未心生怨怼。在 74 岁时，他重新找回了自己的尊严和威望，并带着荣耀与威严重返参议院。凭借老练的政治手腕重新赢得参议员的选举并确立了巴切莱特的形象，最终凭借令人称颂的社会改革方案，获得了民众的支持。

大自然也不想缺席这最后的仪式。当米歇尔摘下奥希金斯饰物和总统绶带，将权力移交给新总统塞巴斯蒂安·皮涅拉时，大地愤怒地颤抖起来。那天中午，余震持续了两个多小时，这是自 2 月 27 日地震以来最为强烈的震动。

这一次，军队和内政部国家紧急情况办公室毫不犹豫地发出海啸预警。然而，没有人敢扰乱仪式并疏散荣誉厅。小山丘上方的街道上挤满了瓦尔帕莱索的民众，与此同时，智利高层和百来位重要的参会者在惊讶和惶恐中完成了共和国的传统仪式，之后他们恐怕要花很长时间才能恢复平静了。

米歇尔感觉到了余震产生的晃动，一波接着一波，仿佛大地不停地表示着它的态度。在震动中，她目睹了大自然的破坏力对建筑和民众造成的伤害，同时她也动身离开那座庄严的建筑，重新成为市民巴切莱特。但政治依旧是政治，自有它遵循的道路。

这次，随着右翼入主拉莫内达宫，政策将以更生硬的形式实施。

然而，她确信她已履行了职责：她虽在选举中失利，却赢得这场战争。

若试图用分值来评估她的执政政府，是有些不切实际的。她对国家的运作建立在整体框架构思上，并引发了真正意义上的文化革命。她所希望的自由和享有权利的社会深入民心。

为了争取选民，塞巴斯蒂安·皮涅拉和他的联盟必须无数次保证维持巴切莱特的社会政策不变。政权更替的六个月后，智利社会保障体系这一集合了各种生活保障计划的系统继续在网络上正常运行，从中受益的人们的各种证明文件也没有任何变化。唯一更改的就是照片已经换成了新的当权者了。

无论是经济政策和那次地震都证明，巴切莱特的政治养分来自人民的力量与团结，与之相比，无论是金融体系还是水泥建筑都是脆弱不堪的。

她的执政魄力跨越了国界。为了了解和学习她的经验，不同国家和机构向她发出邀请。国际劳工组织（OIT）邀请她主持社会保障咨询委员会。如果她能够在智利做到这一点，为什么不能在世界范围做到呢？

尽管她取得了非凡的成就，并且以女性的身份站上了制高点并离开，权力仍然还是男人的事情。米歇尔打开了一条缝隙，庞大的男权制社会出现了裂缝，逐渐有新鲜的空气流入。毫无疑问，她变幻莫测的风格最终深入人心，这让她即使远离了总统府，仍被看作智利重要的政治领导人。①

她很年轻，她有大量的时间前行。无疑，大幕无数次地落下和升

---

① 2010 年 6—7 月全国民意调查，CEP。

起。在命运赋予她的任务时，她坚定地履行着职责，从不退缩。但是，当她离开拉莫内达宫时，就像爱情发生时一样，只有时间才能告诉我们民众的爱戴和尊敬是多么的反复无常。

对米歇尔来说，一切都和从前不一样了。她强烈渴望保有隐私，她想沿着海边散步，在湖里游泳。但是，这一切很难实现。

她自己也有了变化。每一位总统在卸任时的认知和就职的时候绝对不同。米歇尔也不例外：她学习了、成长了，成为了巨擘。但，她的本质没有改变。

在卸任后没几天，她就带着女儿索菲亚去了超市。她通过这样简单的行为始终保持着对自我的认知，她深信能够成为一名普通的民众。购物持续了三个小时。开始时索菲娅微笑着，接着却愤怒了。照片，亲吻，问候，咨询，悄悄话。一切都和从前不一样了。

正如她的父亲所言，就算已经身处高位，你也必须继续学习。现实总是比内心愿望更强大。

米歇尔·巴切莱特属于智利。

致　　谢

感谢所有被采访者与我分享他们对于相关事实的经历和认识，在不违背专业性和保密性的原则上，保证了消息来源的准确性。

感谢记者和天主教大学哈维拉·卡腾教授，在完成这部书所需的繁杂的调研上，为我提供了严谨而细致的帮助，在很多看似微不足道的细节中让我了解其深刻背景。

感谢记者和政治行为学硕士卡塔丽娜·卡纳瓦罗，为了本书的终稿，无论是在大量阅读各种草稿以使本书成型，还是在承受笔者的疑问和烦恼上，都提供的宝贵建议和巨大耐心。

感谢智利国会图书馆在专业性方面，始终及时提供着各种相关资料以满足我的要求，而且在信息服务方面，它的网站持续更新。

感谢我的普拉提老师们，没有他们，我的身体和精神无法忍受在电脑前数百个小时的不间断工作。

后　记

2011 年，在中国社会科学院"马克思主义理论研究和建设工程"的支持下，中国社会科学院拉丁美洲研究所设立"拉美研究译丛·左翼领袖人物系列"翻译项目，旨在经数年努力，系统地向国内读者介绍当代拉美左翼代表人物的思潮与动态，扩大对当代国外左翼运动研究的视野与范畴。

2014 年以来，拉丁美洲政坛见证了左翼政治力量不寻常的命运跌宕。巴西、阿根廷、秘鲁等国的左翼政党先后失去政权，委内瑞拉的"21 世纪社会主义"实践也多有坎坷，备受外界争议。我们选择翻译智利现任总统巴切莱特传记，除了考虑其传奇而丰富的人生经历所特有的可读性之外，还以为这本书可对学界同行加深对拉美地区左翼力量历史韧性的认识有所助益。巴切莱特曾是智利乃至拉美地区首位女性总统，她能够在拉美地区深受全球金融危机影响、经济下行压力倍增、左翼运动受挫的背景下再次当选，恰对上述"历史韧性"假说是一个有力的佐证。

本书由中国社会科学院拉丁美洲研究所芦思姮、李慧和韩晗三位青年学者翻译，其中芦思姮承担序、前言、第一部分的翻译，李慧负责第二部分翻译，韩晗负责第三部分、结语、致谢的翻译。资深西班牙语专家王阳女士对全部译稿进行了审校。

本书翻译和出版过程得到中国社会科学院拉丁美洲研究所党委书记王立峰、所长吴白乙研究员和副所长袁东振研究员的悉心指导。智利驻华使馆对本书的翻译工作给予鼎力支持，智利驻华大使贺乔治先生专门为本书作序，文化参赞爱德曼多·布斯托和三等秘书劳尔·里韦拉为本书的出版发布工作提供了大力支持。此外，拉丁美洲研究所综合理论研究室主任杨志敏研究员为本书工作全程做了大量严谨而细致的统筹协调工作，科研处陈振声、刘东山两位老师也为本书的对外联络、出版对接付出努力。本书责任编辑、中国社会科学出版社国际问题出版中心张林编审为本书的出版付出了心血与汗水。在此，谨向他们致以深深的谢意。

译　者

2017 年 4 月 12 日